世界大战丛书

# 丘吉尔
# 第二次世界大战回忆录 11

## 胜利的浪潮

〔英国〕温斯顿·丘吉尔 著
王 敏 译

北京时代华文书局

# 本书铭言

战争时：坚毅

失败时：不屈

胜利时：宽容

和平时：友善

# 致谢

在各位好友帮助下，我得以完成前几卷的著述，这里要再一次表达对他们的感谢：陆军中将亨利·博纳尔爵士、海军准将艾伦、迪金上校、已离世的爱德华·马什爵士，以及丹尼斯·凯利先生和伍德先生。还有很多其他人士也曾审阅过原稿，并提出了自己的意见，在这里也一并表示感谢。

有关空军方面的资料是由空军元帅盖伊·加罗德爵士提供的，为此我分外感激。

我依然得到了伊斯梅勋爵以及其他朋友们的帮助。

在此要特地感谢英王陛下政府文书局局长。一些官方文件原文的版权为其所有，然而承蒙英王陛下政府批准，得以附加在内。出于保密，我对本卷所列的一些电文，谨遵英王陛下政府喻，做了改动。但是都是在本意基础上加以改动的，其原意或者实质并没有变动。

本卷还引用了罗斯福总统的某些电文，经同意还附带了一些私人信函，在此，感谢罗斯福财物保管理事会和我的其他朋友。

温斯顿·斯宾塞·丘吉尔

# 序　言

这部讲述第二次世界大战的著作，是我独自著述的，完成本书，这部著作就全部完成了。英美联军在1944年6月6日登陆诺曼底，过了十四个月，我们取得了这次战争的最终胜利。这段时期内，发生了几件足以震惊文明世界的大事：纳粹德国战败，被分裂和占领；苏俄攻进了西欧的腹地；日本也战败了；投放了两颗原子弹。

像之前数卷一样，我在本书里所叙述的事件，是在兼任大不列颠首相和国防大臣期间了解到，还有亲身经历的。在写作过程中，当年处在严峻局势下完成的文件和演说稿是我著述的依据，之前几卷也是如此。之所以这样做，是因为我相信它们对彼时发生的事件的描述，比那些时过境迁后的回忆要更加真实。大约在两年前这部书稿就已经完成了，那之后我就忙于其他公务，只能就本书中叙述的历史事件做个大概的、粗浅核查。另外，还必须征得同意才能收录其他的原始文件。

虽然我们伟大的盟国节节胜利，势不可挡，然而忧虑不安的人们目前仍未迎来世界性的和平。所以，我把本卷命名为《胜利与悲剧》[①]。

温斯顿·斯宾塞·丘吉尔

于肯特郡，韦斯特汉，

恰特韦尔庄园

1953年9月30日

① 英文版原卷名。——编者注

# 目　录

各个伟大的民主国家取得胜利了，
因此又可以再去做那些蠢事了，
须知这类蠢事几乎断送掉他们自己的生命。

# 第一章　发起进攻日

**登陆诺曼底——我于6月6日在下院做报告——斯大林发来重要消息——他于6月11日来电——“大西洋壁垒”上敌军的安排——德军的报警系统崩溃了——龙德施泰特的失误——我于6月10日巡视了海滩，还和蒙哥马利一起吃了午餐——搭乘英国的“克尔文”号军舰巡查——来自马歇尔将军的贺电——我在6月14日分别给斯大林和罗斯福发去电报**

1944年6月6日，是历史上一次最大规模的海陆作战的进攻日。为了这次作战，我们进行了旷日持久的筹备和规划，最终在这一天得以大功告成。

在实施登陆前，英吉利海峡已经被扫过雷。数量众多的舰队和护航船舰从怀特岛沿着海峡水道抵达诺曼底海岸。当然，这一行动事先并没有被敌人发觉。皇家空军的重型轰炸机投下五千二百吨炸弹，袭击了敌人的混凝土掩体，那里面陈设的是他们的海防大炮。黎明时分，美国空军紧接着飞抵战场，以中型轰炸机和战斗轰炸机对岸上的其他防御工事进行轰炸。6月6日，盟国在二十四小时内出动了一万四千六百架战斗机。在空中，我们以压倒性的优势牵制住了敌人，使得他们白天只能出动一百架飞机来守卫他们被攻击的滩头阵地。从午夜开始，有三个空降师降落。在卡昂城东北部，英国第六空降师降落,致力于占领位于卡昂城和海之间的那条河流上的桥头堡。于此同时，美国两个空降师降落在卡朗坦北部。他们的目标是阻击试图进入康坦半岛的敌人后备军，帮助从海上登陆的部队进攻海滩。这些空降师在实施降落的过程中，个别地方降落得过于分散了，但总的来说，计划中的目标都实现了。

各战船陆陆续续地进入了自己的战斗位置，天开始发亮的时候，它们已经准备就绪，严阵以待，就好像在等待接受检阅。敌军正面抵抗的力量非常有限，仅有一些鱼雷艇还有反击的力量，一艘挪威驱逐舰被击中沉没。即便是面对我方海军的炮火攻击，敌方的海防炮台也只能做毫无目标的反击，作用微乎其微。我们彻底打了敌人个出其不意，这是毋庸置疑的了。登陆艇和支援舰运载着坦克、自动推进火炮和样式繁多的武器，还有步兵、清理海滩障碍的工兵、爆破队等等，它们都已被编好组，有序地向海滩推进。值得一提的是，舰船上还有大量两栖坦克，这是它们第一次在战斗中被如此大规模地应用。前一天天气状况不好，海面不断掀起巨浪，很多两栖坦克在运输途中沉入大海。远处，战列舰和巡洋舰的进攻牵制了敌军海防炮台的炮火；近处，驱逐舰和登陆艇上的大炮与火箭炮瞄准海滩前部的防御工事不断发起猛攻。开始，海滩上几乎没有什么抵抗，但是当第一批登陆艇靠近海岸，只还有一英里远的时候，敌人才加大火力，用迫击炮和机关枪阻止我们登陆。海边不时惊涛拍岸，再加上半截露出海面的障碍物和水雷，这些使得登陆艇危险重重。很多登陆艇在完成运载军队的任务后，就被毁了。尽管如此，部队没有停止前进。

前方的步兵登岸后，马上朝着攻击目标发起猛攻。除了贝叶西北的“奥马哈”海滩，其他各个目标都战果不菲。可以说，负责攻打这一区的美国第五军实在倒霉。他们遭遇了德国一个完整的师的兵力，而这个师前不久刚入驻此地。战斗打得非常艰苦，足足打了七天，一直没能打开一个向前进军的突破口。我们的盟国军队没日没夜地奋战，终于在第七天，可以压住敌人的火力，向内陆进军了。为了这个目标，他们损失了数千士兵。这次进攻并没有实现计划中的所有目标，最大的遗憾是没能攻下卡昂城，尽管如此，我们在突击开始的头两天所取得的成果，也足以让大家感到欣慰了。为了破坏我们这次进攻，一批从比斯开湾来的德国潜艇，不惜铤而走险升到海面上来高速前进。不过，我们已经做好防御措施。英吉利海峡是我们的第一道防线，那里安排了大量飞机。它们后面就是海军舰队，用来为登陆打掩护。我们的部队火力猛烈，打得那些德国潜艇铩羽而归。前四天的战斗是最关键的，足以影响这次进攻的结果。我方空军击沉了他们六艘潜艇，重创了六艘，而我们的护航船舰基本上没受到损伤，仍顺利朝目标挺进，进攻一点儿没受影响。受到这次教训，德国潜艇就变得小心翼翼了，可是跟过去相比仍没有取得更大的战果。

*　*　*

在亚历山大将军的指挥下，盟军部队已经成功解放了罗马。6月6日前一天，新闻公布了这个消息。6月6日中午，我向下院发出请求，请他们正式听取关于这件事的报告。当时，人们都知道法国的登陆战正打得如火如荼，下院对这次登陆也表现得极为热情。可是，一开始我谈的却是意大利境内的战事，用了十分钟称赞盟军部队在那里的表现。看到议员们又急切又不耐烦，我这才继续说道：

我还有一件事要对本院宣布：从昨晚开始，一直到今天一早，我们已经以法国海岸为目标展开了一次解放法国的进攻。这是我们在欧洲大陆的第一次登陆作战，之后将陆续进行大量这样的行动。一支规模巨大的舰队穿越了海峡。这支舰队包含超过四千艘船舰，还有数千艘略小的船。在敌人的战线后方，我们的大量空降部队已经成功着陆，这时正在各处为登陆海滩作战。前方，敌人在沿海岸修建了一些障碍物，但是捣毁它们比预料中要容易些。如今我们已经压制住敌人沿岸炮台的火力，而且还有英美同盟军约一万一千架飞机做后援。只要战斗需要，这些飞机可以任凭调遣。当然了，这里我不能报告更具体的战场细节，不过，前方正接连不断地传来战报。根据指挥作战的司令官们报告，目前，一切都没超出我们的作战计划。这是一个多么伟大的计划呀！显然，如此大规模的军事行动，其复杂程度和执行的难度都是史无前例的。就海战和空战来说，不仅潮汐、风向、海浪，还有能见度等问题会影响战局，还要面对考验海陆空三方的军队能不能保持高度的默契、联合作战的情况。这些情况不管是过去还是现在，都无法事先预料到。

这次作战是一次真正的奇袭，胜利已经就在眼前。在以后的战斗中，我们希望能连续不断地给敌人这样的打击。在接下来的几周内，这场战役的规模会日益增大，双方的交锋也会越来越激烈。会发展到何种程度，我不想妄加揣测，但是，目前有一句话我可以肯定地说，那就是我们的盟军非常齐心。我们和美国友人已经建立了战友般的情谊。不管是身为最高统帅的艾森豪威尔将军和他的几个副手，还是担任远征军司令的蒙哥马利将军，都是值得我们真正相信的。这几天，我亲眼看见，军队战斗热情高涨，士气高昂地登船出发。他们的装备和专业技术都准备得很充分，事先也做了非常周密的谋划，并且，面对开辟新战场这一壮举，美英政府以及他们的指挥将领都在以极大的决心为之筹划工作。

下午，我觉得有必要将战况知会斯大林一下。

1944 年 6 月 6 日

一切都已开始，且进行得十分顺利。大规模的空降成功着陆，且大部分的水雷、地面障碍物和炮台都已扫除。步兵们已经迅速登陆，并将数量众多的坦克和自动推进火炮运上了岸。天气情况也在转好。

他马上发电回复，在电文中还有一条重要消息，那真是令人欢欣鼓舞。

斯大林元帅致首相：　　　　　　　　　　1944 年 6 月 6 日

来电已收到。得知“霸王”计划已经开始实施，且非常成功，我们也很受鼓舞，预祝以后取得更大的战果。在德黑兰会议上，我们通过了苏军在夏季组织进攻的协议，按照此协议，我们已经在前线选定一重要地段，并会在 6 月中旬之前发起攻势。

随着进攻的陆续展开，我们的总攻也将开始。在 6 月到 7 月间的各进攻，汇总起来就是苏军的总攻。

我会随时奉上进攻行动进展的消息。

我正要就目前形势发一份详细的电报给斯大林，结果先收到了他的这封来电。

首相致斯大林元帅：　　　　　　　　　　1944 年 6 月 7 日

1. 直到今天（7 日）中午，战局还一直都很令人欣慰。登陆海滩时，只有一处美军遇到了顽强的抵抗，不过现在也已经解决。在敌方战线后方两侧，已有两万人的空降部队顺利着陆，并且他们已经和美、英两国的海上登陆部队分别取得了联系。我方原本预计横渡时会牺牲大概一万人，但实际上损失非常轻微。截至今晚，通过特殊战舰运送和自行泅渡，我方部队的二十五万人有希望差不多一起登陆，这其中包括大量的装甲（坦克）部队。泅渡上岸的部队中，损失了很多坦克，美军的损失尤其严重，很多两栖坦克被海浪掀翻。如今，我们要做好心理准备，可能遭遇猛烈的反攻，但是我们的装甲部队有望强于敌军，等云消雾散，我们很有可能在空中占据绝对的优势。

2. 我们的装甲部队昨天深夜在卡昂城附近登陆，登陆后遭遇敌军第二十一装甲步兵师的五十辆坦克，我们最终打退了敌人。

现在，英国第七装甲师已经陆续投入战场，几天之内，我们的力量必能高于敌军。不过，目前我们还不确定，截止到下周，敌方到底还有多少辆坦克能拿出来跟我们对抗。根据天气预报，海峡上的天气应该不会阻碍我们继续登陆。现在，天气的确比之前对我们更加有利了。在实施登陆的过程中，所有的军事统帅都承认实际情况比预计得要好。

3. 最高机密。我们正在计划建造两个大型人工港，位置就选在宽阔的塞纳河河口多沙的海湾沙滩。之前从没有过这样的海港。在这种港口，有很多码头可供大型远洋轮船使用，运输战备物资，同时还可使盟军的行动不再受天气影响，从而能正常汇合。敌人肯定想不到我们会有此举措。我们的预期是，在这些行动中可以尽可能早地攻取瑟堡。

4. 当然，敌军也会尽快加大力度集合兵力。战争暂时还不会停止，而且以后范围势必会越来越大。到发起进攻日后的第三十天，我们希望能集结大概二十五个能附带军直属部队的师，让新开通的战线的两侧都能临海摆好战斗布局，同时具备瑟堡和两个人工港，至少三个良港。我们会持续不断地增援和扩充这条战线，希望以后布雷斯特半岛也能成为其一部分。不过，斯大林元帅，你一定非常清楚，这一切能多大程度地实现，还得看战争中存在多大风险。

5. 德军的后路已经被堵死了，由此我们取得这次登陆作战的胜利以及夺取罗马都指日可待了。我们希望这些胜利的成果能够让你们那些勇敢坚定的战士们备受鼓舞。他们可是曾经承受住了来自敌军的所有进攻。我是除了贵国之外，唯一一个对那种压力感同身受的人了。

6. 我口授电文进行到这里时，接到了你的电报，对“霸王”作战计划顺利开始实施致贺。在电报中，你谈到了苏军夏季的攻势。我衷心地在此感谢你。对你、你的国家，还有你的军队，我们是十分信任的，所以我们一直都没有提出任何疑问。我想你一定已经发现了这一点。

斯大林电复说：

1944 年 6 月 9 日

6 月 7 日来电已收，感谢将“霸王”作战计划顺利执行的情况相告。我们所有人在此奉上对你和勇猛的英美军队的敬意，同时满怀热情地希望你们接下来的行动有更好的成果。

苏联军队夏季攻势的准备工作也即将完成。6 月 10 日，也就是明天，在列宁格勒战线，我们将会展开夏季攻势的第一波进攻。

我立即将这一消息转告了罗斯福。

6 月 11 日，斯大林又来电说：

这次如此大规模的登陆作战，已经成功实现了原计划的全部目标，这毋庸置疑。我以及我的同僚们对本次作战的规模，及其庞大的规划，还有出色的实施情况，发自内心地肯定，并认为在过去的战争史中，没有一次是可以和这一次相匹敌的。当年，拿破仑想要强行渡过海峡，结果众所周知，他败得一塌糊涂。希特勒也曾狂妄地叫嚣着要强渡海峡，结果放了两年的大话，还是没有勇气，甚至都没有一个要试图发动此举的威胁暗示。而这样一个宏大的计划，最终由我们的盟军胜利辉煌地完成了。只有我们的盟军能做到！这个至高无上的功绩，将在历史上留下浓墨重彩的一笔。

我收到的电报原文是俄文的，“宏大”[①]一词是我根据电文翻译的。

① 原书用的词为 grandiose。——译注

我猜，斯大林本意想表达“伟大”[①]的意思。不管怎么说，总的氛围很和谐。

* * *

现在，我们分析一下已经掌握的敌军的作战计划和安排。整个“大西洋壁垒”的海防都被龙德施泰特元帅操控着。他手握六十个师的兵力，自低地国家到比斯开湾，还有以马赛为起点的法国南岸都在他的控制之下。从荷兰到卢瓦尔河的海滨一线，由他的手下隆美尔据守；加莱和布罗涅一带，驻守着十九个师——它们属于他的第十五集团军；诺曼底则驻守着来自他的第七集团军的九个步兵师，另外还有一个装甲师。在比利时到波尔多之间，共有十个装甲师散落在西线上，状如铺展开翅膀的老鹰。当时，德国选择防守，把最有攻击力的反攻武器布置得散落各处，这一态势，竟和 1940 年时法国的情况如出一辙，真是让人称奇。

1 月下旬，隆美尔接任军事指挥。对于此等防御部署，他甚是不满，于是做了些调整，形势很快就有了好转。海岸线上遍布水雷，还有样式繁多的障碍物，低于深水水位的障碍物尤其难以清除；海滩有野战炮兵把守，朝向海面设置了专门的大炮。这些加上海岸上的混凝土工事，形成了一条环形防线。表面看来，他们并没有一条成型的第二道防线，可是在后方的村子里他们的防御工事非常牢靠。即使有了这样的改善，也并没达到隆美尔的要求，如果他有更充裕的时间，我们要攻克这里就更艰难些。开始时，我们的海上炮轰，还有空袭，并没有毁坏多少混凝土工事。但是，我们打晕了他们驻守工事的士兵，这样一来他们的火力就弱了不少，我们则借机毁坏了他们的雷达。

就这样，德国的警报系统一下完全崩溃了。原本，德军在加莱到

① 原书用的词为 majestic。——译注

戈恩吉岛一线安置了一百二十多套雷达设备，将其编成四十七个站，以便侦察我方护航队行踪，好方便他们指挥沿岸炮台。现在，它们全部暴露了。我们出动发射火箭的飞机袭击敌军的这些雷达。行动非常成功，截至发起进攻日前一天，能正常运转的雷达站已经不足总数的六分之一。对于尚能运转的雷达站，为了瞒天过海，我们使用了一种称为“窗户”[①]的方法，用锡箔条制造假象，让他们以为登陆舰队是一支驶往费康东部的护航队。因此，敌人未能发觉我们的行动。当我们逼近卡昂城时，被一套勉强还能使用的雷达设备侦测到，但是雷达测绘中心没有理会他们关于有英国舰队正在迫近的报告，因为其他的雷达站没有类似的消息支持它。当然，除此之外，我们还克服了一些其他的障碍。两年前，敌人用无线电干扰，成功掩护“沙恩霍斯特号”和“歌奈森诺号”两艘巨型军舰驶过海峡。受此鼓舞，他们建造了更多的无线电干扰站，来干扰我们的战舰在夜间指挥作战的战斗机，还有我们对陆地方位的测定——这关系到我们的空降部队能否在正确的位置降落。不过，我们找到了这些干扰站，轰炸机指挥部对它们实施了几次密度大、强度高的袭击，把它们全部捣毁了！

与此同时，我们的无线电和雷达设备丝毫没有受损。这里有必要说明一下，英国为了发起进攻日，一直在无线电战上做出不懈的努力。这次攻击规模巨大，且经过了长时间的谋划，但是敌人完全没有料到我们在什么时间、什么地点进行攻击，不能不说很了不起。德国最高统帅部得到的是那天天气太过糟糕不利于两栖作战的报告，而空军方面没有发现英国沿海集结了几千艘船舰，因此也就没有这方面的报告。隆美尔6月 5日一早从他的司令部出发，前往贝希特斯加登去觐见希特勒。我们的进攻已经开始了，希特勒人还在德国。他们之间存着争议，对于盟军会选择哪条战线发动攻击的问题，都坚持己见。从多佛海峡进入，可以直击德国腹地，这是一条最短、最便捷的进攻路线。因此，

---

① 见第四卷，第 257—259 页；第五卷，第 459 页。（页码是英文原书页码，下同。——译注）——原注

龙德施泰特一直认为我方会先渡过多佛海峡，然后展开主要攻势。隆美尔与龙德施泰特在这个问题上持一致意见。尽管希特勒和他的僚属们好像已经得到消息，称诺曼底有可能是主要战场[1]，但是即便我方已经登陆，他们却还不能完全相信。为了要决定是否抽派驻扎在离诺曼底半岛最近的两个装甲师前去支援，希特勒考虑了整整一天。而这一天正是决定生死安危的最关键的一天，他因此坐失良机。对于英国本土驻扎着多少师的兵力，还有航运承载力，德国情报部给了一个过高的估计。他们认为，盟军军事力量充足，完全有余力再进行一次大规模的登陆，而诺曼底的登陆不过是开个头儿，起点辅助性的作用。

隆美尔 6 月 19 日给冯 · 龙德施泰特的报告上说："…… 据推测，海峡前线，在格里内与灰鼻角两边——松姆河与勒阿弗尔之间将会有一次规模很大的登陆行动。"[2]过了一个星期，他再一次发出这样的警报。结果，从进攻发起日过后的第六个星期，7 月已经过去三个星期了，敌人才抽调驻扎在加莱海峡南部的第十五集团军的后备军赶往前线。在发起进攻日之前，还有之后，我们采取了很多措施，混淆敌人的视听，好让他们意见不一致，想法不统一。这些措施效果出人意料的好，并且深深影响了战争的结果。

* * *

蒙哥马利将军 6 月 10 日发来报告，说他已经完全掌控了岸上的控制权，能够回答问题了。于是，我会同史末资、布鲁克，还有马歇尔将军、金海军上将，乘坐我的专车前往朴次茅斯。为了便于在面对重大突发状况时作出军事部署，6 月 8 日时，美国的三军参谋长已经全部赶往联合王国。而等待我们的是一艘英国驱逐舰和一艘美国驱逐舰。史末资、布鲁克和我乘坐前一艘驱逐舰，马歇尔将军和金海军上将，以及他们

① 见《冯 · 龙德施泰特》第 218—219 页，布卢门特里特著。——原注
② 见《争夺欧洲》第 318 页，切斯特 · 威尔莫特著。——原注

的僚属乘坐后一艘驱逐舰，渡过海峡，按计划赶往各自的前线。我们安全到达，陆续从登陆艇上出来，看到了踌躇满志的蒙哥马利。他站在海滩上，满脸笑意，正在迎接我们。他的军队已经挺进内陆七八英里，此时很少有炮火声，也没什么军事活动。天气晴好，我们的车徜徉在诺曼底丰沃的田野间，当然，我们的活动范围还非常有限，欣赏着乡野上的繁荣景象，心情还是非常畅快。放眼望去，田野里到处都是黄白色乳牛，它们有的在晒太阳，有的在悠闲地散步，很是可爱。当地的民众看起来非常健康，生活闲适，看到我们会很热情地冲我们挥手。

在进入内陆的五英里处，有一座别墅，四周草坪湖水环绕，这就是蒙哥马利的司令部所在地。我们一起在帐篷里用午餐，这座帐篷也朝向敌军的帐篷。这位将军精力充沛，兴致很高。我问他，我们距离战斗最前线有多远，他说差不多三英里。我接着问，是不是已经布置好一条没有空隙的防线。他说："没有。""那如果突然有德国的装甲兵冲进来，搅扰了我们的午餐，那该怎么办呢？"他说，他相信不会有这种情况发生。我听参谋说，头天晚上，那座别墅刚刚经历了狂轰滥炸，的确，它的四周还有好几个弹坑呢。我提醒这位将军，这样处事太危险，不能总是这样。在战争时期，不管什么事，偶尔那样做，或是短期内那样或许可行，但是只要条件允许，总要对反复或是延迟，还有司空见惯的情形加以防范才保险。实际上，过了两天他就迁走了司令部，不过搬走之前，他和他的手下们还是吃了次亏。

天气还是很晴朗，要不是偶然会响起空袭警报，还有高射炮火的声音，那里都看不到什么战争的痕迹。我们去实地巡视了一下我们的桥头阵地——现在数量还很有限。在波尔－安－贝散、库尔塞尔和伍伊斯特朗等地，我特意查看了当地的港口。在为这次大规模的海上进军制定计划时，我们把这些小港看得无足轻重。得到它们是个意外的收获，不过，事实上它们非常有价值，这一点已经得到证实。它们很快就达到了每天消化大约两千吨的卸货量。视察这块还很狭小但是颇有意思的收复地时，我们时而步行，时而乘车，我仔细地琢磨着这些让人欣喜的收获。

返回英国时，史末资、布鲁克和我乘坐的是“克尔文”号驱逐舰，随船同行的还有维安海军上将。他当时的职责是率领所有小舰队和轻型舰队守卫阿罗芒什港。维安说，为英军左翼打掩护的战列舰和巡洋舰正在炮轰德国阵地，我们是不是应该去看一下。两艘战列舰位于距岸两万码处朝着敌军开炮，我们则行驶在它们之间。很快，我们又超过了一队巡洋舰，它们距离岸边有一万四千码，也在朝敌军开炮。眨眼间，我们离岸边只有七八千码了，可以看到岸上满是茂密的丛林。我们的炮火并不急迫，但从未中断，不过敌军并没有还击。大家打算掉头回去了，我向维安建议：“现在我们如此接近敌人，何不在回去之前亲自朝敌人扔几颗炮弹？”他表示赞同。在接下来的两分钟左右，我们将所有大炮对准安静的海岸一阵炮轰。不过，此时我们也已经在敌军大炮的射程之内了，为了安全，我们开炮之后，维安便立刻调转驱逐舰，以最高速驶离那里。很快，我们就驶回了安全地带，并超过巡洋舰和战列舰的战队。当时的情况如果可以称得上“炮火轰鸣”，那就是我平生仅有的一次身处炮火中的战舰上。对于这位上将的冒险精神，我十分钦佩，史末资也觉得很兴奋。我们花了四个小时驶回朴次茅斯，途中我美美地睡了一觉。那一天真是非常愉快，令人回味。

* * *

我们在火车上遇见了美国三军参谋长。他们视察了美军的滩头阵地，感到十分满意，说到实施我们长久以来一直谋划的计划，也是信心满满。我们在和谐的氛围中，愉快地一同进餐，这个过程中，我发现马歇尔将军一直在书写什么。很快，他就写好了，并递给我看，那是一封写给蒙巴顿海军上将的信。马歇尔将军建议我们所有人都签上自己的名字。

1944年6月10日

我们今天视察了驻扎在法国的英、美部队。

我们经过很多舰队，那上面有类型多样的登陆艇。它们把兵员、车辆还有给养输送上岸，源源不断，越来越多。我们亲眼看到我们的军事力量正在迅速地铺展开来，并分享了共同的秘密，最大限度地互帮互助。此刻，你正在指挥一场非常艰难的战斗，我们想让你知道，我们非常清楚，这个战术实施起来对技术要求极其高，所以这次战争的最后胜利，说到底，与你还有协助你的联合作战团队过去在各方面所赢得的成就息息相关。

阿诺德、布鲁克、丘吉尔、
马歇尔、史末资

受到这样这样的称赞，蒙巴顿肯定会非常高兴的。这次的联合作战是一种新颖的形式，设计巧妙，规模巨大，行动起来极其复杂，如果三军联合作战部成员，哪怕是一个有二心或是没有竭尽全力，是不可能取得成功的。联合作战部成立于1940年，由凯斯海军上将组建，后来，接任他的人也在此取得了非常了不起的成就。

* * *

我稍有闲暇的时间，就和我那两位伟大的伙伴进行通信联系。

首相致斯大林元帅　　1944年6月14日

星期一时，我巡视了英军战区的前线，想必已经见报，你已看到。战斗仍在继续。在一条七十英里长的战线上，我方投入了十四个师的兵力，敌方应战的是十三个师，相比之下，自然是我们占据优势。后方的敌军正在赶往增援，不过我们是通过海运增援的，应该比他们要快很多。舰艇沿着海岸绵延五十英里，远远望去，非常壮观，这里俨然成了一座舰艇之城！我想不管是邻近的潜艇还是空中的火力，都不足以对它构成威胁了。我们的目标是包围卡昂城，并俘虏敌人。就在两天前，我们俘虏了一万三千名战俘，这个数字甚至比我们到那里时的伤亡总数还要大，也就是说敌军的损失是我们的双倍。目前我们仍处于不断的进攻状态。昨天，各个方面都进展顺利，只是由于战略后备队的增援，敌人的抵抗变得强烈起来了。我猜测，一场大战正在酝酿，届时双方各自投入战场的兵力可能达到一百万，整个 6 月和 7 月估计都要在战火中度过。我们要努力到 8 月中旬将那里的兵力增至二百万人左右。

希望你在卡累利阿一切顺利！

我在同一天也给总统写了一封信。信中各项问题都说了一下，戴高乐视察法国的事也说了。这件事，我没有和罗斯福商量。信中还说：

星期一那天我是在海滩和内陆度过的，那真是令人愉快的一天。海岸上战船云集，绵延五十多英里。有了人造港，再也不必担心战船受恶劣的天气影响，行动将越来越有保障。这些港口建造得非常成功，几乎每一部分都是。我军的空中实力还有反潜艇的能力看上去已有相当水平，可以保证那些船舰不受威胁。要不了多久，这些港口就会发挥作用，在天气糟糕的时候，给那些船舰提供庇护。巡视结束后，我们还亲自向德军开了几炮。尽管我们所乘的驱逐舰距岸边只有六千码，但是他们却完全没有回击。

马歇尔和金视察完美军的情况，乘我的专车回来，他们对自己的所见感到非常满意。马歇尔还给蒙巴顿发了一封电报，言辞非常感人。他说如此规模的新船舰会对整个战争产生良好影响，而能有这些都要归功于蒙巴顿和他的团队。之前，你曾在你发给我的一封电报中用了“了不起”这个词，现在，我不得不说，要形容这次我亲眼所见的阵仗，找不到比这个词更好的了。我相信，你的军官们肯定也是这么认为的。自战事爆发，我还没见过如此高的运输效率，实在是惊人。我们还有很多事情要做，比如还需要增加军队。不久后，将会有一场大战，双方各自会投入百万大军，我们正在为此做准备。参谋长们正在设法解决这些问题，以期制定一个方案，协调地中海和“霸王”行动，将对它们的影响降到最低。

我真的很希望在这儿也能看到你！

# 第二章　诺曼底到巴黎

卡昂城争夺战——我方空中进攻对敌方交通的影响——盟军组成不间断的战线——飞弹向伦敦发起进攻——希特勒6月17日在苏瓦松周边地区开会——我军跨越海滩集合——“桑葚”人造港口和“冥王星”海底输油管道——跟斯大林的信函往来——英军7月8日向卡昂城发起进攻——攻克卡昂城——史末资与斯大林发来贺电——隆美尔负伤，龙德施泰特遭免职——蒙哥马利7月18日发起总攻——我在7月20日乘飞机前往瑟堡——神奇的水陆两用车——拜访蒙哥马利——再度刺杀希特勒——美军7月25日发起进攻——加拿大军队在法莱兹公路上追逐敌军——占据维尔——跟蒙哥马利的信函往来——再度拜访蒙哥马利——艾森豪威尔到达法国——巴顿穿越布列塔尼——布雷斯特9月19日被攻克——法莱兹袋状地区——消灭八个德国师——巴黎8月25日获得解放

登陆后，盟军的首个要求是加固并拓展邻近各个滩头阵地的防御工程，组成一条不间断的战线。要打败负隅顽抗的敌军并非易事。美军战区中卡朗坦周边地区以及维尔河口的沼泽，都会严重阻碍我军行动。这片郊野地区每一处都适宜步兵防御。矮树丛遮掩了诺曼底大半的土地，其中有很多小片的农田，被土丘间隔开，里面有水渠和高高的篱笆。这导致为进攻提供援助的炮队因观测受阻，要利用坦克，难度也相当高。沿途全都是步兵在作战，所有小片农田都有可能变成扼

守据点。即便是这样，我们依旧高唱凯歌，只剩下卡昂城尚未攻克。

这座著名的小城即将变成双方多日内激烈争抢的对象。它东边有片地区很适合建造小型飞机场，而它也是我们全盘计划的中心环节，因此它对我方很重要。蒙哥马利计划让卡昂城作为左侧的中心，美军在它四周盘旋。该城对德国也很重要。我们若能在它这里打开敌军战线的缺口，就能迫使敌军第七集团军全部向东南转移到卢瓦尔河，这样一来，第七集团军和北方第十五集团军中间就出现了空隙，我们就能向巴黎进军了。所以卡昂在之后的几周内成了双方抢夺最激烈的战场，大半德国师，尤其是装甲军队都被吸引过来。对我军而言，这是帮助，也是阻碍。

德国第十五集团军的几个预备师继续驻扎在塞纳河北面，即便是这样，敌军还是获得了支援，这些支援是从其余地区抽调过来的。参战的师截止到6月12日达到了十二个，其中包括装甲师，这个数目少于我们的预期。敌军所有的交通都因我方强有力的空军进攻受阻。这时候，巴黎下游跨越塞纳河的所有桥梁和跨越卢瓦尔河的最重要的桥梁都已经被炸烂。大半敌军援军只能利用巴黎和奥尔良中间地带的公路和铁路，我方对他们的进攻日夜不间断，且富于破坏性。德军7月8日的一份报告指出：“所有从巴黎向西部和西南部的铁路都被毁坏了。”敌军无法及时支援，各个师抵达的时间也都很分散，抵达后马上被派往前线，也不理会他们装备不足，彻夜步行，精疲力竭。彼时德军指挥部根本来不及在后方建立突击队，发起强有力且配合非常得当的反击。

盟军截止到6月11日已在内地联合组成了一条不间断的战线，我军战斗机也从前方六座小机场出发，投身战争。接下来的任务是要找到一个地方，能容纳所有参与这场关键突破战的军队。美军穿越瑟堡半岛，向西行进，于6月17日抵达目的地——地处西海岸的巴恩维尔。与此同时，他们还要向北部行进，激战过后，抵达瑟堡的敌军外围防线，此时已是22日。敌军为展开破坏，负隅顽抗到26日。那确实是彻头彻尾的破坏，导致我们直到 8 月末才能用这座港口运入重载物资。

* * *

战场以外的事情，同样对将来的局势发挥着作用。首批飞弹于 6 月 12 日至 13 日夜里发射到伦敦。发射地点在法国北部，距离我方登陆军队很远。要让民众不再受轰炸之苦，就要尽早攻占这些地区。为此，我方的部分战略空军重新开始轰炸这些地区；可这并不会改变陆战的局势。不过这会让国内民众感受到，他们正在跟本国战士承受着同样的苦难，我在议会中这样说。

希特勒和龙德施泰特、隆美尔 6 月 17 日在苏瓦松旁边的马吉瓦尔开会。两位将军极力游说希特勒，让德国陆军在诺曼底自寻死路是很不明智的。他们极力想说服希特勒，为了避免第七集团军被我方消灭，应让他们井然有序地撤往塞纳河，跟当地的第十五集团军会合作战，这场战斗是防御性质的，但比较灵活，不管怎么样，都有可能获得成功；可他们没有成功。希特勒要求下属要跟在俄国和意大利一样寸土必争，坚守原地，战斗到底。两位将军的做法很正确。希特勒让全部战线共同战至最后一兵一卒的做法缺少了一项重要元素，就是灵活选择。

我方在沿海战区的巩固工作不断发展。包括战列舰在内的各类轰击舰继续为岸边的陆军提供援助，尤其是聚集了大量地方装甲军的东部战区军队，我们对这些装甲军的炮台几乎束手无策。他们的潜艇和轻型水上舰也曾尝试向盟军发起进攻，但都没什么战果。不过，盟军的水上运输却因敌方用飞机投掷的大部分水雷损失惨重，还不得不延迟了军队集结的时间。我们阻挡了敌军从据点朝东边发起的进攻，尤其是从勒阿弗尔发起的进攻；盟军有支海军在西边轰炸了分舰队，之后又跟美军合力攻克了瑟堡。穿越海滩比较顺利。前六天有三十二万六千人和五万四千辆车、十万四千吨军事物资登陆。登陆艇遭受巨大损失，不过正在快速组建起一个规模庞大的补给机构。平均每天会有超过两百艘不同种类的船舰运送类型多样的补给。糟糕的天气加大了处理这一庞大水上运输量的难度。在这样的情况下，我们取得的成绩依然不容小觑。而商船队贡献颇大。众海员欣然担负起了战争与天气变化带来的风险，在这项伟大的事业中，他们的毅力与忠诚发挥的作用让人难忘。

两项“桑葚”港口工程——分别位于阿罗芒什和绵延十英里的美军战区中——截止到6月19日都进行得很不错。再过些日子，海底输油管道（代号“冥王星”）就要投入使用了。波尔－安－贝散也在同一时间朝盟军重要的汽油供给港口这一目标发展。[①]但彼时出现了一场飓风，历时四天，我军战士与物资基本无法登陆，新建造的防波堤也毁损严重。由于设计时不具备这类条件，很多漂浮的“喇叭”都从沉埋的地方断裂，跟其余部分防波堤与抛锚的船舰相撞。美军战区的人造港口被毁，部分可用设施被转移，用于修葺阿罗芒什人造港口。6月出现这种飓风，四十年来还是头一回，真是太不走运了。我们延期卸载。进攻也延期了。我们在6月23日占据的战线仅仅达到了11日的计划。

苏联军队的进攻这时候已经开始了。我时常跟斯大林交流我们的状况。

首相致斯大林元帅　　1944年6月25日

1. 得知你们的大举进攻首战告捷，我很高兴。我们要一直竭尽所能，扩张对敌作战的所有战线，让战争维持激烈态势。

2. 美军想在几天内攻克瑟堡。之后应该很快能抽调出三个美

① “冥王星”计划如下：为方便海运油船直接将汽油输送上岸，首先在袭击地区铺设输油管道。然后在怀特岛到瑟堡、邓杰内斯到布罗涅之间铺设海底输油管道，横穿英吉利海峡。——原注

军师，为我方南下进攻提供支援。在瑟堡应该能俘虏两万五千敌军。

3. 我们这边飓风已持续了三四天——6月出现这种天气状况非常罕有——军队集结因此延期，两个还没竣工的人造港口也损失严重。我们已经开始想办法对这两座港口进行修缮、加固。我们现在正利用压路机和平铺的钢网，以极快的速度修建这两座港口与内陆之间的数条路。一个包括瑟堡在内的庞大基地就这样建立起来。此后，再恶劣的天气都不能阻止我们从基地抽调大军作战。

4. 敌军五个装甲师中的四个都在英军战线上跟我们交过手，战况激烈。英军原本计划在那条战线上再度发起进攻，却因糟糕的天气耽误了几日，同样耽误的还有几个师的调配。明天会开始进攻。

5. 我军在意大利境内迅速进军，期待能在6月攻克佛罗伦萨，7月中旬或月末连接比萨－里米尼线。我会另外去信告知该地区可能会实行的战略。我觉得我们应该遵守这样一项最高原则：在范围最广、效果最佳的战线上，连续不断地将最多的希特勒军队拉到战争中来。唯一能减轻你们压力的方法就是我们的英勇抗争。

6. 德军到处夸大他们的飞弹成果，对此你大可不予理会。伦敦的生产、生活受影响不大。我方在敌军投放飞弹的七日内死伤一万至一万一千人。很多人结束一天的工作后，依旧在公路上、公园里晒太阳，将那里挤得满满当当。议会讨论在空袭警报这段时期从未中止过。若火箭发展到高级别，效果可能会更突出。能为英国战士和他们非常佩服的苏联战士分担少许战争风险，英国民众觉得很自豪。希望你刚刚开始的进攻能够顺利。

斯大林在我们攻克瑟堡后来信祝贺，同时告知我苏联大举征战的近况。

斯大林元帅致首相　　　　　　　　　　　　1944 年 6 月 27 日

瑟堡的解放是盟军在诺曼底取得的又一场了不起的胜利，在此向在法国北部地区和意大利作战并接连获胜的勇猛的英军和美军表示祝贺。

法国北部地区的作战规模，让希特勒感受到日益加剧的威胁，而盟军在意大利顺利开展的进攻，同样应获得重视和肯定，在此预祝你们继续高唱凯歌。

我方会接连不断地向德军发起进攻，加强力度，从而持续拓展进攻战线。我们共同的事业要求我们一定要这样做，相信你肯定不会有异议。

另外，很明显，希特勒投放飞弹根本无法对诺曼底的战争和举世皆知的勇敢的伦敦市民造成太大干扰。

我这样回复他：

首相致斯大林元帅　　　　　　　　　　　　1944 年 7 月 1 日

苏联军队取得的巨大战果让我们记忆极其深刻；苏军的进攻越来越强势，大有消灭苏军和华沙、柏林中间所有德军的气势。这些我应该及早告知你。我在这里小心留意你们的每一场胜利。我明白这些都是你们在德黑兰会议之后开展的第二轮战争，你们在第一轮战争中收复了塞瓦斯托波尔、敖德萨、克里米亚，你们的先驱军队因此开进了喀尔巴阡山、塞勒特河、普鲁特河地区。

诺曼底正在激烈交战。6 月份的天气惹人厌恶。海滩上出现了这么多年从未在夏天出现的飓风，并且空中一直满是乌云。我们在空中的绝对优势因此难以发挥，但向伦敦投放飞弹却更便利了。但愿天气在 7 月会好转。这段时期，我们依旧在激战中占据优势，英军战区中的八个德国装甲师并未动摇我方坦克占据的巨大优势。我方登陆军队总数已超过七十五万，其中一半是英军，一半是美军。不管是哪条战线上，敌军都溃不成军。你说在此次交战一定要坚持到最后，我很赞同。

* * *

英军在6月的最后一个星期穿越了卡昂城以南的奥东河，建立起一座桥头阵地。我们尝试以该阵地为中心，朝东面和南面扩张，以横穿奥恩河，结果遭遇德军阻挠。德军几个装甲师两次进攻英国战线南部，后来在我方的空袭和猛攻下惨败[①]。我们进攻的时机到来了，于是我军7月8日从北面和西北向卡昂城发起猛攻。此次进攻建立在盟军重型轰炸机的首次战术轰炸基础上，战术轰炸自此之后成为我军战斗的明显特征。皇家空军重型轰炸机在德军的防御工程上投放了超过两千吨炸弹。英国步兵黎明之际已取得不错的进展，并未因无处不在的弹坑和建筑废墟受到太大影响。我方于7月10日攻克了整座卡昂城，我跟蒙哥马利说："对你攻克卡昂城表示热烈祝贺。"他的回复如下：

蒙哥马利致首相　　1944年7月11日

谢谢你的祝贺。卡昂城对我们来说必不可少。在向卡昂城进军时，我们调用了大量空军，确保能尽快取得成功，途中的战场全都被毁得惨不忍睹。卡昂城也受损严重。敌军第九、第十装甲师为抢回勒夫雷谢东北部的一一二号据点，今天已激烈反攻了整整一天，此外还有一个师连续猛攻圣罗西北部的美军第三十师。敌军这三个师都损失惨重。他们的这种进攻只会有利于我们，所有事情都很顺利。

---

① 两次进攻都源自希特勒在苏瓦松会议中下达的命令。凯特尔7月1日给龙德施泰特打电话，问："我们该做些什么？"对方说："蠢材，当然是议和！不然还有什么法子？"——原注

这时候，史末资已经返回南非，他发来一封电报，颇有远见卓识，且发人深省。

1944年7月10日

一种为我们喜欢、让德军紧张的局势现已形成：苏军的进度令人惊叹，卡昂城也被攻克。照这样看，德军根本应对不了两条战线。很快，他们就要做出决定，到底要将主力军队用来抵挡东面还是西面的进攻？被苏军进攻会有怎样的后果，他们很清楚，所以他们的决定很有可能是将主力投放在俄国战线上，我们西线承担的任务会因此减轻。

既然我们已经攻克了卡昂城，就应继续采取主动攻势，并应及早向德军飞弹基地的后方发起进攻。

不得不说，那项对亚历山大军队的前进有损的决定很令人惋惜[①]。不过先前你曾数次排除了同类型的阻碍，你的战略在军事、政治方面又有充足的依据，所以我依然期待你能再次顺利取得成功。

斯大林对我们命运的关注，一日也不曾间断；这时候，他也发来贺电："祝贺英军再度取得巨大胜利，解放卡昂城。"

总共有三十个师的盟军在7月中旬之前登陆，有二分之一来自美国，剩下的二分之一来自英国和加拿大。德军方面集中了二十七个师跟我们抗衡。不过，他们的死伤总数高达十六万，他们实际参战的军队应该低于十六个师，这是艾森豪威尔将军估测的结果。

同一时间发生了一件很重要的事。隆美尔7月17日受了重伤。我军低飞的战斗机打中了他的车，他被送到医院，据说当时已处于死亡边缘。结果他竟然痊愈了，但之后还是死在了希特勒的一道指令之下。

---

① 这项决定就是在法国南部地区登陆的决定。——原注

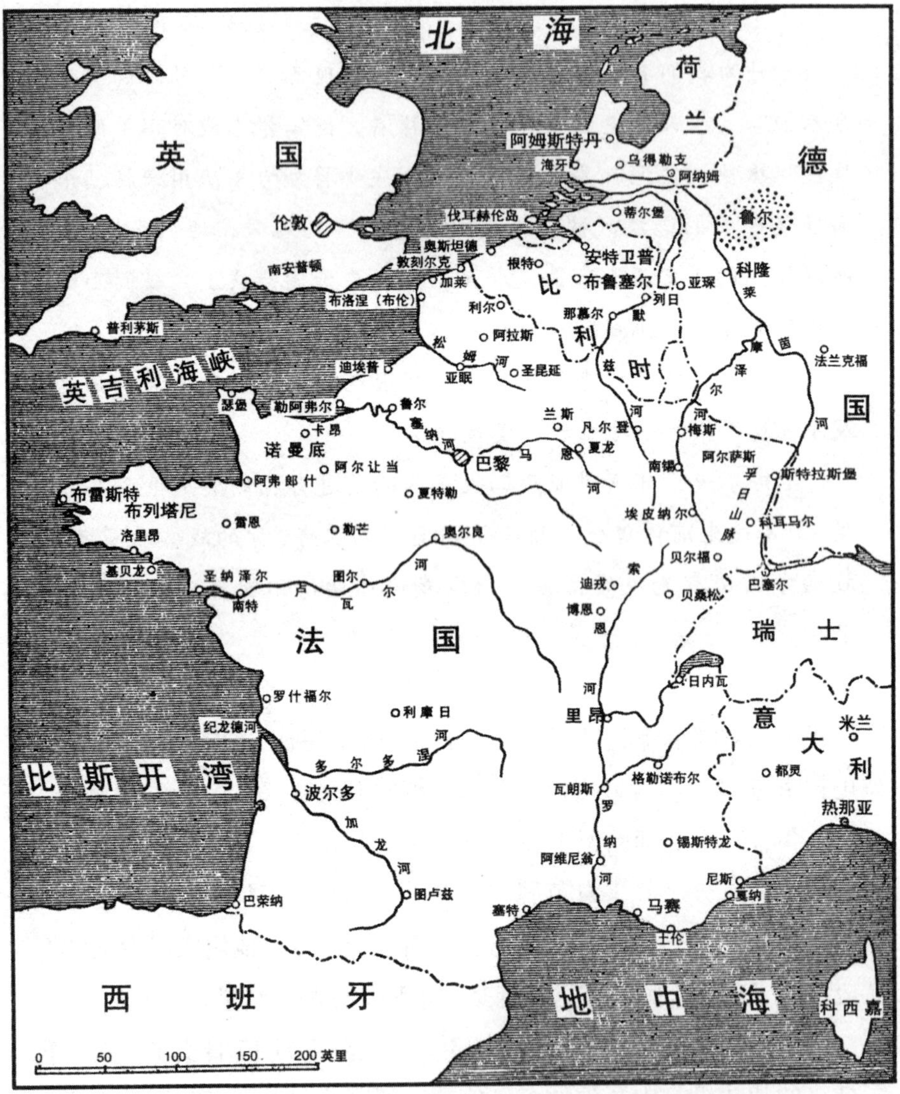
北海
荷兰
德国
英国
阿姆斯特丹
海牙
乌得勒支
阿纳姆
伦敦
伐耳赫伦岛
蒂尔堡
鲁尔
奥斯坦德
敦刻尔克
安特卫普
根特
科隆
南安普顿
加莱
比利时
布鲁塞尔
亚琛
布洛涅（布伦）
利尔
那慕尔
列日
普利茅斯
阿拉斯
默兹河
莱茵河
松姆河
亚眠
圣昆延
法兰克福
迪埃普
英吉利海峡
瑟堡
勒阿弗尔
鲁尔
塞纳河
兰斯
凡尔登
摩泽尔河
梅斯
卡昂
诺曼底
巴黎
马恩河
夏龙
阿尔萨斯
南锡
阿尔让当
阿弗郎什
布雷斯特
斯特拉斯堡
夏特勒
孚日山脉
布列塔尼
埃皮纳尔
雷恩
勒芒
科耳马尔
洛里昂
奥尔良
贝尔福
基贝龙
圣纳泽尔
图尔
卢瓦尔河
迪戎
索恩河
巴塞尔
南特
贝桑松
博恩
法国
瑞士
日内瓦
罗什福尔
意大利
米兰
利摩日
里昂
纪龙德河
多尔多涅河
比斯开湾
波尔多
加龙河
瓦朗斯
格勒诺布尔
都灵
罗纳河
热那亚
锡斯特龙
阿维尼翁
尼斯
巴荣纳
图卢兹
塞特
马赛
戛纳
土伦
西班牙
地中海
科西嘉
0
50
100
150
200 英里

莱

西北欧（照原图译制）

曾经在俄国前线有过突出表现的冯·克卢格7月伊始取代龙德施泰特成了敌军西线的总司令。

*　*　*

此时，蒙哥马利准备在7月18日发起的总攻已近在眼前。我跟他说："上帝保佑你。"他这样回复我：

1944年7月17日

谢谢你的电报。大举进攻明天就要开始了，由于主力敌军已像我们预计的一样，转移到了奥恩河西面，抵挡我们今天白天到夜间对勒夫雷谢的进攻，因此总体状况对我们很有帮助。

明天的天气是否适合飞行，成了明天的行动能否全部取得成功的决定性因素。我已决定明天让装甲师参战，自由发挥，前提是有这种可能的话；如有必要，要等到下午三点再开始进攻。

英军为了扩张自己的各座桥头堡，同时让军队渡过奥恩河，动用了三个军发起进攻。在盟军空军一场更大规模的轰炸过后，进攻开始。德国空军根本不能出动阻挠我军。卡昂城东面推进得很顺利，我们的飞机受到阻挠，是因为之后出现的满天乌云，从美军战区发起的进攻也因此延迟了一周。那时候，我觉得这正好是个良机，可以去瑟堡访问，还可以在"桑葚"人造港口逗留几日。我在20日乘坐美军的达克塔型飞机，直接飞到了位于瑟堡半岛的美军飞机场，然后到人造港口附近视察，美军司令官在一旁陪同。我首次看到飞弹发射点，就是在这里。这件事是费尽心思筹划的结果。我非常吃惊，德军竟将这里破坏到了这种程度。港口不得不推迟使用，参谋工作人员很失望，我也一样。触发水雷铺满了港口内湾。几名尽职尽责的英国潜水员不分昼夜忙于扫雷，全然不顾自己的生命安危，他们的美国战友因此热情褒扬他们。

在开车走过一段又长又危险的路后，我们抵达了美国的滩头阵地，此处人称“犹他滩”。我上了英国的一艘鱼雷快艇，在风高浪急的水面上航行至阿罗芒什。人老了倒是很少会晕船。我一路熟睡，没有体会到晕船的痛苦，再醒来时，快艇已经进入我们那片又浅又平静的人工湖。我在“企业”号巡洋舰上待了三天，亲自将这座港口的应用状况查了个一清二楚，现在我方所有军队基本都仰仗这一座港口，我还在那段时间处理了伦敦的部分事务。

彼时经常有单架的敌军飞机来袭，警报愈发频繁，晚上因此非常喧闹。我利用白天的时间，研究了码头和滩头上补给和军队登陆的过程始末，我一早就对此产生了兴趣。有一回，滩头陆续驶进六艘坦克登陆艇。艇首靠岸的瞬间，吊桥就落下来了，随后坦克开出、登陆，身上带着水，一艘艇上有三至四辆坦克。我用秒表计时，那些坦克不到八分钟已经到了公路上，排成纵队赶赴战场。这样的操作过程让人难忘，不仅如此，这还是我们已经达到的最高卸载率。水陆两用车几乎把我迷住了，它们从港口摇晃着登陆，然后匆匆忙忙继续行驶，目的地是山上的大规模补给物资临时储存处，那里等了很多辆卡车，负责将补给运送给各支军队。我们之前所有的计划都比不上这种运输系统现在取得的成就大，该系统令人惊叹的效率便是我们期待的高速、胜利行动的保障。

第一天夜里，我去舰上的军官室参观，当时众军官正在唱歌，最后还合唱了一首《不列颠统治赞歌》。我问这首歌的歌词，他们全都答不上来。我便背诵了汤姆森写的几段壮美的短诗，现写在下面，以方便读者（若有这种必要的话）：

很多国家还承受暴君独裁，
比不上你幸福、强盛；
你因崇高、自由如此富强，
它们只能艳羡、恐慌。

缪斯诸神和自由并存，
时常在你们幸福的海域中徘徊；
幸运的岛屿如此美丽，
英雄会用心保卫它。

*　　*　　*

在阿罗芒什的最后一天，我到访了蒙哥马利总部，那里距离沿海有数英里。在自己最大型的进攻即将开始之际，这位总司令兴奋到极点，向我阐述了此次进攻的一切细节。他将我带到到处都是断壁残垣的卡昂城，还从河上横渡过去。英军战线的其余部分也留下了我们的足迹。其后，他让我乘坐一架施托西型敌军飞机，这是他们的战利品。空军司令官亲自担当驾驶员，带我从空中走遍了整个英军阵地。这架飞机能在距离地面数百英尺的高度做低空飞行，因为一旦遇到危险情况，它基本可以在任意地点降落，这种飞行堪称认真巡视的最佳方法。另外，我还去了几座空军站，在军官和战士的几次聚会中发表了演讲。最后一站是战地医院，在那个风平浪静的日子里，依然不断有伤员被送到医院。刚好有个战士要做大手术，他当时其实已经躺在手术台上，就要打麻药了。我想悄无声息地到别处去，他却让我到他身边。他在我手上亲吻了一下，脸上有淡淡的笑容，我非常感动，之后听说他的手术相当顺利，我很欣慰。

我启程回国是在 7 月 23 日傍晚，到英国时天还没有黑。我表彰了西科林上校——他是负责掌管阿罗芒什的海军军官，这是他应得的。

首相致西科林上校　　　　　　　　1944 年 7 月 25 日

向你和你指挥下的全体将士在阿罗芒什取得的巨大成就致以最热烈的恭贺。该港口在欧战解放战争中业已发挥并将继续发挥最重要的作用，真是不可思议。期待能在近期再去拜访你一次。

请将以上内容告知相关的全体将士，但注意要向敌军保密，他们对阿罗芒什的吞吐量和潜能尚无了解。

他们想以“丘吉尔港”命名这座人造港口，我因若干原因没有批准。

* * *

这段时期，德军收回了原先的命令，不再让第十五集团军驻扎在塞纳河后边，还派出几个师去支援受困的第七集团军。在我军的空袭下，德军援军借助铁路、公路、船只取代被毁坏的桥梁横渡塞纳河的行动受阻，损失惨重。等到他们终于抵达战场时，已经错失了反败为胜的良机。

诺曼底7月20日暂时休战，当天又有人刺杀希特勒未果。一则最真实可信的报道称，在一场参谋会议上，施陶芬贝格上校在希特勒的桌子底下放了一只皮包，里面装有一颗定时炸弹。炸弹的威力立即就被厚厚的桌面、桌下的横木和轻薄的建筑构造分散了，因此希特勒只承受了炸弹的部分威力，没有伤及性命，他可真走运。现场有几名军官在爆炸中身亡。彼时，希特勒受到巨大惊吓，身上还有伤，却站起来大叫道：“上帝对我分外庇护，有谁敢否认？”他凶残的天性因这场暗杀行动完全展露出来，所有相关嫌犯都成了他复仇的对象，个中情节简直让人发指。

* * *

美军总算在奥马尔·布雷德利将军的指挥下，开始了大举突袭。美军第七军7月25日从圣洛向南发起进攻，第七军右边的第八军也于第二天加入行动。美国空军的空袭威力大到极致，步兵因此胜利进攻。

装甲军随后冲上去，将库汤斯这一重要据点荡平。德军往诺曼底海岸撤退的道路被斩断，维尔河西面的整条德军防线都一片混乱，形势危急。每条路上都挤满了撤退的德军，在盟军轰炸机和战斗轰炸机的进攻下，他们的人员和车辆都遭受重创。先驱部队的进军势如破竹。7 月 31 日攻占了阿弗朗什，很快又绕过了通往布列塔尼半岛的海角。由克里勒将军统领的加拿大军队从卡昂城启程，在沿法莱兹公路行军的过程中发起进攻。德国四个装甲师展开了强有力的反击。蒙哥马利那时候担当着整条战线的指挥工作，他下令英军主力转移到别的战线，发起进攻，同时命令邓普希将军统领的英国第二集团军重新从科蒙进攻维尔。行动之前同样展开了激烈空袭，7 月 30 日行动开始，抵达维尔是几天后的事。

美军主力开始进攻，加拿大军队受困于法莱兹公路的这段时间，有人为讽刺我们，做了一些让人很不舒服的比较。

首相致蒙哥马利将军　　1944 年 7 月 27 日

1. 昨天晚上，盟军远征军最高总部宣布：英国军队遭遇了“十分严重的挫败”。我没有找到任何能证明此事的事实。我认为这种说法没有依据，因为你近期的进攻似乎只有右翼撤退了少许，例如撤退一英里，根本无足轻重。这很自然引发了很多争论。为了让那些占据高位、左右摇摆的人和评论家保持信心，我迫切想了解详细状况。

2. 我急于知道之前你跟我说的那些进攻计划或是修改后的计划是不是很快就会执行，我想了解最秘密的情报。有一点确实非常重要，就是英军一定要为胜利英勇奋战；如若不然，便会导致两国军队的对比，进而相互指摘，这是很危险的，会使盟国的作战能力下降。对于你，我怀有百分百信任，这点你自然了解，不必有半分担忧。

蒙哥马利的回复如下：

蒙哥马利将军致首相　　　　　　　　　　　1944年7月27日

我对所谓“严重的挫败”一无所知。在卡昂城南，敌军调集大量兵力，阻止我方在当地的进攻。前天和昨天都爆发过激烈战争，最终加拿大军队不得不从最遥远的阵地向后撤退，退了一千码……

从一开始，我的策略就是将敌军的装甲主力引到我军东边，与之开战，减小我军西边的作战难度。眼下，敌军的装甲主力就在我军东边，也就是奥东河东边摆开阵列，而在西边，战争进行得相对顺利，美国军队的表现也非常好；我已得偿所愿。

再说我计划的下一步。现在敌军在卡昂城南穿越法莱兹公路的军队实力十分强大，超越了盟军整条战线上的任意一部分。因此，我不准备在那边进攻他们，我的计划是将他们困在那边，出动六个师从他们军队实力不足的科蒙入手，给他们以痛击。这会推进美军的作战进程。

蒙哥马利并非盲目乐观，有事实为依据。8月3日，我再次发电报给他：

首相致蒙哥马利将军　　　　　　　　　　　1944年8月3日

我非常欣慰你向我阐述的计划实施得这样顺利。敌军会竭尽全力保住他们的东翼和枢纽，这点显而易见。荡平布雷斯特半岛，在我看来并非难事。我很高兴得知我军的装甲军和先锋军已经占据了维尔。地图上显示，你好像已经完胜了好几场。我当然急切想要看到第二集团军的装甲军（装甲车数量跟两千五百辆这个数目不能差得太远）在广袤的平原上奔驰。迂回战术极少出现在此次战争的陆战和海战中。我下个星期要去意大利，在那之前或许会去你那里逗留一天。希望你一切顺利。

蒙哥马利将军致首相　　1944 年 8 月 4 日

1. 谢谢你的电报。

2. 我预测会有几场激烈交战在东翼，尤其是维莱博卡日和维尔朝向正东面之间的地区爆发。敌军已往那里调派了大量军队，这些军队原本在卡昂城东面和东南面。

3. 所以我正筹划从卡昂城派出五个师的兵力，猛攻法莱兹。我努力想在 8 月 7 日执行该计划。

4. 我认为向西面的布列塔尼调派一个美国军就足够了，事实上我就是这么做的。

美国第三集团军旗下的其余各军会直接赶赴拉瓦尔和昂热两地。美国第一集团军将转而进攻东弗隆和阿朗松，为此他们会全体转移到英国第二集团军南翼。

5. 无论下周你什么时间过来，我都非常欢迎。

首相致蒙哥马利将军　　1944 年 8 月 6 日

对不起，昨天没有去你那里！我可能会在明天（周一）抵达。我不想你为我做出任何特别安排，也不想对你造成半点骚扰。昨天下午有半天时间，我一直跟艾森豪威尔待在一起，他提议我应该去访问一下布雷德利总部。若你没有异议的话，我想在同一天下午过去。这次我只会带霍利斯将军和汤米两个人去你那里。

7 日，我再次飞到蒙哥马利的总部，他借助几张地图，向我做出了形象阐述，之后我便被一名美国上校接到了布雷德利将军处。为了让我看到美军作战沿途的城市和乡村毁损得有多触目惊心，他们事先精心安排好了路线，我看到建筑全都在空袭中变成了一片废墟。我们到达布雷德利的总部时，已经差不多四点。他热情欢迎我的到来，但是彼时正在激烈交战，战报频频，电报之间的间隔只有几分钟，让我觉得此处紧张至极。我因此减少了访问时间，上车离开，驶向正在等待我的飞机。我没想到，艾森豪威尔会在我即将登机时赶来。他乘飞机从伦敦飞到他的高级指挥部，得知我的行程后，便赶过来将我拦下。彼时，指挥作战军队的实权还在蒙哥马利手中，他尚未接替蒙哥马利，不过他对所有事都保持着警惕；他是最擅长在处理重要事件时，同时兼顾高度关注与对他人授权两方面的人。

* * *

眼下，巴顿将军统领的美国第三集团军已经组建并参战了。为扫荡布列塔尼半岛，他派出两个装甲师和三个步兵师，以极快的速度向西部和南部挺进。敌军无路可进，马上撤往几个建有防御工程的港口。此处有法国抵抗运动的三万兵力，他们发挥的作用引人注目。没过多久，这座半岛就被攻克了。德国驻防军队和四个师的残余兵力，总共约四万五千人，在 8 月的首个周末被逼撤退到他们在圣马洛、布雷斯特、洛里昂、圣纳泽尔附近的防线。为避免马上进攻敌军必然会遭受的损失，我们可将他们全部包围在原地，困死他们。瑟堡的毁损极其严重。我军攻克布列塔尼各个港口后，必然也要为修缮花费大量时间。在我们先前的部分计划中，抢占布列塔尼各个港口一度非常急迫，可是现在已经没那么急迫了，这是阿罗芒什的“桑葚”人造港口庞大的吞吐量、部分隐秘的停靠点、诺曼底岸边几处小型港口出人预料的发展共同导致的结果。更何况，战争这样顺风顺水，我们完全可以期待，勒阿弗尔和北部地区之间的数个质量好得多的法国港口，用不了多久便会落入我们手中。只是，布雷斯特是一片一定要征服的危险地带，当地有一支大规模的防御军，担当指挥的司令官又很上进。9 月 19 日，在美军三个师的激烈进攻下，此处的德军选择了投降。

*　*　*

巴顿将军统领的第三集团军的剩余兵力在我们对布列塔尼半岛展开扫荡或是包围期间，来了个“大转弯”，直接开赴东面的卢瓦尔河与巴黎中间的空白处，还沿塞纳河一路到了鲁昂。8 月 6 日，他们攻进拉瓦尔，8 月 9 日，他们又攻克了勒芒。在如此广阔的地域中找到的

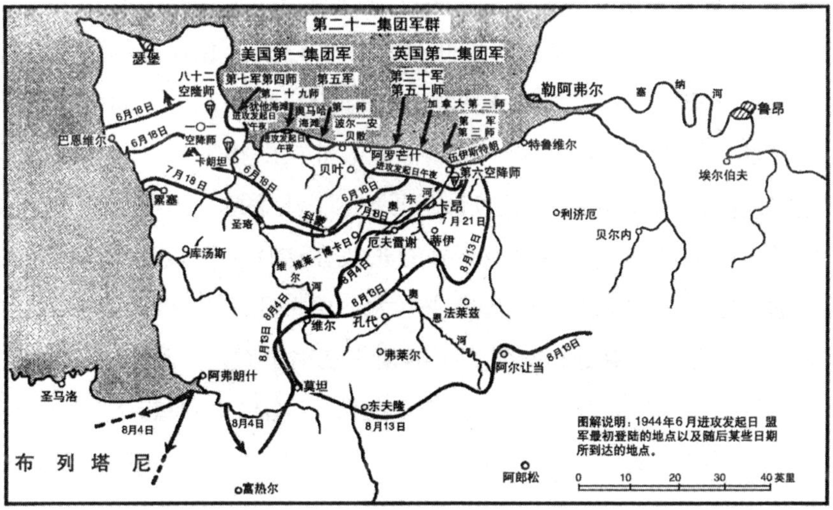


诺曼底　　　　　　　　　　（照原图译制）

德军寥寥可数，如何供给在这些漫长且不断扩张的道路上行进的美军，是我们最难解决的问题。空运的东西很少，其余的还是要从先前登陆时的几处海滩上运过来，从诺曼底以西运到前线，途中要经过阿弗朗什。阿弗朗什由此变成了至关重要的交通枢纽，德军从中获得了一个诱人的良机，可从法莱兹周边地区向西进攻我军。这跟希特勒的想象不谋而合，于是他命令向莫坦发起尽可能大的攻势，之后迅速赶到阿弗朗什，截断巴顿的路。德国的司令官全都不赞同该计划。他们知道诺曼底一战中德军已经战败，为了让德军井然有序地撤退到塞纳河，他们想对刚刚从北方第十五集团军调来的四个师加以利用。在他们看来，让军

队主力到西边参战，跟“引颈待戮”没有区别，死是迟早的事。希特勒固执己见。最终，8 月 7 日，德国的五个装甲师和两个步兵师开始从东边猛攻莫坦。

敌军进攻一个孤立的美国师，这个师坚持反抗，不仅如此，后来还获得了三个师的支援。如此冒失作战的敌军在五天的激战和空袭过后丢盔弃甲，他们的队伍散落在法莱兹与莫坦之间凸起地带的各个角落，三面都被我军环绕，毫无还手之力，这跟敌军将领的预期一模一样。位于该地以南的美国第三集团军下属的一个军开始向北行进，途经阿朗松，最终到达阿尔让当，此时是 8 月 13 日。由霍奇斯将军指挥的美国第一集团军从维尔向南进军，英国第二集团军也在同一时间向孔代出发。加拿大集团军又一次靠重型轰炸机的援助，沿着公路从卡昂城继续朝法莱兹进逼，8 月 17 日便抵达了法莱兹，因此取得了相较于之前更优秀的战绩。盟国空军猛烈进攻在这片又长又窄的地区大量聚集的德军，大炮轰炸的威力也非常大。德军死守法莱兹和阿尔让当中间空白地区的关键处，同时为了尽快将装甲军撤走绞尽脑汁。然而，他们的指挥与掌控在 8 月 17 日就宣告失败，死伤极为惨重。8 月 20 日，我们控制了这一关键处，虽然此前已有大批敌军从东面逃跑，但我们还是消灭了至少八个师的敌军。当初的法莱兹袋状地带，如今变成了他们的葬身之处！克卢格这样上报希特勒：“占据巨大优势的敌方空军阻拦了我方绝大多数行动。且敌军每次行动都用空军做先锋和护卫。无论是在人力还是物力方面，我军都承受了极大的损失。军队的士气在敌军的连续猛攻下受尽打击。”

* * *

除了扫荡布列塔尼半岛，利用“小拐弯”的侧面袭击方式在法莱兹打了场大胜仗外，美国第三集团军还派出三个军从勒芒朝东面和东北面进军。8 月 17 日抵达奥尔良、夏特勒、德勒，进而向西北的河流左岸行进，跟朝鲁昂进军的英国军队会师。法莱兹战争过后，英国第二集团军要进行整编，借着这个计划，敌军建立了一个临时性后卫阵地，给第二集团军带来了一些阻碍。不过，塞纳河南面的德军很快就在我们的猛攻下逃跑，他们尝试渡河撤退，以避开我方足以置他们于死地的空袭。之前在空袭中被毁的桥梁全都没有修缮好，但要渡河还有几座浮桥可用，船只数量也足够。敌军只能保住极少数车辆。大批交通工具都丢在了鲁昂南面。逃到河对岸的敌军，根本无法再组织反击。

艾森豪威尔那时候已经掌控了最高指挥权，他坚持不用战争的方式夺回巴黎。他决定将巴黎包围起来，逼迫城中的驻防敌军投诚或是逃跑，因为之前斯大林格勒和华沙的两场战争让他明白了直接进攻与爱国者起义会造成多么令人恐慌的局面。这一行动在 8 月 20 日开始。彼时在离芒特不远的地方，巴顿已经横渡塞纳河，其右翼军也已抵达枫丹白露。法国的地下武装军队发动了起义。警察罢工。爱国人士占据了警察总局。法国抵抗运动的一位军官到了巴顿总部，带来多份重要的报告，这些报告周三（8 月 23 日）早上就送到了正在勒芒的艾森豪威尔手上。

8 月 11 日，由勒克莱尔将军统领、从属于巴顿的法国第二装甲师登陆诺曼底，在进攻中做出巨大贡献[①]。同一天，戴高乐也到达那里，盟军最高统帅向他承诺，勒克莱尔的军队会在时机到来时第一批进入巴黎，就跟之前商议好的一样。艾森豪威尔收到消息，当天黄昏时分巴黎城中就发生了巷战，因此，他决定采取行动，勒克莱尔随即出发。当晚 7 点一刻，布雷德利向这名法国军官传达了这些指令，后者的装甲师彼时正驻扎在阿尔让当。这些在 8 月 23 日发出的战斗指令开宗明义：“第一项任务，攻克巴黎……”

勒克莱尔给戴高乐的报告说：“我的感觉是……1940 年的局势再度出现，双方的位置却调换了——敌军各支军队都惶恐不已，一片混乱。”

---

① 详见第五卷第 544 页至 546 页。——原注

勒克莱尔下定决心，要勇敢地采取行动，躲避而非正面迎战德军主力。8 月 23 日刚刚从诺曼底抵达朗布依埃的几支军队，组成了首批分遣队，抵达翌日便从朗布依埃向巴黎进军。比约特上校（他是 1940 年 5 月牺牲的法国第一集团军群司令官之子）则统领进攻主力，从奥尔良启程。一支坦克先驱部队当天晚上就抵达了奥尔良门，进入市政府前边的广场时刚好是 9 点 22 分。该师的主力军打算在翌日进入巴黎。比约特统领的几支装甲纵队，翌日清早占据了正对着巴黎的塞纳河两岸。德军司令官冯 · 肖利茨在默里斯大厦的总部，当天下午便被包围了。肖利茨向一名法国中尉投降，将手中的权力交给了比约特。勒克莱尔也在这时候赶过来了，还在蒙特巴纳斯车站成立了指挥部，当天下午又转移到了警察总部。肖利茨被押解到他面前，是在差不多四点时。从敦刻尔克到乍得湖，再返回故乡的那条路，就这样走到了终点！勒克莱尔将自己的想法低声说出来：“这下好了！”其后，他将自己的身份告诉了这个失败者，用的是德语。简单、不算有礼貌的交谈过后，在驻防军队投降书上签字，随后，敌军剩余的部分关键据点，也被抵抗运动掌控的军队和正规军一一占据。

巴黎民众朝德国战俘吐口水，拉着卖国贼游行示众，对解放他们的军队盛情款待，狂热的游行示威活动充斥了整座城市。这时候，戴高乐将军在这场为胜利欢庆的仪式上现身了，这场胜利早就该降临。下午五点，他到达圣多米尼克道，建立了自己的总部，就在原先陆军部的旧址上。过了两个小时，他首度以自由法国领导者的身份在市政府欢欣鼓舞的民众面前露面，陪同他的有抵抗运动的部分领导、克莱尔将军及朱安将军。民众的热忱随处可见。戴高乐在第二天下午（8 月 26 日）举行了正式的进城仪式，他从爱丽舍田园街一路步行，抵达协和广场，然后又抵达了圣母院。在后一段路程中，有很长的一列汽车一直跟随他。当时教堂内外分别有潜伏的卖国贼开枪，众人立即散开。不过只过了一会儿，这场动荡就平息了，最终完成了庄重肃穆的巴黎解放仪式。

*　*　*

我方军队在 8 月 30 日当日，分别从多个地点横渡塞纳河。敌军损失了四十万人，其中二分之一是战俘，还有一千三百辆坦克、两万辆车和一千五百门野战炮，损失巨大。德国第七集团军和被派出支援的几个师在我军的进攻下一败涂地。受糟糕的天气和希特勒错误决定的影响，从滩头阵地进攻的盟军遇到些延误。不过，那场战争结束后，一切都变得顺风顺水，比预期提前六天抵达塞纳河。有种观点认为，美军的战绩好像超过了英军，证据之一就是在诺曼底战线中，英军行动缓慢，反观美军，却在之后的几个阶段行动迅速。为此应该再重申一次，此次战争的整个计划是将英军战线当成中心环节，吸引后备敌军，为美军的迂回行军提供助力。在原先的作战计划中，英国第二集团军已确立了自身目标："由美军攻占瑟堡、昂热、南特和布列塔尼所有港口，英军为美军侧翼提供保护。"该目标依靠坚定的毅力，在艰难的作战中得以实现。对于英国战友所做的工作，艾森豪威尔将军心知肚明；在正式报告中，他这样写道："盟军在其余地区取得的令人惊叹的战绩，跟英国和加拿大军队在卡昂城、法莱兹两场残酷战役中付出的巨大代价密不可分，没有后者，绝不会有前者。"

# 第三章　无人驾驶武器的空袭

**从6月13日开始空袭伦敦——飞弹的构造和性能——警备队的礼拜堂6月18日被炸毁——受损和伤亡状况——盟军的对策——我在6月22日委派一个规模很小的委员会——我在7月6日对下院发表的演讲——轰炸机指挥部找到新目标——在沿海地区重新安排高射炮队——控制飞弹——众人的功劳——远程火箭——对火箭大小的辩论——瑞典火箭——8月26日的一封科技情报——一项让人难忘的技术成就——首批火箭9月8日降落到伦敦——施佩尔的建议——V3式武器宣告失败——比利时的灾祸——针对导弹问题邓肯·桑兹向战时内阁提交的报告**

长时间的研究过后，敌军开始借助无人操纵的飞弹袭击英国。伦敦是他们的目标。我们内部已对该袭击的性质和规模展开了超过一年的讨论，并在资源能力准许的范围内，费尽心机适时准备好了一切。

进攻开始后正好一周，也就是6月13日早上，我国海岸上空飞过四架无人驾驶飞机。这是德军对我方在诺曼底成功登陆做出的回应，因为恰当的时机还未到来，德国便在进攻开始当天发出了临时命令，导致三架飞机都没能造成任何伤亡，只有一架飞到内斯诺尔·格林的飞机造成六死九伤。截止到6月15日就发生了这一件事，但德军的“报复”计划从当天晚上开始严格执行了。有两百多枚飞弹在二十四小时内投掷到我国，随后的五周又投掷了三千多枚。

这种其后被我们称为飞弹的武器，成了希特勒口中的V1号，他期待这仅仅是德国研究出来的整套恐怖武器的第一种类型，这种期待不是没有依据的。飞弹以设计别致的喷气机为发动机，这种发动机能发出尖叫，伦敦人很快据此称其为“无线电操纵无人轰炸机”或是“喷射推进式炸弹”。其飞行速度为四百英里每小时，高度约为三千英尺，运载炸药约一吨；飞弹用磁性指南针确定方向，用小型推进器掌控射程，推进器因飞弹在半空中飞行而转动。飞弹的操作装置会在推进器的转动次数跟从发射地到伦敦的距离持平时松懈，飞弹随即落向地面。由于飞弹爆炸一般是在进入地下之前，威力尤其惊人。

这一全新的空袭方式让伦敦人陷入了远比1940年至1941年的空袭更大的困境。民众长时间处在焦虑状态。白天甚至是阴天都不能让他们有半点放松。丈夫晚上回家时，不清楚自己将要面对怎样的情景；终日待在家中或跟孩子们相守的妻子，也不能确定丈夫能不能安然返回。飞弹没有确定的目标，没有人性特质，地上的人想不出任何对策。连敌人在哪里都看不见，怎么能想出法子对付他？

* * *

那时候，我女儿玛丽还在海德公园的高射炮兵连服役。6月18日早上，周日，身处契克斯的我从妻子口中得知，她要去高射炮兵连拜访。她到那儿时，刚好赶上炮兵连在打仗。一枚飞弹将贝思瓦特尔街上的一座房子炸毁了。她跟女儿一块儿站在草地上，看到一个黑色的小东西从云彩里迅速坠落，目测应该会落到唐宁街附近。当时为了收信，我的车开出去了，司机看见议会广场上的行人全都匍匐在地，面孔朝下，很是吃惊。沉闷的爆炸声在很近的地方响起，之后大家又恢复如常。这枚飞弹落到了惠灵顿营房的警卫队礼拜堂上。警卫旅的大量现役和退役将士当时正在礼拜堂中进行特别礼拜。飞弹正好打中了那里。整座建筑顷刻被毁，包括很多优秀军官及其亲朋好友等在内的将近两百人都被炸死或重伤，压在废墟下面。真是一幕惨剧。妻子回来时，我正在床上处理公务。她说："高射炮兵连继续射击，警卫队的礼拜堂却被敌军炸成了废墟。"

我马上下令，重新将下院搬到教堂大楼，相较于威斯敏斯特宫，这座现代化钢筋构造的建筑安全性更高。此事牵涉很多公文往来和重新安排。我们召开秘密会议期间出现了一个小插曲。有位议员愤怒地质疑："我们又回到了这里，是出于什么原因？"另外一位议员不等我开口就说："这位值得尊敬的先生要想知道什么原因，只需走几百码到波德凯治道瞧瞧就行。"之后的很长一段时间都没人说话，此事就此揭过不提。

伦敦各个区都陆续遭遇轰炸。从斯特谱尼、波普勒到西南的旺兹沃思、米切姆之间的地区，受创最为严重。而克罗伊登区是单个区中损失最惨重的。有一回，这一区一天内被八枚飞弹击中，随后是旺兹沃思、刘易斯辛、坎伯韦尔、伍尔威治和格林威治、贝肯汉、兰布斯、奥尔平顿、库尔斯登和珀利、西汉姆、奇泽尔赫斯特和米切姆[①]。受损的建筑约有七十五万座，其中受损严重、无法修缮的有两万三千座，尽管受损最严重的是伦敦，但伤亡和损失的范围却远超过伦敦。地处飞弹投掷路线上、有"炸弹小道"之称的苏塞克斯郡、肯特郡的一些地区损失极为惨重；飞弹全都将塔桥作为目标，但是其实际降落地点却在汉普郡到萨福克中间的田野上，二者相距很远。我在威斯特汉的家附近也落了一枚飞弹，炸死了二十二个孩子和五个大人，他们此前已失去了自己的家园，于是住到了专为他们在树林中建造的避难所，结果全部罹难。

① 若按照飞弹的密集程度，也就是每一百英里的飞弹数排序，就变成了：伦敦市区第一，随后依次是彭季、伯蒙齐、德特福、格林威治、坎伯韦尔、刘易斯辛、斯特谱尼、波普勒、兰布斯、巴特西、米切姆、旺兹沃思。——原注

*　*　*

我们的军事情报半年前就对飞弹的性能做出了精准预测，但那时我们认为很难在战斗机和高射炮防卫上做出有效准备。其实，在亲眼看过用缴获的英国“喷火”式战斗机抵挡飞弹的实验后，希特勒就确信我方的战斗机发挥不了什么作用。我们很快进入了戒备状态，让他的企图落空，但此举的成效并不大。在将装备特别减轻，同时加强马力后，我们最快的战斗机拼尽全力才能追上敌军最快的飞弹。虽然很多飞弹的速度达不到其创造者的预期，但我们的战斗机要适时截住它们往往也不是易事。而敌军想借助成批投掷的飞弹饱和轰炸我方的防御工程，则更加糟糕，我们一般采用的“紧急起飞”方法太缺乏效率，所以要搜寻、阻截飞弹，只能下令战斗机频繁到空中巡逻，并借助地面上各个雷达站和对空观测岗哨的指令，另外要持续汇报状况。由于体型远比普通飞机小，所以飞弹很难被人发现，要击中它难度更高。在远超过三百码的距离开外，很难“消灭”它们，可距离若不到两百码，向它们发射又十分危险，战斗机可能会被爆炸的飞弹炸毁。

晚上搜寻飞弹的难度较小，因为飞弹的排气管会喷出红色的火，于是，我们在前两天夜间，用伦敦的高射炮射击它们，同时宣布：我们击落了很多飞弹。这反而使敌军得偿所愿，若我们不这样做，部分飞弹可能会投掷到伦敦城外空旷的原野中去，所以我们没有继续在伦敦动用高射炮，不仅如此，在6月21日到来之前，我们就把高射炮转移到了贝当兹的前线。一开始，我们认为很多飞弹的飞行高度用高射炮难以应对，若用重型炮，它太低；若用别的炮，它又过高；好在在实际操作中，重型炮可以应用。部分飞弹用战斗机和高射炮都打不下来，这点我们事先自然预料到了，为挡住这些飞弹，我们在伦敦南面和东南铺设了一张巨大的气球阻截网。此次战争期间，这张阻截网实际阻截了两百三十二枚飞弹，它们原本大多都会被投掷到伦敦。

我们并不满足于这些防御举措。1943 年 12 月，我们派出轰炸机，对原本设立在法国的九十六处飞弹发射地“滑雪场”展开狂轰滥炸，基本可算是全歼[1]。可即便我们做了这么多工作，敌军的这种攻势依旧没有间断，他们选择了一些不怎么引人注目的新发射点，虽然相较于他们的期望，从我们的防线中漏网的飞弹要少很多，但还是给我们带来了很多麻烦。我在轰炸开始后的一周内掌控了所有相关工作，然后在 6 月 20 日将这些工作交给了邓肯·桑兹领导的各军种联合事务委员会，我们建立了一个组织，以“石弓”为代号。

首相致内政大臣爱德华·布里奇斯爵士和伊斯梅将军，转呈参谋长委员会　　1944 年 6 月 22 日

我们对应该做些什么已经有了较为清晰的认识，所以在跟参谋长委员会协商过后，我已做出决定：由我出任主席一职的“石弓”委员会，到现在为止应该只吸纳少数几名成员，负责对以下内容做报告：关于飞弹和飞行火箭的效果，我们的反措施及预防举措的进度等。委员会主席将改由军需部联合政务次官（邓肯·桑兹先生）出任，而委员人数的确定应尽量少……

委员会要每天或是在有需要时，第一时间上报我、内政大臣、空军大臣和参谋长委员会。

只要有这种需要的话，我可以跟内政大臣、空军大臣共同参与会议。

空军副参谋长波顿里空军中将，大不列颠防空的指挥者、空军地面联络官希尔空军中将，以及防空司令部将级司令官派尔将军，是委员会的全体委员。

---

① 详见《打败意大利》第十三章。——原注

* * *

那段时期，下院很多议员都因飞弹感到焦虑，7 月 6 日，我向下院阐明了从 1943 年初政府就开始在这方面做出的准备和实施的举措。不管怎么样，没人能说我们遭遇突袭是因为事先没有准备。所有人都没有抱怨。现在我们只能暂时忍耐，这点大家都很清楚，幸而我们对顺利开展的诺曼底行动怀有各种希望，这种残酷的考验也不那么煎熬了。我做了一份内容细致的报告。

截止到现在，我们对包括佩内明德在内的法国、德国境内的飞弹和火箭发射地投掷的炸弹总数，已有近五万吨，侦察飞行几千次。单是检查、判断我们为此拍下的数万张空中照片，已是一项伟大的工程，这项工程会交由皇家空军中负责空中侦察和拍摄分析的几支小组完成。这些工作不管是对我们还是对敌军而言，难度都相当大。我们在之前的几个月，从其余各项进攻行动中抽调了大批空军。德国则付出了巨大的工业生产力，原本他们能用这些使他们的战斗机和轰炸机变得更强，从而在交战中跟各战线处境艰难的地面军队相互配合。当前还不能确定到底是哪方遭受了损失，并且以后还将遭受最惨痛的损失。事实上，在过去的一年，一场双方都做出了极大物质牺牲的无形战争一直没有间断。眼下，这场战争忽然清楚展现出来，我们可以在近距离内观察它的进度，并且这也是我们必须要做的……

在这件事上，低估或是高估都不可以。从法国沿海的各个发射点发出的飞弹，截止到今天早上六点钟已经达到了大约两千七百五十枚。其中大部分飞弹要么没能越过英吉利海峡，要么被我们用各种各样的方法打落或是打爆了……然而，6 月的天气始终对我们行事不利。我们在诺曼底占据的巨大优势，大半都因为天气而不复存在……而在不列颠，我们的高射炮和飞机在战斗、配合方面的难度，也因为天气而加大。我们抓住所有有利时机，进攻海岸对岸的火箭发射点和可疑目标的势头同样因天气减弱。不过，我认为以下这点才会让下院赞叹、惊讶：敌军发射的飞弹，平均一枚炸死的人数为一人……今天早上六点最新的统计结果显示：敌军总共发射了两千七百五十四枚飞弹，我们死伤了两千七百五十二人……并不是每次投掷飞弹都会造成严重的后果，或是导致死伤，有很多次（大约有一万次）死伤都发生在伦敦一片十八英里宽、二十多英里长的地区。因此，伦敦堪称这种在实践中被证实一点都不精准的武器的最佳投掷目标。飞弹从性质、目标、成效上来说，几乎可算是，实际上就是一种没头苍蝇似的武器。显然，德国对这种武器的利用，引发了多个严重的问题，但我不提议在今天讨论这些问题。

* * *

现在已经撤走了老人、妇女和孩子，并将深藏在地下备用的庇护所开放了。我还说，我们会尽全力打败这种全新的进攻；不过我在报告结尾处的语气，好像跟彼时普通民众的情绪吻合。

我们要确保对诺曼底的作战行动和当前对德国一些特殊目标的进攻不会受到影响。这些都是最重要的，我们一定要以战争的总规划为依据，安排本国事务。为减少受损而影响战斗，即便只有一丁点影响，也是我们绝对不能容忍的。尽管很多人会因这些损害遭受巨大折磨，伦敦的工业和正常有序的生活也或多或少会受到影响，但是都不应该以此为借口，让我们的民族难以担负起自己的义务，做全世界夺取胜利、洗刷耻辱的先驱。部分人在想到下面这些情况时都会感到一些慰藉：他们正在帮身处海外的英

> 国战士分担风险，而他们承受的重击或许会从其余角度，使英国战士及其盟友遭受的重击减弱。然而，我能肯定的是，伦敦绝对不会被征服或打败，并且她曾经受住所有严峻考验的名誉会是这个世界长久的耀眼存在。

眼下我们已经了解到，希特勒原先的看法是，这种新武器会在他幻想出来的那个和平方案的诞生过程中发挥“关键”作用。就算不像他那么喜欢妄想的德方军事顾问也期待着，我们会因伦敦遭受的折磨，将部分军队调至多佛海峡，为攻克那些飞弹发射点进行自寻死路的登陆。然而，伦敦和英国政府都没有畏怯，因此我在 6 月 18 日就向艾森豪威尔将军承诺，他不必改变在法国的战略，这种严峻的考验我们能承受得住，可以坚持到最后。

* * *

在接下来的一段日子，我们继续轰炸这些飞弹发射点，但在六月末到来前，这些发射点显然就已经不是当前最重要的目标了。轰炸司令部到处搜寻更好的目标，因为心急想要在拯救伦敦的工作中承担更多；没过多久，他们就找到了目标。彼时法国最重要的一些飞弹贮存仓库全都在巴黎附近几座天然的大山洞里，它们都是法国的蘑菇种植户长时间开辟的结果。有座地处瓦兹河流域的圣 · 路德斯朗的山洞，德军六月发射的飞弹有七成都取自这里。根据德军的估测，这里能存储两千枚飞弹。这座山洞在七月伊始被轰炸机司令部用最重型号的炸弹炸穿了顶部，大多数构造都被毁。另外一座大约能存储一千枚飞弹的山洞，则被美军轰炸机炸得粉身碎骨。洞中最少有三百枚飞弹被埋，根本无法再挖出来，这是我们了解的情况。伦敦不必再被这些飞弹危害，德军则被逼使用另外一种炸弹，之前他们曾评判这种炸弹不适宜使用。

在取得这些成就的同时，我们的轰炸机也付出了代价。轰炸机飞行员是我们军队中最早跟飞弹对抗的一批人。他们轰炸了德国本土所有研究中心和工厂，法国的飞弹发射点和仓库。有将近两千名英军、盟军轰炸机飞行员在这场保卫伦敦的战役中付出了自己的生命。

* * *

不列颠防空总部的人员从多个方面对战斗机、高射炮承担的工作做了思考。我们的安排好像已跟实际相当契合：战斗机飞到海上以及肯特郡、苏塞克斯郡大多数地区的上空巡视，这些地区的飞弹都不集中；高射炮则在距离伦敦更近的地方密集排列，飞弹到此处的目标近处，会变得相对密集，连为一体。这样安排好像让各项防御举措都获得了最佳时机，能发挥自身作用。因此战争刚开始的几周，战斗机确实取得了比高射炮更高的成效，这是预料中事，跟之前所有的战争没有区别。不过，派尔将军和几名见多识广的专家在七月份的第二周便断定：若将高射炮台全都转移到海岸上，高射炮便不会对战斗机的战绩造成太大损害，高射炮本身的战绩也会比现在好很多。在指挥雷达时，高射炮会拥有更加广阔的瞄准范围，在使用那些正在不断从美国运送过来、安装了近接信管的炮弹时，安全系数也会更高[①]。一直以来，我们都不确定海岸的高射炮能不能使用雷达，因为可能会有敌军的无线电从旁干扰。不过，我们有这么精准的情报，这么高的轰炸命中率，德军全部的无线电干扰站在我们进攻当天就全部被毁，无法再发挥作用了。但在清楚知道可能会损害战斗机战绩的情况下，将这个大规模的高射炮组织完全迁出贝当兹，在海岸上重新部署，到底是个关系非常重大的决定，要小心谨慎。

极力提议做出这种变动的邓肯·桑兹 7 月 17 日上报战时内阁：

---

① 这类炮弹在陆地上利用是很危险的，因为其被设计成在接近目标时爆炸。若炮弹跟目标相距太远，便会等到落地后才爆炸。——原注

我们已经以之前几周的统计数字为依据，重新审查了抵挡飞弹的防守计划。经验证实：在原先的计划中，战斗机与高射炮对彼此的干扰不断，并且被击毁的飞弹有相当一部分根本用不着击落到地面上。所以我们现在决定，把我们的防守分成四个区域，做出以下新安排：

一、海上战斗机区域：

战斗机应该在离海岸一万码开外参战，由短程无线电全程操控。

二、海岸高射炮区域：

应将所有用来抵挡飞弹的高射炮，全都调至比奇角和圣·玛格丽特湾之间宽五千码的狭长区域。要将高射炮朝海上发射的距离限制在一万码以内。

三、内陆战斗机区域：

第二战斗机区域就是海岸高射炮区域和气球阻截网之间的内陆区域。在这一区域内，飞机在行动时应受无线电发布的持续的状况分析指引。在驾驶员观测越飞越近的飞弹的飞行路径时，高射炮区域内的高射炮爆破会为其提供很大帮助。天黑以后，在整片内陆战斗机区域上空，驾驶员还能另外得到探照灯的帮忙。

四、气球区域：

气球阻截网基本维持原先的界定范围。

上个周末，已经在沿海各个新地点重新布置好了高射炮，今天早上六点，这个全新的防御计划已开始实施。

这些新安排工作量庞大，在实施过程中，效率极其令人赞叹。彼时要将接近四百门重型大炮和六百门双筒自动高射炮转移到新的地方，并安装好。要铺设三千英里长的电话线。要转移两万三千人，在一周时间内，防空司令部的全部车辆总共行驶了两百七十五万英里。这项搬迁到海岸的工作，只用了四天就完成了。

这项行动是在邓肯·桑兹批准的前提下，由希尔空军中将和派尔将军主动决定并实施的。新安排完成后的最初几天，我们的联合防卫部队毁掉的飞弹数量大不如前，之所以会这样，主要原因是新的限定在战斗机的行动上造成了很多干扰。可这种倒退的现象很快就消失了。没过多久，高射炮也有了取胜的信心，战绩提升很快。在半年前我们就已请求美国援助的新型雷达和预测装备，特别是在新型近接信管的帮助下，高射炮手取得了超乎我们想象的战绩。截止到八月末，只有七分之一的飞弹躲过了我们的防御，飞进伦敦。8 月 28 日，出现了创纪录的“收获”，当日飞到我国海岸近处的飞弹共计九十四枚，但绝大多数都被我们摧毁，只有四枚漏网。有两枚飞弹被气球阻截，二十三枚被战斗机阻截，特别是有六十五枚都被高射炮打中。V1 型飞弹已经无法再对我们构成威胁了。

在海峡对岸，德国人密切关注着我们的高射炮轰击，我们取得的战绩，让他们根本无法应对。英国和加拿大军队在诺曼底获胜后，借着这一势头又在 9 月首周快速向安特卫普进军，毁掉了他们的发射点。到了这时，他们依旧不明白这究竟是怎么回事。伦敦和守卫伦敦的军队，因这些战绩摆脱了持续三个月的困境。内政大臣同时也是国内安全大臣赫伯特·莫里森先生，9 月 6 日便据此宣称：“我们已经取得了伦敦之战的胜利。”其后，德军还是经常用飞机投掷的飞弹和从荷兰发射的少量远程飞弹侵扰我们，但已无法造成大的威胁。他们总共往伦敦发射了大约八千枚飞弹，有约两千四百枚越过了我们的防御，导致我国六千一百八十四人死亡，一万七千九百八十一人重伤。但这并不是事实的全部。很多伤亡没有记录在案，因为他们并未入院治疗。

我们的情报部门立下汗马功劳。我们极为适时地了解了飞弹的规格与性能，还有德军进攻的规模。我们的战斗机因此做好准备，随时都能出动。我们找到了敌军的发射点和存储飞弹的山洞，这样我们的轰炸机就能使他们的进攻延迟，力度降低。我们动用了各种方法收集情报，为将它们集中起来，又借助了非同一般的技巧。我们的很多情报人员都在极度危险的环境中工作，另有部分情报人员我们连他们的名字都不可能知道，我要向他们致敬！

不过，情报再精准，只有情报还是一点用也没有。战斗机、轰炸机、高射炮、气球、科研人员、民间防空组织和所有在后面支援的组织，都对整体局势倾尽所能。我军在法国取得的胜利，让这一了不起的彼此配合、协调一致的防御变得天衣无缝。

*　　*　　*

紧接着又出现了第二种威胁，即我们一年前就非常关注的远程火箭 V2。德国人在使其完备的过程中遇到阻碍，飞弹却在彼时先行研制成功。差不多在飞弹开始进攻我方的同一时间，有隐晦的证据表明，火箭的进攻似乎也要开始了。人们对火箭和弹头的重量议论纷纷。部分时间较早却很值得怀疑的情报说弹头重五吨到十吨。我们接纳了这样的情报，因为我们的部分专家参照其余依据，判定这种重量是符合常理的。还有部分专家认为火箭的重量也许会有八十吨，弹头重十吨。眼下，彻韦尔勋爵已经为自己在 1943 年 6 月对飞弹提出的看法找到了充足的依据[①]，不仅如此，在关于火箭的情报出现之前，他就已经非常质疑，这种武器日后有没有可能投入应用，而重量高达八十吨的巨物就更不要提了。趋向两级的两种看法中间有几个情报，暗示火箭的重量远不到八十吨，可我们面对长时间的争辩，依旧紧张万分。

德军在佩内明德的工作仍在继续，我们收到相关的情报，再加上间或从大陆传过来的报告，迫使我们重新思考这类进攻的规模与紧迫性。琼斯博士 7 月 18 日告知石弓委员会：德军可能已经准备好了一千枚火箭。桑兹 7 月 24 日上报内阁：“截止到现在，我们都没得到确切的消息证实德军会朝西边发射火箭，不过，我们也不能据此做出不理

① 详见第五卷第 206 页、第 212 页至 213 页。——原注

智的判断,认定德军短时间内不会应用火箭。”翌日,在给我的备忘录中,三军参谋长委员会指出:“对于这种观点,空军参谋部表示赞同,参谋长委员会的意见是,要马上让战时内阁留意此事。”内阁7月27日针对此事展开讨论,还权衡了赫伯特·莫里森先生让大约一百万人从伦敦撤离的建议。

我们手上关于火箭规格、功能、特性之类的资料还不完善,为了完善它们,要想尽各种方法。英国情报部门将从各方搜罗的零散证据汇总起来,呈交石弓委员会。这些情报的结论是,火箭重十二吨,弹头重一吨。很多一度让我们无法理解的问题,比如我们觉得火箭不具备精密的发射装备,从如此轻巧的重量中得到了解答。这些估测在皇家航空研究所对一枚真正的火箭残骸做出检查后,获得证实。6月13日,敌军在佩内明德做实验时犯了个错误,我们因此得到了这枚火箭,这是我们的幸运,十分难得。一名战俘说,德军从前段时间就开始用滑翔炸弹进攻我们的水上运输。这种炸弹从飞机上发射出来,用无线电指引方向。德军下定决心要尝试一下火箭是不是也能用相同的方式指引。他们安排一名操作员专家在最佳位置,从发射这一步骤开始观察导弹的所有状况。佩内明德的实验人员对观察火箭升空十分在行,但这名滑翔炸弹专家会被这一场景吓住,却是他们事先没有想到的。这名专家居然把自己在程序中的责任忘得一干二净,也真是吓坏了。他在惊恐中,向左远远地推开操纵杆,将其固定在那里。火箭因此一路向左,等操作员恢复理智,火箭已飞向了瑞典,不在控制射程以内了。最终,它落到了瑞典。我国很快收到消息,协商过后,火箭的残骸被送到了法恩巴勒,我国专家对碎片进行了分类,成效卓著。

我们在8月末到来之前就很确定我们从瑞典讨要的这些东西的性质。要阐明此事,可借助下面两个表格,其中对比了8月26日科学情报部门的报告中的数字和战争结束后找到的德国的相关记录。

| | 1944年8月26日<br>英国的估计 | 德国的数字 |
|---|---|---|
| 总 重 量 | 11.5～14吨<br>也可能是12～13吨 | 12.65吨 |
| 弹头重量即炸药份量 | 1吨 | 1吨<br>（有的为0.97吨） |
| 射 程 | 200～210英里 | 207英里 |

总库存量和单月产量

| | 1944年8月26日<br>英国的估计 | 德国的记录 |
|---|---|---|
| 库存总数 | 可能为2 000枚 | 1 800枚 |
| 每月生产量 | 约500枚 | 1944年5月300枚，1944年9月到1945年3月，每月平均618枚 |

作为一种技术成就，火箭让人难忘。酒精和液态氧在喷射器中燃烧，产生了火箭推动力，酒精每分钟的消耗量接近四吨，液态氧五吨左右。要用将近一千马力的特制泵，才能根据需要，将这些燃料压进喷射器中。泵自身的运作，依靠一台以氧化氢为动力的涡轮机。火箭导航借助回旋器或喷射口后边巨大的石墨瞄准板上的无线电信号调节排气方向，操纵火箭。首先，火箭会直线上升六英里左右，随后用自动控制器改变其角度，用慢慢加快的速度在四十五度斜角中使其上升。等到速度已经快到完全能进入射程时，便阻挡住燃料，使其不能再进入喷射器，这样炮弹便会在大约五十英里的高度处呈抛物线前行，最后落到离发射点大约两百英里的地方。速度最快能达到差不多四千英里每小时，因此全过程会在三四分钟内结束。

*　*　*

我军在 8 月末到来时，好像已击退了与伦敦相距两百英里的火箭射程内所有地区的所有德军，却没能攻克德军占据的法尔霍伦和海牙。最重要的 V1 停止轰炸一周后，也就是 9 月 8 日，德军向伦敦发射了首批两枚火箭[①]。晚上六点四十三分，首枚 V2 降落到了齐吉科；过了十六秒，第二枚降落到了埃平。德军在我军解放海牙（这是绝大多数火箭的发射点）前的七个月，向英国发射了大约一千三百枚火箭[②]，其中有五百枚落到了伦敦，很多都没打到目标。V2 导致英国两千七百二十四人死亡，六千四百七十六人重伤。每枚火箭导致的伤亡，平均约为飞弹的两倍。虽然飞弹和火箭的弹头规格相当，但是飞弹的发动机能发出尖利的响声，大家可以事先隐藏，火箭却一点响声都没有。

我们尝试过并在继续尝试、钻研应对的举措。在减轻这类威胁方面，一年多之前对佩内明德的空袭比其余任何方法都有效。否则 V2 最少会跟 V1 开始得一样早，且发射的距离也应该会相对短一些，所以它在 6 月的精准性也应该会高于 9 月及之后的时间段。7 月、8 月，美国空军对佩内明德的空袭还在继续，还跟轰炸机司令部联手，对部分火箭部件制造工厂发动了进攻。在德军做好发射准备前，我军就将火箭赶回了其射程的最远点，我们对此很是感激。我们的战斗机和战术轰炸机对海岸周边地区的德军发射点的干扰一直没有间断。若德军利用无线电操纵火箭，我们还做好准备，干扰德军的无线电操纵，不仅如此，我们还想到利用炮弹在空中阻截火箭，在其降落前将其引爆。

在我们的努力下，德军每个月对伦敦和大陆发射的火箭没有达到他们预期的九百枚，只有四五百枚。所以，虽然我们无法抵挡已经发

① 德军在十个小时前，向巴黎成功发射了首枚远程火箭，只是没造成什么后果。——原注

② 根据德军的记载，他们发射的一千三百五十九枚火箭中有一千一百九十枚落到了伦敦。——原注

射的火箭，却延迟且极大地减弱了德军猛烈的攻势。每个月，德军会向伦敦发射大约两百枚火箭，剩余的绝大多数都以安特卫普为目标，另有少量发射到了大陆其余地区。11 月 8 日之前，敌军从未谈及这一新型火箭，我也认为用不着在 11 月 10 日之前就此发表任何声明。我在 11 月 10 日已经能够向下院承诺：截止到现在，这类进攻的规模与成效不算突出。幸好在余下的几个月战争中确实是这样的。

虽然火箭是一项技术方面的巨大成就，但才能出众的德国军火部长施佩尔还是认为他们不应该为发明火箭花费这么多精力。他指出，生产一枚火箭用的时间，能生产六七架战斗机，后者发挥的作用远超过前者，并且生产一枚火箭，要消耗生产二十枚飞弹的成本。这份战后资料为彻韦尔勋爵此前经常提起的看法提供了确实的证据。

德国人的这些精力没有花费在轰炸机上，而是花费在了火箭上，是我们的幸运。尽管我们每架“蚊式”飞机的成本不大可能超过火箭，但在使用寿限范围内，每枚火箭只能投放一吨炸药，且误差平均高达十五英里，而每架“蚊式”飞机平均能投放一百二十五吨炸药，且误差不会超过一英里。

* * *

希特勒还对另外一种“V”型武器寄予过希望。这是一种多管远射程大炮，原先预备布置在多佛尔海峡省的莫耶科村旁边。大炮有五十个滑膛炮管，每个长度约为四百英尺，炮弹直径六英寸左右，靠类似于飞镖的尾翼而非陀螺来确保炮弹的稳定性。炮身上密集分布着装有炸药的侧射管，炮弹开始运作后，速度会越来越快，从而顺序点燃这些侧射管。设计者原计划炮弹射出炮管时的速度最少要达到五千英尺每秒，并期待每几分钟就用这为数甚多的炮管向伦敦发射一枚炮弹。可是这种炮弹的射程很近，准确性又差，所有试射的炮弹都在飞行过程坠落，希特勒的希望彻底破灭。一百位科学家、技术员和掌管火箭的军官 1944 年 5 月 4 日在柏林召开会议，会议结论是一定要让元首知道此事已经失败，他们为此很沮丧。之后，这件事才传到我们这边，我们的轰炸机为了防御，一度对米莫耶科的混凝土构造展开猛烈轰炸，对方的五千工人紧急修复了一次又一次。

* * *

在我描述希特勒对英国的“复仇”战争过程时，我们要记得比利时国内已解放的各座城市因为德军尝试用相同的复仇性质的武器进攻，蒙受了相同的灾祸。我们自然不会容许敌军放肆轰炸我们。我们也轰炸了敌军的生产中心及其余目标，他们对比利时的攻势因此减弱，一如对英国的攻势减弱，这点让人很欣慰。然而要在刚刚收复的区域内重新布置带有精密操作装备的战斗机和大炮防御工程，却不是那么简单的事。德军的记录显示，战争期间，他们总共向安特卫普发射了八千六百九十六枚飞弹，一千六百一十枚火箭。落在距离市中心八公里范围以内的共计五千九百六十枚，共有三千四百七十名比利时民众、六百八十二名盟军死在这些飞弹和火箭之下。德军还朝列日发射了三千一百四十一枚飞弹，朝布鲁塞尔发射了一百五十一枚火箭。怀着跟英国民众相同的精神，比利时民众在这种惨无人道的轰炸中坚持了下来。

* * *

尽管德国的“V”型武器一直没有成功，但对于这种新武器的潜能，我们却不可以坐视不理。在给内阁的报告中，邓肯 · 桑兹着重阐明了在将来的战争中，导弹可能发挥的主导作用，还提出很有必要投入大批资源，专门研究这种武器。以下节选内容的意义很是特别：

在军事作战中，这种远程、无线电操纵、喷气推进的导弹研制成功，创造了广阔、全新的可能。远程火箭炮占据的优势地位，会在将来跟海军或是空军的强大实力占据的优势地位的重要性持平。我们应为和平年代的军事组织设置一个固定不变的机构，由一批高级科研人员和技术人员以及多种研究设施共同组成。

我们已经开始研制属于我们的导弹，相应的组织在战争结束时已经建立起来。

* * *

希特勒执着地期待了那么多个月的新型武器，和英国政府借助自身的预见性和三军的技术，还有民众坚韧的毅力战胜了这些新型武器的过程，就是这样。在此次交战中，英国民众又一次用自身行动让“大伦敦”感受到了更强烈的骄傲。

# 第四章 进攻法国南部地区?

**德黑兰会议上跟战略相关的决定——在法国南部地区登陆的计划——延期攻占罗马——马歇尔将军访问英国、地中海——“霸王”行动要用到更多法国南部或西部地区的海港——史末资将军6月23日发来电报——英国、美国参谋长的观点彼此对立——跟罗斯福总统的信函往来——威尔逊将军奉命对法国里维埃拉发起进攻——我为登陆大西洋海岸所做的计划——8月7日拜访艾森豪威尔并在朴茨茅斯开会——罗斯福先生在电报中提出异议**

诺曼底的解放是欧洲1944年的战争中最重要的事，但它不过是数次集中兵力进攻德国的战役中的一次。东边俄国人正大批闯入波兰及巴尔干国家，南边的意大利国内，亚历山大军队正在同一时间逼近波河。眼下是时候对我们对地中海接下来的行动做出一些决策了。为此，在最高战略方面，我们跟我们的美国朋友首次产生了巨大的矛盾，真是令人遗憾。

在1943年11月召开的德黑兰会议上，与会者经过漫长的讨论，确定了欧洲最终获胜计划中的一项重要内容。在此应先描述一下这些决策，毕竟彼时我们的各种计划依然被这些决策左右。第一，我们承诺会实施“霸王”计划。所有人都毫不质疑，这项工作超越了其余所有的工作，是我们最重要的职责。可我们在地中海还有部分实力强大的军队，应该如何安置他们呢？这个问题还没解决。我们的决定是让他们进攻罗马，要轰炸德国南部地区，一定要用到跟当地相邻的部分飞机场。此战成功后，我们想沿着这座半岛北上到达遥远的比萨－里米尼，尽量在意大利北部地区拖住更多的德军。但这并非易事。彼时我们还同意了在法国南部地区两栖登陆的第三项计划，即将引发争议的就是这项计划。它原本想假意进攻或要挟敌军，将他们牵制在里维埃拉，无法再去诺曼底参战。然而，美国在开罗会议中执意要派出十个师开展切实进攻，斯大林在德黑兰会议中站在了他们那边。虽然我想用别的方法对意大利国内的战绩加以利用，但为了不对缅甸做出不恰当的改变，我还是采纳了他们的意见。该计划以“铁砧”为代号。

有一点显而易见：我们在法国南部地区登陆一点意义都没有，除非我们选对了时机。出其不意的进攻威胁已足够拖住当地的德军；对当地真正的入侵或许会让敌军增强驻军实力；但由于希特勒未必会为调动北方重要战场上的德军死守普罗旺斯，因此只要我们在诺曼底参战，就会大大降低“铁砧”计划的价值。若真想进攻里维埃拉，一定要选在诺曼底登陆的同一时间或稍早些时候，我们在德黑兰订立计划时就是这样设想的。

还有一个条件会限制“铁砧”计划发挥的作用。务必要从正处于意大利国内的我方军队中调派执行该计划——不是拖住对方兵力或要挟对方，而是全面发起进攻——所需的大量军队，而这些军队首先一定要完成一项重要、艰巨的任务，就是抢占罗马及各座飞机场。在完成此项任务之前，基本不可能从亚历山大军队中调兵。一定要先攻克罗马，再实施“铁砧”计划。

罗马是所有事情的中心。若我们能以极快的速度攻克罗马，便能从意大利战线调动兵力，“铁砧”计划也能适时执行，否则仅仅是牵制性质的登陆也完全可以，总之能使各方获益。我们的军队若在“霸王”行动开始后登陆，要跟艾森豪威尔的军队会合，就要经过长时间的行军，可能会来不及支援海滩上的战争。现实情况就是如此。这种情况在 1944 年伊始就好像要出现了。

我们在德黑兰会议上一度自信满满，期待能在春天刚开始时抵达罗马，可这已被证实可能性为零。为迅速攻克罗马，发动对安齐奥的重要突袭，我方已引诱八个甚或十个德国师离开了那座重要的战场，即超过了“铁毡”期待的能引诱到里维埃拉的德军数目。如此一来，此举便取代了“铁砧”计划，因为“铁砧”计划的目标已在此举中实现了。但里维埃拉计划依旧像是什么都没发生过，如常实施。

除了被搁置的“铁砧”计划可算是前程未卜之外，我们在意大利国内的几个最强大的陆军师，部分于1943年末启程赶赴英国，因为他们得到命令，要去参与“霸王”计划中最重要的任务，这种调配是很英明的。这样一来便减弱了亚历山大的力量，增强了凯塞林的力量。德军一度派出援军抵达意大利，避开我们对安齐奥的袭击，延缓我们攻入罗马的步伐，直至正式进攻开始前夕。由于战况太过激烈，敌军将原本可能用到法国的主要后备军用到了这里。在“霸王”计划一开始实施的重要时期，此举确实发挥了一些作用，可是却极大地扰乱了我们在地中海的战争进程。还有一种阻碍源自登陆艇。很多登陆艇都被调去实施“霸王”计划。执行“铁砧”计划，先要将这些登陆艇调回来，但这种调动能不能实现，全看诺曼底的战局如何。我们早就猜到会发生这些，并且3月21日地中海那边的最高司令官梅特兰·威尔逊将军就汇报说：7月末之前，根本不可能将“铁砧”计划付诸实践。之后，他对行动时间的估测又改成了8月中旬，并宣布：取消对里维埃拉的一切进攻，集中兵力攻打意大利是促进“霸王”计划实施的最佳举措。

该问题在6月4日攻克罗马时需要重新审视。在继续执行“铁砧”计划和制定新计划这两个项目之间，我们应该选哪一项？

艾森豪威尔将军想借助所有可能的方式增强自己在欧洲西北部的进攻实力，这是人之常情。他没有留意到意大利北部地区在战略方面的可能性，不过，既然他认为将那些登陆艇调回来能加快“铁砧”计划的执行速度，就应尽早去调。跟艾森豪威尔的观点一样，美国参谋长联席会议也强硬地坚持，将尽可能多的军队调到关键地区，但只有欧洲西北部才是他们心目中的关键地区。美国总统选择了支持他们，总统留意到，意大利国内的进度迟缓，导致他几个月前在德黑兰跟斯大林的协议发生了变化。

* * *

马歇尔将军在进攻开始后没过多久到了英国。他表达了自己对另一个问题的关注。彼时有大量兵力汇聚在美国，应该安排他们尽早参战。他们可直接乘船或是途经联合王国抵达法国；有相应的安排。但马歇尔质疑我们的港口数量不足，毕竟要运送的兵力太多了。这段时期，我们只掌握了法国邻近海峡的寥寥几座港口。尽管艾森豪威尔计划攻占布雷斯特，若没遇到什么阻碍，我们也许能占据比斯开湾别的登陆点，然而，我们是不是能够攻克这些地区，并不能确定，更何况清理它们还要花费时间，我们的时间根本不够。但是能不能尽快集中足够的兵力，却是“霸王”计划成功的关键。马歇尔提议在法国西部或是南部，当然最好是在美国能更快抵达的西部攻克几座新据点。

我对所有这些都感同身受，还曾罔顾在 7 月末或是 8 月初根本不可能从北非突袭比斯开海岸的事实而去尝试。可我也有相同的顾虑，不想毁掉亚历山大在意大利取得的胜利。我们能挑选的道路依旧是开放的，我们要准备好一切，奔向我们心目中的最佳方向，这是我的观点。

联合参谋长委员会 6 月 14 日做出决策，预备在地中海展开两栖作战，进攻地点会在法国南部地区、比斯开湾、亚得里亚海顶部中选择，暂时未定。马歇尔将军三天后到访地中海，跟几名司令官交流。首次听说“霸王”计划要用到更多的港口，威尔逊将军深深动容，但他对“铁砧”计划的抗议却没有因此更改。不仅如此，他还在 6 月 19 日告知联合参谋长委员会，他依然坚持，竭尽所能逼近波河流域是他能为实现共同目标立下的最大功劳。之后，依靠对亚得里亚海顶部的伊斯特利亚半岛（该半岛被的里雅斯特操纵，向南伸展）展开的两栖行动，从卢布尔雅那山的峡谷往前行进到奥地利、匈牙利国内，进而从另外一个方向朝德国腹地发起进攻，就变得很有可能了。对于这点，亚历山大也很赞同。

彼时正在意大利的史末资给我发了一封电报。

史末资元帅致首相　　　　　　　　　　1944年6月23日

关于日后如何对威尔逊和亚历山大的军队加以利用，我已经跟两人商量过了，现在只将大致的结论告知首相。无论“铁砧”计划的结果能否直接援助艾森豪威尔，它都会惹人生疑，并且一定会在时间方面造成巨大损失。而时间对我们而言相当重要，因此，关于该计划当前的所有提议，他们都不赞同。亚历山大现有的成就和他的军队现在高涨的士气都充分证明，不能将他的军队分散，也不能阻挠他们乘胜追击。艾森豪威尔的援军很快就要赶到了，他应该可以固守阵地，不仅如此，还能让军队右翼延伸至卢瓦尔河，向东靠近巴黎，或是从巴黎经过，继续行进。而他军队左翼的伸展应该交由众参谋思考、汇报，可若为此延误当前十分紧急、事关重大的调动决策，是很不应该的。

亚历山大跟威尔逊都觉得，亚历山大的军队能够很容易地打开缺口，行进到波河，然后向东部的伊斯特利亚、卢布尔雅那等地快速行进，径直抵达奥地利。亚历山大的意见是从海路和陆路一起进攻。威尔逊却认为应从海路进攻，在他看来，只需三个海运师和一两个空运师便绰绰有余了，9月伊始可能就已攻克的里雅斯特。之后再度向东推进，循序渐进地得到大量游击队的援助，那样再逼迫敌军从巴尔干诸国撤兵，就有可能了。我们联合苏军朝奥地利和德国进军，对敌军造成的威胁不逊于艾森豪威尔在西边推进，敌军处在三面环攻下，及早溃败的可能性极大。

亚历山大刚跟他的诸位司令官开了会，正打算向帝国参谋长汇报自己的建议。我要提醒联合参谋长委员会，不应将威尔逊和亚历山大的建议搁置一旁，因为这两位大将都兼具才能和经验，提出的建议都是他们深入思考的结果，我非常重视。不管怎么样，制定计划时，委员会都不应不考虑他们两个执意提出的替代性意见。他们都有很多依据让我意识到，若有可能，一定要在下个周末到来之前做出决策。

* * *

艾森豪威尔将军6月23日向联合参谋长委员会提议，调集我方兵力直接向法国北部地区的关键战役提供援助。他认为从卢布尔雅那山的峡谷往前行进，无法诱使德军的几个师撤离法国，只有可能拖住他们。而他对偷袭比斯开湾的看法是，相较于马赛，波尔多距离美国更近，不过可借助地中海的军队更迅速地攻克马赛，创造一条直接线路，便于朝北面攻克鲁尔。所以他力主实施“铁砧”计划，不惜为此牺牲意大利国内的我方将士，他提出的理由是“我认为，英美两国的资源实力不足以支持我们在欧洲战争中维系两个各具关键使命的战场”。

我们全体同意优先执行“霸王”计划，尚未解决的问题是，身处意大利这第二个战区中的军队，怎样才能迅速赶来增援，彻底击败德军。美国参谋长联席会议对艾森豪威尔的观点非常赞同。他们对他们口中的“所有将地中海的兵力投入到意大利北部地区和巴尔干半岛大型战役的承诺”，发出谴责。英国参谋长委员会的观点正好相反。他们在6月26日宣布：地中海的盟军对“霸王”行动的最佳援助，就是把他们的对手德军彻底击败。要在8月15日执行“铁砧”计划，就要马上调集军队赶赴意大利前线，他们不愿在里维埃拉登陆，宁愿走海路，直接将军队运到艾森豪威尔处。他们说：“我们的观点是，要将亚历山大将军余下的军队调派得零零散散，只能应对一些小打小闹，这样才能让‘铁砧’计划获得足够的兵力。”这话很有远见。

他们坚持认为，亚历山大要跟所有跟他们对抗的德军交锋，将其全部击溃，一定要选在意大利发起进攻；至于威尔逊将军，要竭尽所能在法国南部地区制造更多的进攻威胁，而且应该送出一个甚至多个美国师，以及在我们的船运许可范围内、且能为对方接受的最多的法国师给艾森豪威尔。

两种尖锐对立的观点持有者都满怀诚心，并展开了激烈辩论。只有总统跟我有可能解决这一矛盾，于是我们开始了电报往来。

我在6月28日指出："两国参谋长僵持不下的局面提出了多个严重至极的问题。我们的第一个心愿是用最快的速度、最卓有成效的方式，向艾森豪威尔将军提供援助，但我们并不觉得这种做法的必要前提是毁掉我们在地中海的全部事业，所以我们对为何要强迫我们一定要这么做深感疑惑……我非常诚挚地向你提出请求，请你亲自详细审核此事……请不要忘记你在德黑兰时，是怎样跟我谈及伊斯特利亚问题的，我又是怎样在正式会议中提出该问题的。虽然这一问题不要求我们一定要尽快做出决定，却给我留下了相当深刻的印象。"

之后，我总结了我的结论，告知罗斯福先生：

1. 请允许我们直接支援"霸王"计划，从西边登陆，在登陆过程中倾尽所有。

2. 请允许我们对地中海诸位司令官的良机进行充分利用，该阶段，我方只做出少量的牵制、进攻与威胁，在利翁湾周围拖住敌军。

3. 请允许我们将登陆艇全部交给艾森豪威尔将军使用，增强他的登陆能力，归还时间由他决定。

4. 请允许我们查清楚，"霸王"交战区域的港口是不是已经达到了最大吞吐量。

5. 不要为了一场大型战争，让另外一场大型战争走向失败，两场战争都能获胜，请允许我们自行决策。

总统马上回复我，他一点也不同意我的观点。他坚持要实施他口中的德黑兰“伟大战略”，也就是彻底执行“霸王”计划，“在意大利国内乘胜追击，而且要尽快进攻法国南部地区。”也许政治目标很重要，可为此实施的作战行动一定要遵从那场在欧洲进攻德国腹地的战争。对于“铁砧”计划，斯大林持肯定态度，还把地中海其余的军事行动全都排在了该计划之后，因此，罗斯福先生说不能舍弃该计划，一定要先跟斯大林商议商议。总统还说：

我感兴趣并期待的不是将我们的行动局限在在意大利国内发起一场大规模战争，而是打败艾森豪威尔眼前的德国人，深入德国腹地。在调走“铁砧”计划需要的兵力后，我相信我们在意大利的剩余兵力足以在比萨－里米尼一线向北进军，给凯塞林的军队以重压，最低限度也能拖住他当前的兵力。我认为，威尔逊将军的预测不会成真，敌军不会牺牲十个师，以阻挡我们进入意大利北部地区。

我们可以马上从意大利抽调五个师（三个美国师、两个法国师），支援“铁砧”计划，此事已被威尔逊证实。余下的二十一个师和人数众多所的独立旅，必然能让亚历山大在陆地上占尽有利地位……

罗斯福先生还说，在比斯开湾登陆会浪费船运。艾森豪威尔若要用到更多的军队，只要说一声就行，他们全都在美国候命。可总统不赞同进攻伊斯特利亚半岛，以及通过卢布尔雅那峡谷进攻维也纳。由此可以看出，美国的军事计划很不灵活，并且对于自己口中的“在巴尔干诸国”的战争，总统持质疑态度。他说，“基于一些自然、合理的缘由”，亚历山大和史末资趋向于忽略两个极为重要的问题。首先，该作战计划对那个“伟大的战略”有损。其次，它花费的时间相当长，我们也可能无法调出超过六个师的兵力。他这样写道："让美军进攻伊斯特利亚，攻进巴尔干诸国，我无法赞同，我认为，若让法军这么做，法国人也不会赞同……因为这里有些单纯的政治缘由，若大家了解到，大批军队都被调到了巴尔干，那我根本无法为'霸王'计划实施过程中出现的任何一点小小的挫败负责。"

参与此次讨论的所有人都没想过让军队攻进巴尔干诸国，然而，作为军事、政治重地，伊斯特利亚和的里雅斯特引发的反响可能会十分深刻、广泛，尤其是在苏军朝前方进军之后。总统对此心知肚明。

总统一度提议向斯大林阐明英美双方各自的意见。我说我不清楚他会对我们的意见矛盾提出何种解决方法。他或许会因军事方面的原因，对亚历山大的军队朝东面进发兴趣浓厚，就算不攻进巴尔干诸国，这种进发也会当地所有军队产生深入影响，并且这项行动跟斯大林对罗马尼亚，或者斯大林联合罗马尼亚对特兰西瓦尼亚发起的一切可能的进攻联合，就有可能产生某种后果，具备深刻而长远的影响力。他若从长远的政治角度考虑，或许会愿意让英、美两国在法国担负起马上要降临的重责，艰苦作战，然后，东欧、中欧、南欧便会顺理成章为他掌控。但我认为更妥当的方法是我们两个自行解决这一问题。若我们可以面对面交流，就像我经常提议的一样，一定能达成一致意见，让双方都满意。

总统 7 月 2 日宣布，他跟他的参谋长联席会议依旧坚持应该及早实施"铁砧"计划，还要求我们根据实际情况，给威尔逊将军指引。他表示自己在德黑兰时，只准备在全体德军从多德卡尼斯和希腊撤退时，在伊斯特利亚展开多次强有力的突袭，可现在尚未出现这种状况。

最终，他表示："我只能听从我的诸位参谋长的建议，原因只有一个，就是我们不应向一个新战场分散我们的主力军队。"

"我真心相信上帝会像在'霸王'行动和在意大利、北非一样，继续给我们庇护。两点之间最短的距离是直线，这个初级几何知识我一直记着。"

我只能权且让步，且当天便向威尔逊将军发布指示，命其8月15日向法国南部地区发起进攻。相应的准备立即开始，但大家应该留意，“铁砧”这时候已经改名了，变成了“龙骑兵”。改名的原因是为避免敌军已经了解其原名的涵义。

* * *

可8月伊始，诺曼底战场上却出现了明显的变化，很快便会迎来一些重要的进展。我在4日当天重新向总统提及，将“龙骑兵”转移到西边。

首相致罗斯福总统　　　　1944年8月4日

1. 诺曼底和布列塔尼发展前景良好，而美军令人瞩目的战斗更是如此，时间一到，布列塔尼半岛将完全为我们掌控。现在可不可以将“龙骑兵”转移到重要且影响巨大的战区，请你权衡一下。它在那种战区中，可以马上在我们正在开展的这场伟大、成功的战争中做出自己的贡献。

2. 我不能说所有细节都已确定，太轻率了，可这些细节全都被认为是能解决的。我们可在圣纳泽尔面向西北、分布于布列塔尼半岛边缘的一些地点，轻轻松松地跟期待我们到来的美国军队会合，而不用在敌军建有稳固防御工程的地点武力登陆。我认为我们完全能跟随不断发展的局势，借助极富变通性的海军和空军采取行动。“龙骑兵”分配到的十个师及其登陆艇应该很快就能在预定地点集合。若果真如此，它将决定艾森豪威尔走最近路线直接穿越法国这项行动的成败。

3. 我非常诚恳地向你提出请求，请让你的参谋长联席会议对该项提议的可行性展开研究，我们这边的工作已经开始了。

我也期待在这件事上，霍普金斯能从旁提供帮助。

首相致哈利·霍普金斯先生　　1944年8月6日

1. 我很难过，令人瞩目的胜利和日渐增多的机会，都没能让我们在战略方面达成统一。我认为，美国陆军卓越的战斗表现，在截断布雷斯特半岛的同时，还大大挫败了当地滞留的少数德军的斗志。对我们来说，圣纳泽尔和南特（你们在上次大战中最重要的登陆港口之一）已唾手可得。很快，吉贝龙湾、洛里昂、布雷斯特也会落入我们手中。我毫不怀疑，大西洋海岸、瑟堡半岛南面的德军目前既衰弱又紊乱，攻克波尔多应该会很容易，且花费不了多长时间。这些大西洋港口和我们已经拥有的港口加在一起，便开通了一条路，让大批正在等候时机启程的美军得以全体登陆。并且只要盟军占据了圣纳泽尔（现在就是指被美军占据），十个为“龙骑兵”计划做好准备的师就能马上进入当地。如此便能在极短的时间内提供一个大型新港口给艾森豪威尔，并让一支新的军队加入他往塞纳河进发的右翼。

2. 我要重申，以上所有都不包含在原先的运输计划内，这点不会因军队是从美国还是从英国调派过来的发生改变。眼下放弃这些，非要我们从海上重击里维埃拉海岸上的敌军，罔顾当地坚固至极的防御，同时还要往西抢占两处军事要塞土伦和马赛，从而开辟出一个全新的战区，我方在该战区的实力一开始远逊于敌军，再加上当地遍布岩石、山峦、山溪，我们的军队只能在如此复杂的地形中行进，难度极高。

3. 更有甚者，我们在攻克两处要塞土伦、马赛后，还要在罗讷河流域逆流而上很长的一段距离方能抵达里昂。这些行动中的任何一个，在登陆九十天以内怕是都不会对艾森豪威尔的战争发挥任何作用。我们将行动的地点选在主战场五百英里以外的地方，而没有就近在圣纳泽尔周边地区行动。布雷斯特半岛与瑟堡半岛上的我方军队无法跟正准备进攻土伦、马赛的军队彼此取得联系。攻克马赛后，相较于直接穿过大西洋，绕道美国花费的时间多差不多两周。

4. 不管怎么样，我们都一定会获胜，可上述内容都是事实，无法否认。在德黑兰提出“铁砧”计划时，本意是将其当作一种牵制或是抑制性质的军事行动，在“霸王”计划开始实施的一周前或是一周后执行，从主战场上调走大约八个德国师。决定进攻安齐奥并付诸行动和在卡西诺的延误，逼迫我们继续延迟“铁砧”计划，之后改成“龙骑兵”的计划跟原计划已经是两回事了。但在意大利国内一直坚持的战斗，却从意大利北部地区与其余地区的后备德军中引出了至少十二个师，且其中大部分都已被消灭，坏事因此变成了好事。凯塞林战败、罗马被攻克，都在“霸王”计划执行过程中发生，这样的巧合大大超出了“铁砧”计划所有的预测，并且它在那些不了解内情的人看来，很像一个了不起的计划。所以我觉得“铁砧”计划已经实现了其最初目标。

5. 正式抗议无效，己方的建议也遭排斥，经历了这些以后，我们做了力所能及的所有事，甚至将即将参战的海军总数的将近二分之一交了出去，通过这种方式向美国参谋长联席会议的建议表示服从。若真的不能挽回颓势，我只能虔诚地祈祷美国的想法是正确的。可因为法国国内已经获胜，且有获取更大胜利的可能，一种全新的局势因此展现出来。在这样的前提下，我参照英国参谋长委员会的提议，觉得应重新讨论该问题。还有三四天时间可以重新权衡将业已确定且绝大多数已经上船、等待启程的军队送去圣纳泽尔，以将“龙骑兵”计划付诸实践的决定。认为太晚了就很难再更改计划的说法是有依据的，可要想在今年结束之前击败希特勒，应该在这种说法和增强主要战争中好像对我们拥有绝对优势的元素中进行选择。

6. 你知道，我非常敬重马歇尔。若你认为自己能干预这些事，我会欣然邀请你向他阐明我的观点，尤其是最后几段内容，他有可能会责怪我在德黑兰支持“铁砧”计划，之后又表示反对，这几段内容便是我给他的解释。

7. 站在美国的军事角度上，你觉得我上次的演讲能不能让人满意，有哪些内容应该采用不同的叙述方式，请一块儿告知我。在我心目中，没有比两国军队的友好关系更重要的了。

向你致敬。

他的回复很难让我安心。

哈利·霍普金斯先生致首相　　　　1944 年 8 月 7 日

我已经看过你的电报。你针对同样一件事发出的信函，总统尚未回复，但我毫不质疑他会给出否定的答案。跟后勤相关的分析报告我还没看到，但我完全可以肯定，解决补给问题的难度相当高。艾森豪威尔在短时间内集合军队的需求，可从当前几个师中获得满足，各座港口会因此达到负荷的极限。并且布列塔尼几座港口的状况，谁都不了解。我认为，我们目前在“霸王”行动中的战略跟我们的预期、跟我们预测的“铁砧”计划实施之初的战略形势发展状况简直一模一样。这时候再改变战术会犯下大错，在我们在法国必胜的战争中，该做法会产生阻碍作用，而非促进作用。另外，我认为相较于你的预期，从“铁砧”向北实际行进的速度更快。敌军阻挡不了我们。我有信心，包括赖伐尔先生在内的法国人会奋起反抗，他们对待大规模入侵的德军的方式，就跟阿比西尼亚人对待入侵的意大利军队一样。我们将轻而易举地打一场大胜仗。

*　*　*

当天，我到位于朴茨茅斯周边地区的艾森豪威尔总部拜访，把我想最后中止“龙骑兵”计划的期待告诉了他。一起开心地吃过午餐后，我们开始了郑重的长时间会晤。比德尔·史密斯和拉姆齐海军上校陪同艾森豪威尔一起出席。由于航运调配问题相当重要，我让第一海军大臣陪我一起参加会议。我的意见总结起来就是让“龙骑兵”远征队继续登船，不过之后应该将他们从直布罗陀海峡送到波尔多，在那里进入法国。经过长时间的思考，英国参谋长委员会判断这样做是可行的。我向艾森豪威尔展示了我发给总统、对方没有回复的电报，竭尽所能想要说服他。第一海务大臣坚决站在我这边。拉姆齐海军上将阐述了自己为什么要反对改变计划。比德尔·史密斯却正好相反，他表示这一冷不丁改变进攻方向的计划，拥有能被海军利用的攻其不备的优点，他非常赞同。对于自己参谋长的这一见解，艾森豪威尔一点不悦的表情都没显露出来。他一直鼓励大家在最高层会议上畅所欲言。不管怎么样，事情一旦决定了，就要执行到底，这是自然的。

虽然是这样，我还是很难说动他。总统回复的电报第二天送到：

罗斯福总统致首相　　1944 年 8 月 8 日

我已经通过电报跟我们的参谋长联席会议商议了你提出的通过布列塔尼沿岸的几座港口，将分配给“龙骑兵”的兵力转移到法国一事，结果是我们很难批准此事。

经过思考，我得出了相反的结论，“龙骑兵”应该依照计划，在最具可行性的时间尽早付诸行动，而且我对它的成功怀有充足的自信，这也能为艾森豪威尔在法国驱逐德军提供极大的援助。

我终于束手无策了。大批美军不断涌入欧洲，远东的美军力量也越来越强大；他们参战的总人数最终在7月的第一天超过了我们，这些都值得留意。眼下，我们刚好过了这一天。一般而言，援助越多，盟军作战受到的影响就越大。如果在该战略问题上，英国的观点被采纳，那有很大概率会出现战术准备方面的延误，从而再度引发对这场大规模争论的反响。

首相致罗斯福总统　　　　　　1944年8月8日

我祈祷你是对的。为了帮助你们获胜，我们必将倾尽全力！

# 第五章　巴尔干的动荡：苏联获胜

**一定要跟苏联订立中欧、东欧政治协议——艾登先生 5 月 18 日提出的跟希腊、罗马尼亚问题相关的提议——我在 5 月 31 日发给美国总统的电报——美国国务院的敏感——6 月 11 日罗斯福先生发来的电报及我的回复——我在 6 月 23 日致电美国总统——朋友之间的辩论——我在 7 月 11 日针对土耳其问题给斯大林发电报——斯大林的回复模棱两可——苏军的夏季攻势——芬兰人 8 月 25 日提出停战请求——朝尼曼河进发——二十五个德国师被歼灭——红军横渡维斯杜拉河——罗马尼亚革命**

苏联军队在 1944 年夏季进入中欧和东欧，这要求我们在当地抓紧时间跟俄国人订立政治协议。欧洲战后的格局好像已开始成型。意大利因为俄国人在其中玩弄花样，开始步入困境。为尽量在南斯拉夫问题上实现均衡，我们正直接跟铁托谈判。可直到现在，我们也没能跟莫斯科在波兰、匈牙利、罗马尼亚、保加利亚等国家的问题上更进一步。5 月在伦敦召开的帝国会议曾全方位思考了该问题。彼时，我写了份备忘录给外交大臣：

1944 年 5 月 4 日

1. 应该帮内阁（或许还要帮帝国会议）草拟一份文件，对存在于我们和苏联政府之间的大问题做出扼要说明（因为非这么做不可）。在意大利、罗马尼亚、保加利亚、南斯拉夫等国家，这些问题越来越严重，而最严重的当属希腊。要尽量将文件内容限制在一页。

2. 要说当前意大利存在大量问题是不恰当的，可其总体问题是，我们是不是准备对巴尔干诸国，可能还包括意大利的共产主义采取默认态度？这一问题卡廷先生今天上午已经说过了。总之，我觉得在这个问题上，我们应该达成确切的结论；若结论是要反抗共产主义的影响和入侵，就一定要在战局允许的最佳时间直接向他们提出问题。只是事先一定要跟美国商议，这是自然的。

我在同一天还指出：

我们很快就要跟在意大利、南斯拉夫、希腊秘密推行共产主义的俄国人开诚布公地交流了，这点现在已经很明显了。在我看来，他们的态度越来越难应对了。

苏联驻伦敦大使5月18日来到外交部，讨论艾登先生提出的一个一般性提议，也就是战争期间，由苏联领导处理罗马尼亚的事务，由我们处理希腊的事务。这个提议俄国打算接纳，不过想知道我们有没有跟美国协商，若有，他们便接纳了。在此次会晤的记录中，我做出了这样的批注："我愿意给总统发电报，把这件事告诉他。他也许不会有异议，之所以这么说，最突出的原因是我们必然会时刻跟他保持联络。"

5月31日，我以私人名义致电罗斯福总统：

首相致罗斯福总统　　1944年5月31日

1. 近来有证据显示，我们跟俄国人对巴尔干诸国，尤其是希腊问题上采取的策略可能存在矛盾，这种证据让人忐忑。所以我们提议此处的苏联大使，双方应就实际问题达成统一，也就是苏联领导处理罗马尼亚事务，我们领导处理希腊事务。在这两国的问题上，双方政府应相互支持。由于罗马尼亚在俄军的管理范围内，希腊在威尔逊将军领导的地中海盟军的管理范围内，这种局势发展到后来，势必会走向我们安排的这种结局。

2. 苏联驻伦敦大使 5 月 18 日告知艾登：苏联政府对该提议没有异议，不过他们想先知道我们有没有跟美国政府协商过，美国政府是不是同意该协议，然后再做出最终承诺。

3. 期待你能接受这一提议。我们这样做，自然不是想在巴尔干诸国切分彼此的势力范围。我们必然会在采纳以上提议的同时强调：这种安排仅在战争时期有效；对三大国家在和平解决全欧洲的问题上、在之后权力的行使和职责的履行上没有半点作用。眼下，盟国对以上国家的策略，由英国和美国一起制定、执行，以上安排自然也不会对这种合作关系造成任何损害。不管怎么样，我们都觉得这种安排能让我们和俄国不至于在巴尔干诸国的策略上产生矛盾，对双方都很有好处。

4. 我们同时还让哈利法克斯向国务院提交了以上策略。

一开始，国务院的态度很冷漠。对于任何“可能会让人觉得含有划分势力范围的目的或者接纳这种目的”的提议，赫耳先生都十分敏感。

我在 6 月 8 日那天给华盛顿的哈利法克斯勋爵发了这样一封电报：

首相致哈利法克斯勋爵（华盛顿）　　　　1944 年 6 月 8 日

1. 划分势力范围的问题，根本不存在。我们的行动应该同步，可不管怎么样，露面打牌的事都要有人做。因为俄国军队正在罗马尼亚和保加利亚活动，所以这两地的人就交给俄国处理。而希腊却在我们的战区内，他们一早就跟我们结盟了。1941 年，我们为他们付出了四万兵力，所以由我们来处理他们的事务，没有任何不妥。我在希腊实施的策略，总统不会有半点异议，在这一点上，我有充足的证据。南斯拉夫也是一样。我时常告知总统相关的状况；不过整体而言，英国政府还是在露面打牌，而且一定要跟俄国人打得同步，为此我们慎之又慎。一个国家最悲惨的遭遇，便是在这种时候被从三四个方面发来的电报的决策左右。艰难地解决了一个问题，结果剩余的三个问题又难以解决。更不要说这些国家的形势变化莫测。

2. 从另外一个角度说，我们在南美一直尽可能地模仿美国的做法，只除了跟我们关系最密切的牛肉和羊肉问题。若只分配给我们少量的牛肉、羊肉，我们必然会很不满意。

罗斯福先生6月11日回复道：

……总之，我们认可，无论哪国政府在某个特定区域承担军事责任，都免不了要顺应军事发展的需求，做出不同的决策；可我们相信这种决策会自行发展到非军事领域，你提议的那种协议会对这种发展发挥促进作用。我们认为，这一定会造成一种结果，就是虽然你们说这只是针对军事方面做出的安排，但你们和苏联会持有不同的观点，且都固执己见，而且会在巴尔干划分出各自的势力范围。

在我们看来，成立协议组织，以解除误会，避免发展成各自独立的势力范围，才是更恰当的解决方法。

首相致罗斯福总统　　　　1944年6月11日

1. 你的电报让我非常忐忑。若一方在采取任何行动之前，都要跟其余各方商议，必将导致行动全面停滞。通常情况下，巴尔干等地的局势变化都不会只局限在局势上。做出安排和实际行动的权力，一定要掌握在人的手里。协议委员会就像一个障碍物；

在紧急状况下，一定要由我们两个或是其中之一直接跟斯大林交流，而不是靠委员会。

2. 想想复活节发生的事。我们的能力足以支持我们接纳你所有的建议，用来应对希腊的兵变。因为我能持续向军官发布命令，一开始，这些军官都不想动用武力，连用武力威胁的打算都没有，想要和平解决此事，现在我们以很少的伤亡换来了希腊形势的大大好转。我们完全可以拯救被混乱和灾患充斥的希腊形势，只要我们继续坚持原先的态度。俄国人准备答应将希腊事务主要交由我们处理，这便表示希腊国民军将会掌控民族解放阵线和该阵线的各类阴谋诡计。若不这样做，内战和灭亡就免不了会出现在这个你关注至极的国度中。此前我时常将局势的最新进展说给你听，以后我会继续这么做。我的电报会源源不断送到你那里。在这件事上，我觉得你应该对我有信心。

3. 若我们遇到以上各类难题时，必须要跟其余一些大国协商，三四方用电报沟通，最终只能造就一个结果，就是一片混乱或力不从心。

4. 大批苏军马上就要进入罗马尼亚了，若是罗马尼亚人肯出力（这是很有可能的），俄国人会帮他们跟匈牙利对抗，抢回特兰西瓦尼亚的部分地区。我据此认为应该让苏联来统领罗马尼亚；因为无论是美国还是英国，在罗马尼亚都没有半点兵力，他们想做什么都可以。更何况，在我看来，俄国人的要求入情入理，简直可以说是宽容，只有赔偿的要求是例外。在跟俄国交战的过程中，罗马尼亚人表现勇猛，让俄国军队遭受了巨大损失。我认为，不管我们在何时，针对何种问题跟俄国人交流，都会很顺利。不过，反正他们都开始了，索性让他们继续吧，只要不违背约定政策就行。

5. 我们在希腊也是类似的状况。我们跟希腊一早就结盟了。为了对抗希特勒、保卫希腊，我们死伤了四万人，克里特岛的损失还没计算在其中。我们保护的对象甚至包括希腊国王和政府。现在他们待在埃及，不过考虑到黎巴嫩的氛围好过开罗，他们很有可能会搬到黎巴嫩去。除了死伤的四万人外，我们还为保卫希腊失去了大批船舰；不仅如此，我们在昔兰尼加的防御也因此减弱，以至于失去了韦维尔在昔兰尼加占据的所有地区。彼时，这些对我们的打击相当沉重。你给我的电报在不久之前的一场危机中发挥了奇效。我们完全统一的步伐造就了让人满意至极的结果。为什么要用一些平庸的官员组成的委员会，取代我们双方成效卓著的指挥途径呢？我们不是已经在全球各地成立了很多这种组织吗？我们的意见有这么多一致之处，让我们一起掌控这种局面，难道不好吗？

6. 我的意见总结起来就是，在这件事上，我们应该达成统一，也就是给 5 月 31 日我那封电报中做出的安排三个月试用期，然后让三大国决定是否要正式应用。

总统在 6 月 13 日接纳了这一提议，但补充道：“我们并非在划分战后势力范围，这点一定要慎重地公开说明。”

我很赞同，翌日回复他说：

电报我已收到，非常感谢。我已交代外交大臣向莫洛托夫转述此事，同时公开说明：为避免匆匆确立战后势力范围，所以我们才规定以三个月为试用期。

我于当日下午向战时内阁汇报了时局，达成统一，也就是外交大臣应该依照试用三个月的条件，告知苏联政府我们愿意切分整体责任。这天是 6 月 19 日。然而，我们的举动惹恼了总统。他发给我的电报内容让我很难过，其中说道：“你们在跟俄国人商议过这件事后才告知我们，让我们很不舒服。”6 月 23 日，我将我在伦敦掌握的局势概括起来说给总统听，回应他的责难：

首相致罗斯福总统　　　　　　　　　　1944 年 6 月 23 日

1. 俄国是仅有的能在罗马尼亚肆意妄为的大国。在我看来，你我已达成统一，他们应该在合理休战条款的基础上，尽可能对罗马尼亚的事情发出统一指令，只有赔偿条款是例外。在开罗处理罗马尼亚近期的尝试性和平提议时，我们三方的合作的确是亲密无间的。另外，我们在 1941 年支援希腊时，伤亡四万却一点收获都没有，此后希腊基本变成了我们的负累。与之相似的是，在土耳其问题上，你让我们露面打牌，但在政策方面，我们没有一次不提前跟你商量。在我看来，这么久以来，我们实施的相互照应的策略没有任何矛盾之处。我完全能依照现在盛行的外交做法，也就是采取向左靠拢的总策略，轻轻松松放任局势发展，到时候很有可能会出现这样的局面：希腊国王被逼退位，民族解放战线随即开始在希腊实施恐怖统治，为避免彻底进入无政府状态，逼迫农民及其余很多阶级接受德国的帮助，建立安保营。我只有一个法子能避免这一情况的发生，就是说服俄国人放弃对民族解放战线的支持，同时尽可能提升其地位。为了让战争开展得更加顺利，我为俄国人做出了相应的工作安排，不过是暂时性的。在你表示赞同之前，这自然还只是一个提议。

2. 在这一问题上，我不认为自己有错。若身处不同地区的三个人，其中两个人交流意见时都要同时告知第三个人，那三人想要高效合作是不可能的。近期发生的一件事足以说明这点：你向乔大叔（斯大林）描述了你跟波兰人会晤的详情，这是相当名正言顺的，但直到现在，你也没有向我提及半点会晤的内容。可我很清楚，我们工作的总主题与目标都是相同的，所以我没有半句怨言。希望你也能以相同的态度，对待我在希腊事务上的处理方法。

3. 另外，我还努力循序渐进让铁托的军队和塞尔维亚的军队，跟美、英两国承认的南斯拉夫王国政府属下的所有军队连为一体。这个沉重的负累现在主要由我们背负，我们会让你明白，我们在每一阶段是怎样背负它的。在这方面也有一种最方便的做法，会让德国人喜不自胜，就是任由豺狼撕咬国王和南斯拉夫王国政府，让内战在南斯拉夫打响。我在处理这两国的事务时，一直竭尽所能维持稳定，这样才能为打击我们共有的敌人，调动起所有力量。我坚持让你了解最新的发展状况，同时期待你能在我们可以主动行动的范畴中信任并援助我们。

6 月 27 日，总统回复了我，让这场朋友之间的辩论走到了终点。他说："这样说来，我们好像都在某些事情上单独行动过，但都是无心之举，眼下我们已达成统一，这些做法都是暂时的。任何问题，只要严重到会对盟军在战争中的努力造成影响，我们都一定要达成统一。"

当天，我回复道："在处理任何问题的过程中，我都会始终如一地坚持我们协商确定的原则，这点你可以相信我。"

但政府层级的难题依旧没有解决。俄国人执意要直接跟美国协商。

* * *

我们还要留意另外一个问题。罗马尼亚边境驻扎了苏联军队，一旦错失了此次机会，土耳其就再也不能加入同盟国参与作战了。若土耳其在这一阶段加入，会对东南欧的前景发挥极大作用。更有甚者，土耳其此时还说要跟轴心国绝交。

我跟斯大林说了我在这些事上的观点。

首相致斯大林元帅　　　　　　　　　　　　1944 年 7 月 11 日

1. 艾登在几个星期之前提议贵国大使：由苏联政府主要负责处理罗马尼亚事务，英国政府主要负责处理希腊事务。这项安排是为了尽可能避免三方通过电报交流，导致行动步履维艰，陷入窘迫，这是暂时性的。随后，莫洛托夫建议我应该让美国了解这件事，这是十分合理的，也符合我一直以来的做法，现在我已跟美国方面说了。美国总统在多次讨论过后，批准给这一提议三个月的试用期。7 月、8 月、9 月是非常关键的三个月。不过，我了解到，对你来说，这样做会有些难度。我试探着问你是不是赞同。没有人可以说这么做会对欧洲的前程造成影响，或是在欧洲划分势力范围；但我们可以为各个战场制定清晰的战略，并让其余两国了解我们正在做些什么。可对这个提议，你要是一点期待也没有，也是合情合理的。

2. 我还有一件事要告诉你。现在土耳其愿意马上跟轴心国断绝关系。你提议让土耳其参战，我很赞同。可我怕我们向对方提出这样的要求时，对方会请求我们派出飞机，帮忙保卫本土，但我们现在难以抽调出飞机。另外，对方还会提出一个我们现在做不到的请求，就是在保加利亚、爱琴海联合作战。不仅如此，对方还会重新要求我们提供各类武器支援，可因为今年年初我们为其准备的武器已用作他途，这点我们也做不到。所以，我认为较为明智的做法是，将土耳其跟德国绝交视为第一个步骤，之后我们可以为了帮土耳其应对敌方的报复性空袭，给其送去一些武器装备。到时候，土耳其很有可能会因为我们业已实现的联合，投身到战争中来。德国在一战中非常重视土耳其这个盟友。所以土耳其跟德国绝交，就等同于预示了德国人灵魂的死亡。眼下应该就是最好的时候，做出这种预示。

3. 我说的这些都只是我自己的观点，艾登也正向莫洛托夫先生转述我的观点。

4. 诺曼底共有我们的军队一百零五万人，每天增加两万五千人，装备了大批武器。将士们作战艰苦至极。最近几场战争的死伤人数还没有统计，但在此之前，英、美两国已经牺牲了六万四千兵力。然而，所有证据都表明德军的死伤不会比这少。我们另外还得到了五万一千名战俘。我们始终在进攻，还从海上登陆，据此我推测德军损失惨重。战争仍在继续，战线将不断扩张。

5. 亚历山大正在意大利进军，想要冲破比萨－里米尼防线，攻进波河流域，过程十分艰辛。德军对此会有两种反应：调集更多的师参战或是被逼将军事要塞舍弃。

6. 伦敦民众正在抵挡飞弹的进攻，表现十分勇猛。死伤总数现在已经达到两万两千人；轰炸应该不会在短时间内结束。

7. 再次恭贺你们成功攻入维尔纳。

斯大林做出了模棱两可的回复：

斯大林元帅致首相 1944 年 7 月 15 日

1. 罗马尼亚与希腊问题……我很明白，在谈论这件事之前，最好先从美国方面获得回复，因为在这件事上，美国政府还有些疑问没解决。我会在了解美国政府观点后的第一时间，借助信函跟你更深入地探讨该问题。

2. 一定要以去年年末，英国、苏联和美国三国政府跟土耳其政府谈判时掌握的事实为依据，处理土耳其问题。三国政府 1943 年 11、12 月就向土耳其坚定地提议，让其加入同盟国，跟希特勒开战，最终一无所获，这件事想必你还有印象。你也知道，今年五六月份，我们在土耳其政府的建议下，再度与其展开谈判，提出了跟上次相同的提议，依旧一无所获。截止到现在，我根本看不到土耳其的各类权宜之策有哪点对盟国有益。对于德国，土耳

1944 年 6 月—1945 年 1 月　俄国战线上的作战行动　（照原图译制）

其态度隐晦，借口多多，我们最好给它充分的自由，不去干扰它，给它新压力。不过，在战后问题的处理上，因为曾逃避跟德国开战，土耳其不能提出任何特权要求……

我们在划分巴尔干半岛的责任问题上，还是没能达成统一。进入八月后不久，俄国人找了个理由，从意大利派出代表团赶赴希腊北部地区，跟人民民族解放军取得联络。在这件事上，俄国人因为美国政府牵强的态度背信弃义，我不再努力跟斯大林达成统一，直至两个月后，我们在莫斯科举行了会谈。那时候，东线已出现天翻地覆的变化。

* * *

俄国的夏季攻势一路所向披靡。我只能描述其大致内容。

对芬兰人的援助进攻，是此次进攻的开始。芬兰人加深、加固了拉多加湖和波罗的海中间原有的曼纳海姆防线，建立了极难攻破的防御体系。然而，相较于 1940 年进攻此处的苏军，此时的苏军无论素质还是武器装备都有了巨大提升，所以在激战十二天后攻破了防线，攻下维堡，当时是 6 月 21 日。当日便开始朝拉多加湖北岸进攻。月末就将德军赶回了本国，列宁格勒与我们北极运输船队终点摩尔曼斯克之间的铁路线也重新开通。在德军的支持下，芬兰军队也曾做过短时间抗争，到底实力不足，在 8 月 25 日提出休战。

苏军 6 月 23 日对维切布斯克和戈梅利中间的德军防线展开进攻。德军已在这两地和博布鲁伊斯克、莫吉廖夫等大量城市、乡镇建立了坚不可摧的阵地，设置了环形防御工程，可在苏军进入这些地区中间的空白地带后，这些阵地就不断陷入包围圈，最后被攻陷。苏军在短短一个星期内推进了八十英里，然后乘胜继续向前推进，7 月 6 日攻下明斯克，敌军败退，集中在一条匆忙之间形成的防线上，被苏军包围起来。该防线从维尔纳开始，一直往南延伸至普里皮亚季的沼泽地带；大批苏军赶到当地，将敌军全部歼灭。红军7月末进入科夫诺和格罗德诺，来到尼曼河边，暂停休整，在此之前他们在五个星期内推进了两百五十英里。德军有二十五个师被歼灭，还有二十五个师被困在库尔兰德，损失巨大。[①]7月17日这天就有五万七千名被押解的德国战俘从莫斯科经过——他们要被押解到何处，没人知道。

普里皮亚季沼泽地带以南的苏军同样取得了骄人战绩。他们在7月13日这天，在克韦尔和斯坦尼斯拉夫之间的战线上发起连续进攻。德军在十天后全面溃败，苏军向西推进了一百二十英里，来到位于桑河岸边的雅罗斯瓦夫。在苏军的大规模进攻下，斯坦尼斯拉夫、伦贝格和普热米什尔都变得孤立无援，很快就被攻占。乘胜追击的苏军7月30日在赛多梅尔南面渡过了维斯杜拉河。随后，补给不足的苏军暂时驻足原地。在华沙的波兰抵抗运动看来，渡过维斯杜拉河预示着悲惨的华沙起义即将开始。我会在另外一章描述此次悲惨的起义。

在这场大型战争中，这些只是苏军胜利的冰山一角。这些胜利一直蔓延至南部的罗马尼亚。德军在切尔诺夫策和黑海之间设置的防线，对通向罗马尼亚和当地的普洛耶什蒂油田以及巴尔干诸国道路的封锁，一直持续到8月之后；不过，德军为了保住北边即将被攻破的防线，调集兵力前去支援，导致这条防线变弱。8月22日，苏军向这条防线发起猛攻，后者迅即瓦解。在海上登陆军队的援助下，苏军很快击败了德军。德军失去了十六个师。年轻的米凯尔国王8月23日带领亲信在布加勒斯特发起政变，彻底改写了军事形势。所有罗马尼亚军队都站在了国王这边。苏军抵达前三天内，当地德军不是失去了武器装备，就是撤到北边的边境外。布加勒斯特的德军截止到9月1日已全体撤离。罗马尼亚军队解体，国家被占，政府投降。试图在最后时刻跟德军开战的保加利亚最终也被征服。苏军

① 详见古德里安的著作《装甲军队主要将领》第352页。——原注

向西深入到多瑙河流域，从特兰西瓦尼亚的阿尔卑斯山穿过，抵达匈牙利国界处；多瑙河南岸的左翼苏军也在同一时间在南斯拉夫国界处驻军，做好准备，向西推进。一有合适的机会，他们就会在此次西行中抵达维也纳。

# 第六章　登陆意大利和里维埃拉

盟军穿越罗马追逐敌军——放弃“铁砧”行动——哥特防线——第五集团军裁减十万兵力——朝阿尔诺河进军——我乘飞机抵达那不勒斯跟铁托会谈——巴尔干战略和伊斯特利亚半岛——铁托、共产主义、彼得国王——即将在伊斯特利亚建立盟国军政府——我再度跟铁托会谈——我通知总统——快乐的假期——我乘飞机前往科西嘉岛——登陆法国里维埃拉——我在8月17日发给英国国王的电报——我在8月18日发给艾森豪威尔将军的电报——简述“龙骑兵”行动的内容——我总结“铁砧”和“龙骑兵”行动——跟史末资的信函往来——对维也纳的期待

6月4日，罗马被攻占以后，在混乱的局势中，凯塞林的残余部队全都撤向北面，持续的空袭和地面军队的紧追不舍让他们慌乱到极点。我方急速行进：克拉克将军的美国第五集团军在海岸公路上径直朝比萨进军，英国第八集团军横渡托雷河，朝特拉西梅诺湖（佩鲁贾湖）进军。

首相致亚历山大将军　　　　1944年6月9日

你对你们击溃德国驻意大利军队的估测，被此处我们全部的情报证实。你们的整体进程令人瞩目，期待你们能消灭德军所有剩余力量。

亚历山大非常想搁置在法国南部地区登陆的“铁砧”计划，同时希望他经过长期战斗，且因打胜仗而斗志昂扬的军队不要有丝毫变动。这样他便有信心在几个月内攻破亚平宁山脉，攻进波河流域甚至更远的地区。这样说来，若不是应“铁砧”计划的需求，他的部分军队被调走，最终功败垂成，他一定能在圣诞节之前打完意大利的这场仗。本章会阐明此事。

不管怎么样，接下来还有很多场苦战。在5月份和6月初的战争中，德国派出十六个师。有三个师被歼灭，剩余绝大多数兵力都在被我方重创后向北逃亡，沿途狼狈不堪。不过，凯塞林及其参谋都很有才能。他要解决的难题是，在他整顿好军队，在下一个备用阵地也就是哥特防线上做好防守准备之前，如何阻挡住我方进军。哥特防线从比萨上面的西海岸延伸至佛罗伦萨北面的群山，在其中曲折蔓延,之后进入亚得里亚海沿岸的佩扎罗。在德国人建造一年多后，该防线依旧没能完工。凯塞林力求获得足够多的时间，完成该防线，配备相关工作人员，还要把正从北欧、巴尔干、德国、俄国往他这里调动的八个师安置好。

德军在被我们追了十天后，反抗激烈起来。第八集团军要想攻克名声在外的牢固的特拉西梅诺湖（佩鲁贾湖）阵地，一定要经过艰难的比拼。敌军直至6月28日才被驱逐出去，撤向阿雷佐。美国第五集团军在西海岸也不是在7月1日轻而易举就攻克了切奇纳。很快，右翼的法国军团（指挥者同样是克拉克将军）也到达了锡耶纳。波兰军团因德军在亚得利亚海岸后退，快速攻克了佩斯卡拉，随后快又速朝安科纳进发。一个法国殖民地师也在同一时间从科西嘉岛赶来，借助海军强大的援助，激战两天后攻克了厄尔巴岛，并俘虏两千敌军。

7月伊始，亚历山大依照我们跟美国的协议，为“铁砧”计划调配兵力，最终调配了七个师。这导致单是第五集团军就从之前的大约二十五万兵力缩减至十五万三千兵力。亚历山大在经受如此重击过后，还在努力执行追赶敌军的任务和战斗计划。整编、重组后的德军人数相当于十四个达到规定人数的师，分布在洛基尼亚诺到阿雷佐，再到安科纳南面的亚得里亚海岸上的战线上，对抗亚历山大的军队。德军有一组带掩护的阵地，这是其中之一，他们为了阻挠我们抵达他们的哥特防线，不断增强对这些阵地的防守。空军和炮兵激烈的轰炸过后，7 月 16 日，英国军队攻克了阿雷佐。美军 18 日抵达比萨东面的阿尔诺河，第二天进入里窝那港口。沿亚得里亚海岸发起猛攻的波兰军队也在同一时间攻克了安科纳。虽然两座港口都遭受重创，但还是减轻

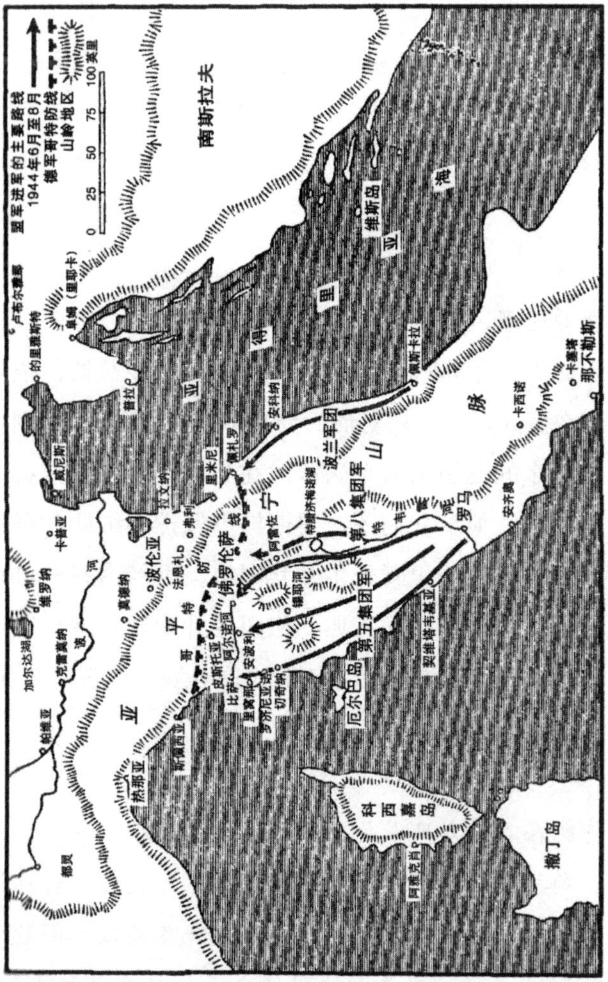


意大利北部地区

（照原图译制）

了当前我们过长的供应线带来的重负。美军在 7 月的最后一个星期继续进军，占领了安玻利和比萨之间的阿尔诺防线的全部。佛罗伦萨南面的山区全都被第八集团军荡平。新西兰军队攻破了敌军的防线，逼迫他们从市区撤走。撤退过程中，他们毁坏了除古老、失修、只供参观之用的韦基奥旧桥外的全部桥梁。

盟军只用了不到两个月就前进了两百五十英里。一开始的两个星期还算顺利，之后全都是苦战，补给方面出了很多问题，让人烦恼。德军也遭遇了相同的难题。他们后方的全部交通都要仰仗波河开阔的河面上的二十座公路桥、铁路桥。在盟军的空袭下，所有这些桥都在 7 月即将结束时被切断；在这样的情况下，德军依旧能运入部分补给，这是凯塞林的工兵的功劳。

*　　*　　*

相较于信函往来，亲自去意大利实地解决问题会方便很多，眼下我已决定要这么做。跟指挥官和士兵们见面有很多益处，毕竟我们在抽调了他们这么多人以后，还对他们要求多多。“铁砧”计划很快就要实施了。严重缩水的亚历山大军队依然在为下次进攻做准备。我非常盼望能跟铁托面谈，他从我们还在向他提供保护的维斯岛赶到意大利是很方便的。至于帕潘德里欧先生及其同事，可经由开罗过来。德军撤离后，我们可以帮他们返回雅典，相应的计划现在就可以制定。除此之外，还有意大利当前围绕罗马产生的政治争端。我在 7 月 30 日那天给身处卡塞塔的威尔逊将军发了电报：

> 我期待能在 8 月 6 日或是 7 日到意大利，在当地停留十天或是半个月，前提是此处的（无人驾驶轰炸机）轰炸不会在不恰当的时候一下子爆发。我确实已做好准备，就各类政治问题跟铁托展开商讨，对我来说，错失此次跟他会面的机会是相当可惜的。

所以为了让他能在8日或是9日到达卡塞塔，你是否可以先跟他约见一次？

8月4日，我给亚历山大将军也发了一封电报：

别让我耽误你的工作，最佳做法是我到了以后，我们再共同确立（我的访问）计划。不必将我的日程填得满满当当，我想见的只有你、威尔逊、铁托三人。抵达那里后，我有许多事情要做，这是毋庸置疑的。

* * *

接连几天，内阁都忙得不可开交，我不得不延期启程。8月9日，我给达夫·库伯先生发电报，说我想在8月11日也就是周五早上大约六点半抵达位于阿尔及尔市郊区的白夏机场，逗留三小时后赶往那不勒斯。我另外还说：“这是一次非正式访问，若戴高乐将军想在你的住处或是海军上将的别墅见我，你可以把我要过去的事情告诉他。”

我们在约定时间抵达那里。达夫·库伯将我接到他的住所，那里被他太太打理得相当舒服。他说，戴高乐将军婉拒了我的邀请或者说提议。他说，他不希望我受到干扰，长途飞行中的暂停时间应该用来休息。在我看来，他本可以不用这样高傲，毕竟那时候我们有很多事情都亟需处理，我还有很多事情想跟他说，可他还在为“霸王”行动的事生气。他觉得这是向我表达他的愤怒的时机。接连几个月，我都没跟他见过面。

我于当天下午抵达那不勒斯，在雄伟但稍嫌残破的瑞瓦尔塔别墅住下，此处能看见维苏威火山和海湾的壮丽景色。我从威尔逊将军口中得知，所有事情都已做好部署，铁托和苏巴西奇（他是位于伦敦的南斯拉夫国王的彼得政府的新任首相）明天早上会到此处跟我开会。

两人明晚会跟我们一起享用晚餐，此刻他们已抵达那不勒斯。

铁托元帅于8月12日清早来到别墅，身穿一套用金线绣着花边的蓝制服，十分华贵。这天很热，他的整套制服和衣领都紧绷着，跟天气格格不入。是俄国人送了这套制服给他，而用金线绣成的花边却来自美国，这点我之后才了解到。是麦克莱恩准将和一位翻译陪他一起过来的，我在走廊上跟他见了面。

我提议元帅到威尔逊将军的作战办公室参观，我们便进去了。元帅的两个保镖都很凶悍，贴身带着自动手枪。为防止我们加害他，他想让他们两个跟进来。为了劝说他放弃这一想法，我们花费了很大的力气，不过我们提议他用餐时要带着他们，以保障他的安全。

我带他进入一个墙上挂满各条战线地图的大房间。首先，我给他看了一幅诺曼底前线的盟军地图，把我们对西线德军采取的行动大致说给他听。我说之所以有很多德国师受困于挪威及波罗的海沿岸，是因为希特勒坚守阵地的策略始终不改；从巴尔干撤军，将兵力全都调到主要战线上，才是正确的策略。他可能会因盟军在意大利对他的重压以及苏军从东面的进军被迫撤离，可还有一种可能，他会坚守到最后一刻，这点我们要事先想到。在交流的同时，我在地图上找到了伊斯特利亚半岛，指着它问铁托，若我们可以从意大利东海岸进攻这座半岛，他可以将他的军队调派到什么地方，配合我们的进攻。若能在南斯拉夫海岸攻克一座小小的港口，我们就能从海上运入军需，我这样向他解释。我们已经在六七月份向他的军队空运了接近两千吨军需，而一座港口可使这一数量大幅提升。铁托表示，他可以在克罗地亚和斯洛文尼亚招募大量军队，虽然最近德军的反抗增强，南斯拉夫的损失增加，但不会影响他做这件事，对伊斯特利亚半岛发起进攻，他的确没有异议，而且此次进攻要有南斯拉夫的军队参与。

然后，我们进了一个面积不大的客厅，我问他跟南斯拉夫王国政府之间是什么关系。他回答道，游击队跟靠德国、保加利亚维系政权的米海洛维奇的军队相互让步的可能性不大，眼下双方还在激烈交战中。我说我很期待他的国家南斯拉夫能变得强大,有凝聚力,独立自主,但我们不会干预他们的内政。这是苏巴西奇博士的执念,并且我们也不应该让国王的势力解体。铁托表示,我们对彼得国王的义务,他可以理解,可他当前顾不上理会这点,南斯拉夫民众会在战争结束后自行决定此事。

我转而谈及南斯拉夫的前程问题,指出解决该国问题的正确方法应是实行民主制,将农民作为制度的基石。由于该国农民都只有很少的一点土地,可能还要循序渐进地进行土地改革。铁托向我承诺,他已经公开宣布不会在南斯拉夫实行共产主义制度,因为战争结束后,欧洲大部分国家应该都会实行民主制,只要这一个原因就足够了。跟大国的关系,决定了小国的发展前景。南斯拉夫必然会从这些关系的持续改进中获益,发展本国民主。俄国人派到游击队中的代表团根本没表现出半点想向南斯拉夫输送苏维埃制度的意思,反而说过不赞同这种做法。

我问铁托会不会公开发表刚刚他关于共产主义的这番言论,加以强调。铁托表示,这样会让人觉得他受到了胁迫,所以他并不想这样做。他答应当日下午跟苏巴西奇博士首度见面时,会就该问题与其展开商讨。

随后,我们一起享用了午餐,决定若他跟苏巴西奇博士的谈判没遇到什么阻滞,次日晚上我们会再度会晤。其时,我便开始为南斯拉夫事件草拟备忘录,铁托元帅应承会给我写信,将牵涉到补给的一些细枝末节说给我听。

* * *

铁托第二天一早跟威尔逊将军的参谋长甘默尔将军见了面,还收到了一份很重要的备忘录,主要内容是盟军在伊斯特利亚与其周边地区的战斗计划:

1. 盟军总司令准备在盟军占据了意大利北部地区、奥地利或是匈牙利后，在战争伊始意大利统辖的地区建立盟国军政府，使意大利在当地的主权自动解除。当地的盟军司令官担任军政府官员。在相关政府协议确定处置方法之前，先由盟国军政府直接统辖当地。

2. 只有盟国军政府直接统辖这些地区，才能保证盟军在中欧的占领军队的基地和交通路线的安全。

3. 的里雅斯特港口是盟军占领军队唯一的给养来源，在这种情况下，一定要保证卢布尔雅那－马里博尔－格拉茨这条路上受英军保护的交通路线是安全的。

4. 盟军最高总司令准备跟南斯拉夫政府维持最密切的关联，期待他们能跟他共同实施上述策略。

铁托给我写信抱怨以上提议。我们再度会面是 8 月 13 日午后，在场的还有英国驻南斯拉夫大使史蒂文森先生以及苏巴西奇博士。我告诉铁托，该问题牵涉到军事行动，要认真研究，还要跟美国总统仔细协商。不能事先确定伊斯特利亚的地位，毕竟它现在还是意大利的领土。让伊斯特利亚脱离意大利独立或许很好，可只有在和平会议上才能就此事做出决断。若没有和平会议，就要在主要大国参与的会议上做决断，会议过程中南斯拉夫可表达自己的意愿。在战争中改变领土主权，美国政府是不赞同的；更何况眼下意大利在为战争出力，这时候我们断然不能打击他们的积极性。所以该地区脱离德国掌控后，由盟国军政府统辖，应该是最佳选择。

铁托表示，意大利人的民选机构让他很不放心，还说至少也要让他的民族解放运动队伍参与当地的行政管理，毕竟当地很多地方都被这些队伍掌控了。我表示，我们能做到的都会做，不过，我提醒他注意，若他们对德国的抗争退居其次，南斯拉夫的斗争变成了纯粹的内战，我们的兴致也会随之消失。

我在 8 月 12 日给铁托的备忘录中谈及此事。以下便是该备忘录的全部内容，我们要对其相对深远的意义展开挖掘：

1. 英王陛下政府急切想要看到的是，一个统一的有对敌代表参与的南斯拉夫政府，还有塞尔维亚民众跟民族解放运动重归于好。

2. 英王陛下政府在得知南斯拉夫王国政府与民族解放运动协商一致后，准备继续补给南斯拉夫军队，并在情况允许的条件下增加补给数目。英王陛下政府希望铁托元帅能为南斯拉夫的统一积极付出，以此答谢我们的补给。此处的积极付出是指，除了公开表示他不会在南斯拉夫强行实施共产主义外，他跟南斯拉夫内阁总理已经赞同发表的宣言还要公开表示，他不会用民族解放运动的军队剥夺民众自主选择该国将来政治体制的权利。

3. 铁托元帅若答应跟彼得国王会面，便是对共同事业的又一贡献，而会面的最佳地点莫过于南斯拉夫国内。

4. 由于我们不想参与南斯拉夫的政治矛盾，若英王陛下政府供给的大批武器装备被用到了内战而非自我防御上，会使盟国的所有军需供应受到影响。

5. 我们期待着南斯拉夫王国的海军和空军力量都为争取民族解放倾尽所有；可是这样做的前提是，一定要先根据需求，思考一下南斯拉夫国王的地位、宪法的大旗，还有政府跟民族解放运动更加密切的联合。

6. 英王陛下政府在对铁托元帅及其勇猛作战的将士满怀敬意的同时，并不觉得他们已经承认了塞尔维亚民众所有的权力和权利，也不觉得他们对英王陛下政府业已提供还将继续提供的支援怀有足够的感激。

我提议把游击队运动跟塞尔维亚民众单独开，遭到了南斯拉夫人的抗议。我没再坚持，尤其是铁托说过自己会对外公开，不会在战争结束后在南斯拉夫实行共产主义。然后，我们谈起了他跟彼得国王会面的可能性。我说在英国，民主制度早就借助君主立宪的形式大放光彩。在我看来，相较于共和制，实行君主制会让南斯拉夫在国际社会中占据更高的地位。铁托表示，国王统治一度让祖国境况悲惨，并且要给彼得国王一段时间，才能结束跟米海洛维奇的恶劣关系，开始新生活。他可以跟国王会面，但他觉得，现在不是会面的时候。所以我们答应由他和苏巴西奇博士在最佳时机到来时自主协议、决定此事。

* * *

之后，我为招待铁托摆下宴席，他依旧穿着那件短短的、紧绷的外套，上面用金线绣着花边。但我却喜欢穿一套帆布质地的便服。

我向总统说明了以上会晤的结果。

首相致罗斯福总统　　　　1944 年 8 月 14 日

1. 我这两天跟铁托元帅及南斯拉夫首相数次会晤。我跟这两位南斯拉夫领导者说，我们唯一期待的就是他们能将所有的人手、物资联合起来，将南斯拉夫民众团结成对抗德国的整体。使南斯拉夫稳定、独立是我们的目的所在，而实现该目的的其中一个步骤就是组建南斯拉夫联合政府。

2. 在很多现实问题上，两位领导者都达成了统一，让人很满意。他们答应将南斯拉夫全部海军都投入到对德作战中。我们向南斯拉夫军队增加供给的信心也因此增强。

3. 他们答应在最近几天选一个相同的时间发表公开声明。期待此举会使南斯拉夫对战争的投入变得更多、更快。今天，他们二人共同启程赶赴维斯岛，在那里继续协商。

4. 我会马上告知斯大林元帅这次会晤的结果。

* * *

停留在那不勒斯的这三天，我在辛苦工作之余，感到很快乐。每天海军指挥莫尔斯海军上将都会邀请我坐着他那艘巨大的艇出去游玩，沐浴是其中最重要的事情。第一天，我们抵达了有温泉的伊斯基亚岛。返回途中，我们从一支大型运输队中间穿过，所有船上都满是即将登陆里维埃拉的美军。我们从他们中间穿过时，他们热烈高呼。我的想法是让他们去相反的方向，但他们并不了解此事。尽管这样，我还是挥手跟这些英勇的战士打招呼，心中满怀骄傲。我们还去了卡碧岛，醒目的蔚蓝海水干净透亮，还参观了我从未见过的蓝洞[1]，真是奇观。我们在一处小小的温暖海湾中沐浴，之后到一个舒服的小旅店用午餐。我用力回想着罗马皇帝台比留。他选择将司令部设置在卡普里，从这里向全世界发布命令，选得真是好极了。

若不计工作，这三天确实可算是一个有着灿烂阳光的假期。

* * *

为了到“铁砧”行动的现场查看登陆情况，8 月 14 日午后，我搭乘威尔逊将军的达克塔型飞机来到科西嘉。我曾经极力想要阻止“铁砧”计划，但事到如今，我希望它能大获全胜。我们搭乘飞机来到阿雅克肖港口，这是一段快乐的旅程。在港口的一艘英国指挥舰上，威尔逊将军与约翰 · 坎宁安海军上将正在工作。飞机降落难度比较高，因为机场面积太小了。驾驶员技术高超，驾驶飞机到机场之前，需要从两

① 蓝洞是岛上的一个洞穴，内部呈深蓝色。——译注

座悬崖中间穿过，飞机左翼跟其中一座悬崖只有不到十五英尺的距离。我跟随将军和海军上将上了船。为处理公务，我们花费了漫长的一晚。我打算第二天早上启程，搭乘英国的“金波利”号驱逐舰。跟我同行的有赛默威尔将军和陆军部助理部长帕特逊先生这两名美国政府官员，他们要亲自看看他们的冒险事业的进程。海军上将派海军上校艾伦(我已经在卷首向他为我写这几卷书时提供的帮助表示了感谢）过来保护我们。经过五小时的航程，我们终于抵达战列舰队伍旁边。他们跟海岸有一万五千码的距离，当时他们正在炮轰敌军。到了这会儿，艾伦才跟我说，我们不能到一万码的警戒线外面去，以免触动水雷。他要是早点告诉我，我会在经过断断续续开展炮轰的“拉米伊”军舰时，请求派出巡逻艇送我到岸上去。我们只能停留在距岸边差不多七千码处。在此处，我们看见装满了美国突击队的长长的船队，源源不断地进入圣特罗佩海湾。根据我在现场的了解，敌军并没有向越驶越近的小型舰队和海滩发射炮弹。似乎没有人在守卫海滩，于是战列舰的进攻便停止了，我们回到了阿雅克肖。对于“铁砧”行动，我已表示了足够的尊重。我确实觉得我亲自到前线对该行动表示关心是很不错的。回程途中，我在机缘巧合下，在舰长室中找到了一部名为《大旅店》的小说，内容打动人心，我看了一路，心情极好。等再度见到海军、陆军总司令时，我才将书放下。两位总司令都在舰尾舱中过完了这一天，过程乏善可陈。

我于 8 月 16 日返回那不勒斯，当天晚上在那里住下，随后前往前线，见到了亚历山大将军。英国国王给我发来一封电报，语气十分亲和，我回复了他。

首相致国王陛下　　　　　　　　　　　1944 年 8 月 17 日

“龙骑兵”行动中的登陆非常顺利，这是我在远处观察的结果。当前出现了两个问题：一是首先向马赛进发，随后在罗讷河流域逆流而上，总共要花费多少时间；二是如何将该行动跟北面（诺曼底）那项规模极大、可能会发挥关键作用的行动相连。

今天我就会启程赶赴亚历山大将军的指挥部。我们一定要确保亚历山大的军队不会因之前的调动、搅乱，连战斗计划都制定不出来，这点非常重要。确实有必要为解决这一问题开一次会，会议规模跟“四分仪”行动差不多，会议地点跟上次一样（即魁北克）。

我因这种环境的改变、活动和温和的天气，重新振作精神。期待21日能在罗马跟包括帕潘德里欧先生在内的各种人物会面。

多谢陛下发电报激励我。

我发给艾森豪威尔的电报如下：

首相致艾森豪威尔将军（法国） 1944年8月18日

我密切关注着诺曼底与昂儒两地的令人瞩目的战斗进展，情绪十分激动。你在战场上取得的成就的确令人赞叹，我再度由衷向你表示祝贺，同时期待你能更上一层楼。抛开其余战果不谈，你的确已经完成了最重要的军事行动，即拖住敌军，让他们只能放任“龙骑兵”的攻击。昨天我站在远处观察了此次登陆。登陆安排非常严谨，英国和美国军队跟组织的合作亲密无间，对于自己掌握的所有事实，我都满怀敬意。期待能在这个月末去探望你跟蒙哥马利将军。到时候，局势会大有进展。俄国业已取得的战果，会因我们的胜利变得不再突出。希望你和比德尔诸事顺利。

* * *

本章的最后可以大致描述一下“铁砧”–“龙骑兵”行动。

正是为了实施这一行动，才成立了由帕齐将军担当指挥的第七集团军。其中包括七个法国师、三个美国师、一个由美军和英军共同组成的空降师。三个美国师组成了第六军，由特拉斯科特掌管。在意大利时，这个军一度是克拉克将军管理的第五集团军的重要组成部分。除了这些，还从亚历山大领导的军队中抽调了四个法国师，还有大批盟国空军。

此次新远征的启程地有两个——意大利和北非，重要的装运港有四个——那不勒斯、塔兰托、布林迪西和奥兰。准备工作规模庞大，耗费了足足一年时间，我们将科西嘉岛改造成前进空军基地，为了让从意大利启程的登陆舰队能在阿雅克肖港口汇聚，然后朝进攻目标进发，我们将这座港口变成了转运港。眼下，所有这些工作都在发挥作用。在总司令约翰·坎宁安海军上将的领导下，由多次参与地中海的同类型战争、经验丰富的美国海军中将休伊特指挥海军进攻。指挥空军的任务落到了美国陆军空军部队空军中将埃克头上，副将一职则落到了空军中将斯莱塞头上。

登陆艇只可以承载第一批登陆的三个师，先锋由美国军队担当，他们的经验比较充足。海岸上建有坚固的防御工程，不过，德军没有足够的人手，部分军队战斗力低下。法国南部地区 6 月份驻扎了十四个德国师，但有四个被调走了，去参与诺曼底战争。如今剩余的德军，人数最多不超过十个师，保卫长达两百英里的海岸线。在我方登陆的海滩周围，仅有三个师在防御。德军的飞机也很短缺。在地中海一带，我们总共拥有五千架飞机，有两千架以科西嘉和撒丁为基地。反观敌军，能调用的飞机只有两百架，在我方登陆之前，这些飞机全都严重受损。有超过两万五千人的抵抗组织武装力量，夹杂在法国南部地区的德军中间，准备发动起义。先前我们提供过武器给他们。他们全都是不惧牺牲的爱国人士，这点跟法国其余很多地区的状况没什么两样。他们为了保家卫国，已经在英国受训三年。

对付敌方坚固的防御工程，事先要展开激烈轰炸。为此，在最开始的两个星期，空军负责轰炸沿海地区；登陆前夕，空军跟盟国海军合力对将要登陆的滩头阵地展开激烈轰炸。最少有六艘战列舰、

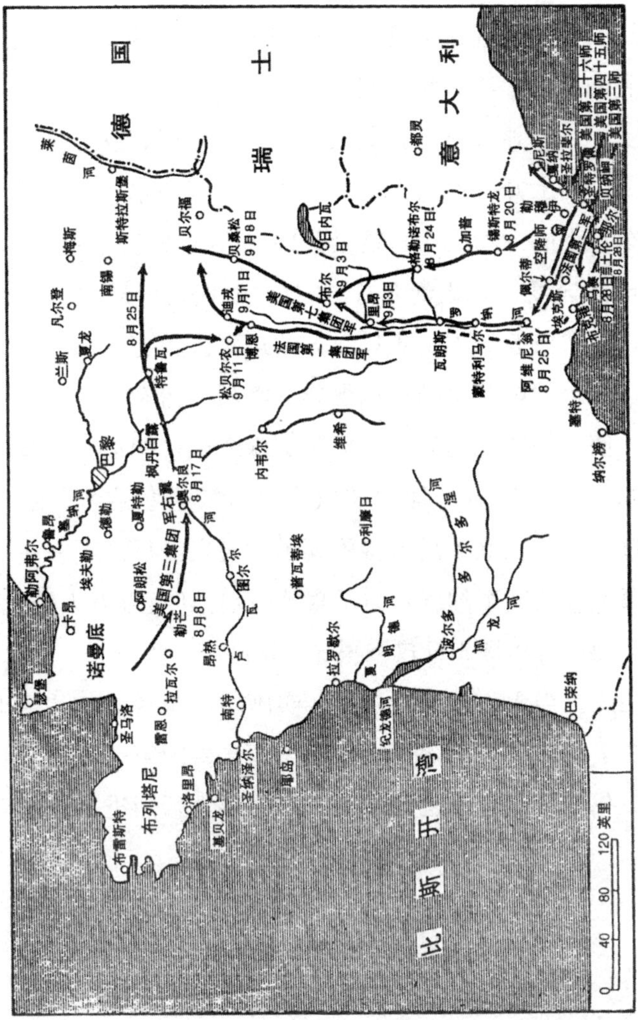


“铁砧”作战行动 （照原图译制）

二十一艘巡洋舰、一百艘驱逐舰参与了此次战斗。三个美国师及其左侧的美军和法军突击队，8 月 15 日一早在戛纳与耶尔中间登陆。我方的死伤比较少，这是炮轰、有效的惑敌计划、持续不断的轰炸机掩护和杰出的谋划共同造就的结果。空降师在登陆即将开始时已降落到勒姆伊周边地区，很快便跟海上登陆军队会合了。

三个美国师截止到 16 日中午已全部登陆，一个师开赴北面的锡斯特龙，其余两个师开赴西北面的阿维尼翁。紧随其后登陆的是法国第二军，他们朝两处港口土伦、马赛进军。尽管法军共有五个师，但两处港口防御稳固，法军将它们完全占领已是月末的事了。港口的设施都严重受损，唯独布科港在被攻克时保存完好，这是抵抗组织从旁援助的功劳。马上开始运入大批军事物资。莱特尔·德·塔西尼将军领导的法军立下的大功之中，这是其中之一。美军这段时期始终维持着很快的推进速度，截止到8月28日，他们已经经过了瓦朗斯和格勒诺布尔。敌军没有努力阻止过我方的进军。仅有的一次例外是在蒙特利马尔，一个德国装甲师抵抗得异常激烈。盟军的战术空军向他们发起猛攻，使他们的交通运输受损。艾森豪威尔的追击军从诺曼底一路追击而来。8月20日，他们在枫丹白露抵达塞纳河，眼下正向敌军背部进攻。他们在五天后将特鲁瓦远远抛在身后。现在所谓有五个师的德国第十九集团军的残余力量集体败退，还有五万人被我们俘虏，也就不足为奇了。9月3日攻下里昂，8日攻下贝桑松，11日抵抗运动解放了迪戎。当天，在松贝尔农，实施“龙骑兵”与“霸王”计划的军队会合了。在法国西南地区的三角区，德国第一集团军剩余的两万多兵力被我方两路军队包围起来，集中兵力猛烈进攻，最后被逼投降。

* * *

在此稍微总结一下“铁砧”–“龙骑兵”行动的过程。最初在1943年11月的德黑兰会议上提出的建议，是为减轻“霸王”行动承受的压力，向法国南部地区发起进攻，时间确定为进攻之前或之后一个星期。然而，因为期间状况改变，所有这些都变了。只是地中海的潜在危险便将十个德国师困在里维埃拉，脱身不得。单是一个安齐奥便相当于让敌军失去了四个师，而这四个师原本是可以对其余战线做出支援的。“铁砧”–“龙骑兵”行动因攻克罗马延后，又要从地中海调派登陆艇对“霸王”行动加以支援，延期了两个月，到8月中旬才开始行动，所以它不会对“霸王”行动造成半点影响。总算等到这项行动开始，结果却未能将诺曼底战场上的敌军引过来，所以我们在德黑兰会议中设想的各种理由跟我们做的事一点联系都没有，“龙骑兵”行动也没能拖住任何跟艾森豪威尔将军正面开战的敌军。其实，是艾森豪威尔的进攻让沿着罗讷河流域撤退的德军后方受到了威胁，帮了“龙骑兵”一把，而不是“龙骑兵”帮了艾森豪威尔。不过这项行动让一个集团军加入了艾森豪威尔的右翼军队，还另外开通了一条通往那边的路线，所以它最终还是帮了艾森豪威尔一个大忙。为了这件事，我们牺牲很多。我们的军队失去了在意大利重创德军的良机，如若不然，我们很有可能比苏军更早抵达维也纳，之后的一系列获益也将属于我们。为了阻止、纠正“龙骑兵”行动，我一度倾尽全力，但是最终决定出来后，竭尽所能支持这项行动便成了我唯一的选择。

*　*　*

此时，史末资已经回到好望角，我收到他写来的一封信，耐人寻味。从头到尾，对于“龙骑兵”，他都持有跟我一模一样的观点。“不过，为了避免影响你留意刚刚萌芽的更重要的问题，请不要将所有精力都投入到战略方面。”在8月30日的信中，他这样写道。

“从这一刻开始密切关注所有涉及日后欧洲问题的解决的事件，是相对明智之举。这个问题很重要，会影响此后世界的每个时代。在解决这个重要问题时，你的眼光、经验、极大的社会影响力都会成为最重要的元素。”①

① 这里的着重号都是我自己加的。——原注

有人在战争结束后批判我在德黑兰会议过后，尤其是在这一章谈及的几周内，为了对抗美国的全面战略思想，极力想要促使同盟国一起大举进攻巴尔干诸国。我再三表述的见解的精神本质，在下面这封我写给史末资的回信中展现了出来。

首相致史末资陆军元帅　　　　1944年8月31日

美军想借助“龙骑兵”行动的路线，把所有支援都放进去，所以该行动在当地获胜让美军欣喜不已。他们已经俘虏了四万五千人，之后还会俘虏更多。借助这些抢占而来的港口，将一整个集团军群运进来，是他们坚定不移的想法（没有什么能让这一想法改变），他们不会去利用大西洋岸边那些更加便捷的港口。

我说：“保持我军在意大利的现存兵力，是当前我的目标，我们在那边拥有足够多的兵力，因为敌军最优秀的四个师已经从当地调走了。我期待着用这些兵力围攻、冲破哥特防线，进入波河流域，从的里雅斯特与卢布尔雅那地峡穿过，最终抵达维也纳。我跟亚历山大交代过，叫他做好用装甲车猛烈冲向目标地点的准备，哪怕战争会早早终结也是一样。”

# 第七章　罗马和希腊问题

**亚历山大准备向哥特防线发起进攻——史末资元帅8月12日考察局势——我在8月17日到前线造访——在锡耶纳的两天——第十五集团军群力量减弱——拜访马克·克拉克将军——悲伤的回想——我于8月21日乘飞机赶赴罗马——做好准备解放希腊——我在8月17日给美国总统的电报——总统的回复——跟帕潘德里欧先生会晤——希腊君主制度前景光明——我在8月22日发电报给艾登先生——跟意大利几位政治人士会面——拜会庇护十二世教皇——王国副帅翁伯托亲王**

亚历山大8月上旬对他被抽调一空的军队做出规划、调整，预备向重要的哥特防线发起进攻，他的军队跟该防线的各前哨阵地的交锋已经开始。该防线最重要的防御工程对当地的自然屏障加以充分利用，把所有可能从南边通到这边的通道堵死，剩余的寥寥几处基本不能通过，防御力量十分薄弱，简直像是在诱敌进攻，这种设计也真是精妙。

穿越层峦叠嶂，直接从佛罗伦萨进攻波伦亚的难度相当明显。为此，亚历山大决定让第八集团军从亚得里亚海一侧首先发起主力进攻，因为尽管此处绵延的河谷也很难穿越，但是只要没下大暴雨，糟糕的地形还是相对少一些。无论是包抄东翼，还是攻克其主要战线后边的波伦亚，都会让凯塞林无法承受。所以只要我们的进攻顺利，他就一定会为支援东翼，从中部调军。于是，亚历山大做好准备，在敌军调走了后备军，中心力量减弱时，发起第二次进攻。而向波伦亚、伊莫拉进军的任务，则交由马克·克拉克的第五集团军执行。

预备军和空军在8月的第三个星期，非常隐秘而巧妙地完成了调兵。第八集团军两个完整的军东调，聚集到波兰军团左翼、佩尔戈拉附近地区，只将英国第十三军留在佛罗伦萨东面，接受第五集团军的指挥。亚历山大做完所有这些工作后，预备了能够参战、兵力相当于二十三个师的军队，超过一半都跟第八集团军一块儿。凯塞林拥有二十六个德国师，全都英姿勃发，另有两个与之相持的意大利师是之后重组的。主要阵地的防御工作，由这里面的十九个师担当。

* * *

从以下电报中能够看出，什么事情关系到生死存亡，史末资再清楚不过。

史末资元帅致首相　　　　　　　　　　1944年8月12日

1. 我不敢写太多信打搅你，我很清楚你的工作有多繁忙。这里的各类难题也让我困扰不堪。听说你为了跟我们战线中的主要战区维持密切关联，会再到意大利来一次，祝你旅途愉快，如愿以偿。想到你将要面对的艰巨任务，再祝你体魄康健，精力旺盛。

2. 我认为你这次到意大利，目标之一就是为增强亚历山大的实力，尽量果断地搜罗地中海战场上的军队。为了应对可能发生的意外事件，那里必定保留着庞大的后备军，现在这种意外事件已经完全不重要了。为了尽快实现这一目标，最佳策略是在几个最关键的战场上——亚历山大指挥的战场就包括在内——集中布置我方军队。眼下，我们可以放弃已被敌军攻克的土耳其和日渐不稳的保加利亚这两个战场（我们曾经为了这两个战场，将大量兵力调到中东），集中所有力量加强亚历山大的行动，对巴尔干诸国及希特勒在欧洲的防御工程而言，这些都有可能产生极其严重的后果。我若身处其中，为了对这些极具诱惑力的大好时机加以把握，便会在此次行动之前，将其余地区不会马上用到的军队调过来。对我们来说，为这条途经意大利北部地区、亚得里亚海、的里雅斯特，最后到维也纳的战线倾尽全力是值得的，而在这场战争中崭露头角的最优秀的一位将军也能在这里大展拳脚。为了完成任务，取得了不起的地中海战争的战果，我们一定要采纳这一正确战略，相信这点威尔逊和帕吉特也一定不会有异议。更进一步，我还能提供空军支援，南非联邦的航空培训学校很快就将解散，我已经提议解散后出现的闲置人员组成几支空军中队。我已开始利用南非人为几支皇家空军中队提供更多的人手，这样可能会给亚历山大的作战行动增加六个中队的兵力。现在我的兵源马上就要断绝了，兵力又在其余各个地方分散开来，步兵仅有的可能性就是维持南非第六师的兵力。我已向空军部提议（我已向其提交了具体的方案），若他们肯接纳，空军实力就有可能增强。

目前，战争已经进入决胜阶段，在现有的三条战线上，集中所有兵力进攻德军，势必会开启今年夏天最后的壮丽篇章。若眼前这场庞大而顺利的进攻能维持下去，我们很快就能迎来最后的胜利，而我们现已了解的德军内部消息更加证实了此事。

尽管“龙骑兵”行动让人灰心丧气，我还是很希望看见跟它相关的信函。法国南部地区已经失去了军事方面真正的关键地位。对于当地的重要决策而言，我们调去的大批军队与物资根本没有大的成效。我简直要疑心，敌军会不会为增强他们在当地的实力投入什么精力。

* * *

我于 8 月 17 日上午乘坐汽车去跟亚历山大将军会面。他获胜进入罗马后，这还是我头一回很愉快地跟他会面。他开车载着我在旧卡西诺战线上考察，把作战过程和几场重要战争的地点说给我听。高大的寺院已经变成了断壁残垣。所有人都能看出这座宏伟的陡壁和建筑曾在几周内阻挠我方军队前行，这是其在战术方面的意义所在。考察结束后就该吃午餐了，给我们野餐的桌子已在令人心旷神怡的小树林中预备好了。我便在此处跟克拉克将军和第十五集团军群的八到十名英国高级军官会面了。随后，亚历山大用他本人的那架飞机——我已经很熟悉了，送我短途飞行至锡耶纳。这座著名的美丽的城市，我在此前的和平年代已经到访过了。我们从这儿启程，到阿尔诺河沿岸的战线考察。河南岸是我方军队，河北岸则是德国军队。双方都极力将破坏降至最低，最终保留下了佛罗伦萨拥有重大历史意义的桥梁。我们暂住在锡耶纳以西数英里一幢漂亮的别墅中，不过里面的家具都已搬走了。我在别墅住了两天，在床上工作、读书、口述电报占据了大多数时间。旅行期间，我的私人办公室的主要工作人员以及不可或缺的密码译电员自然都跟在我身边，帮我处理一直没有间断的电报往来。

亚历山大把他最重要的军官都带过来了，跟我一块儿享用晚餐，还把他的难题和计划都详细说给我听了。第十五集团军群确实好像被剥了皮还要忍受饥饿的人。眼下，我们只能舍弃我们期待的伟大计划。将尽可能多的德军牵制在我们的战线上依然是我们的责任所在。我们一定要发起攻势，才能实现这一目标。可德军组织完备，囊括了多种军队和种族，实力跟我方军队基本不相上下。提议要求我们 26 日一大早发起全线进攻。我们的右翼军队会直接进攻亚得里亚海的里米尼。西面是亚历山大指挥的美国第五集团军。为援助“铁砧”行动，这支军队的主力已所剩无几，但在战场上依然表现得十分勇猛。

我在 8 月 19 日那天启程，去里窝那拜访马克 · 克拉克将军。此次旅行，我乘坐的是汽车，过程很漫长，每到一个地方都要暂停，视察每个师、旅的状况。在马克 · 克拉克的总部，他招待了我，在海边露天的环境下，我们共进午餐。我从我们友善、坦诚的对话中深切领悟到，对军队统帅来说，眼看着自己优秀的军队被破坏得乱七八糟，实在苦不堪言！我搭乘鱼雷快艇，在这个时常在我方海军行动中发挥作用的海港巡查了一番。之后，我们到了美国炮兵队那边，我被要求用他们刚刚装好的两门全新的九英寸大炮开第一炮。所有人都站到旁边去，我拉动火绳，只听一声巨响，产生了巨大的反弹力。炮弹击中了目标,观察哨这样汇报说。我不认为这一炮如此精准是我的功劳。之后，我受他们的邀请，去检阅巴西旅的阅兵仪式，并发表了演讲。作为巴西师前卫的这支旅才刚抵达，跟美国黑人军队和美籍日本人军队共同举行了盛大的阅兵仪式。

我在参与这些轻松活动的同时，跟马克·克拉克的谈话始终没有间断。眼看着自己的军队丧失了他心目中的绝佳机会——我无法否认这一点，让这名将军十分苦恼。在这样的情况下，他依然要竭尽所能在英国军队的左翼行进，让整条战线战火不断。当天，我很晚才返回锡耶纳别墅，精疲力竭，亚历山大又过来用餐。

一个人为了决定或是阐明一些会影响到行动的重要问题而将一些事在书面上记录下来时，会感受到思想方面的压力。不过，身临其境，亲自感知受到的影响会更大。这支有四分之一来自美国军队、总兵力相当于二十五个师的精锐部队，眼下已被削减至无法再对敌军极其强大的防线产生关键影响。我们只要增强少许实力，相当于我们被削减力量的二分之一即可，那样我们就能获得闯入波河流域的机会，在向维也纳进发途中看到各类鲜明、可能的作战良机与胜利成果。然而，我方眼下只有差不多一百万兵力，在所有能左右整体战局的战略设想中都起不了决定性作用。要拖住敌军，将其困在我方战线上，我方军队就要不惧牺牲，承担风险，艰难地发起进攻，这样才能勉强达成目标。最低限度，我方军队都能做到尽职尽责。亚历山大依旧乐观，这是军人独有的精神，可我睡觉时却觉忧心忡忡。尽管在这类重要事件中没有发言权，却要为糟糕的决断负责。

* * *

亚历山大26日才能发起进攻，因此21日上午我就搭乘飞机去了罗马。一组截然不同的问题，一组不同寻常的新人，正在这里等着我。布鲁克和彼得·波特尔都来了。瓦尔特·默因（他很快就被杀手一枪射杀了）从开罗过来了，还有利珀先生也来了[①]。此处的问题大多不是我们应该干什么——这太简单了——而是干什么才能获得国内和盟国的认同，这点跟别处是一样的。

第一，我一定要完成此次意大利之行的最重要目标之一，就是处理希腊急如星火的危机。希腊国王7月7日从开罗发来电报，希腊民族解放战线的极端势力在两个月的“狡诈却没有益处的辩论”过后，推翻了5月份他们的领导人签署的黎巴嫩协定[②]。他请我们再度公开表示支持帕潘德里欧先生的政府，原因就是，该政府是极端势力之外的大多数希腊人的代表，并且要阻止内战，联合全国的力量抵抗德军，只能依靠该政府。他还请求我们对希腊人民民族解放军予以谴责，同时将我们调去支援他们对抗德军的军事代表团调回来。英国政府对支持帕潘德里欧先生的政府没有异议，但短时间内不会将英国军事代表团调回来，这是我跟伍德豪斯上校(希腊的英国军事代表团的一名军官)7月15日经过长时间交谈的结论。伍德豪斯坚持认为英国驻希腊的军事代表团能够有效制约希腊民族解放阵线，并且将军事代表团调回来，过程可能会很难，有风险。我让他减少了代表团的人数，因为担心他们将来会被当成人质扣押。

在帕潘德里欧先生的内阁中，德军撤离希腊的谣言引发了巨大反应与内部矛盾，该内阁统一行动的基础之脆弱和虚伪都从中展露出来。

① 四人依次是帝国总参谋长、空军参谋长、英国驻埃及大使、英国驻希腊大使。——原注

② 详见第五卷，第487页。——原注

这样一来，我就更应该见见帕潘德里欧及其心腹了。

从伦敦出发前，我发出了电报，内容如下：

首相致外交大臣　　1944年8月6日

1. 我们很确定要让帕潘德里欧先生知道，他应该不理会其余任何人，继续担当首相。无论如何都不能姑息希腊民族解放阵线运动。他们所追逐的再明显不过，就是不允许民众依照我们理解的任何民主的方式做决断，而要趁战乱在希腊实行共产主义。

2. 如果我们像扶持帕潘德里欧一样扶持起一个人，却在无耻的希腊（共产党）凶徒叫嚣的第一时间将其丢出去，任由饿狼撕咬，是不行的。无论世界当前的局势有多艰难，抛弃曾用承诺予以支持，激励其担当大任的人，断然不会让我们的路更好走……

4. 若退一万步，希腊民族阵线真的掌控了全局，我们一定要重新思考是不是要让英国军事代表团继续留在那里，或者直接动员希腊民众揭竿而起，反抗布尔什维克主义。我认为此事一定要得出以下论断：我们站在帕潘德里欧这边，如有需要，便依照我们的统一意见，使用武力；如若不然，我们就跟希腊断交。

我也给过我们的参谋长委员会警示。

首相致帝国总参谋长　　1944年8月6日

1. 我们可能要在差不多一个月以后往雅典调动一万或是一万两千兵力，并配上少量坦克、大炮、装甲车。在英格兰，你还有一个师，兵力超过一万三千人。现在出动这个师去解决当地的政治危机，可能还赶得及，此举会严重影响英王陛下政府的政策。三角洲各个机场的军队会向这个师提供援助，我们驻守埃及的二十万后勤军队，也能竭尽所能向其提供援兵。

2. 我再次强调，我们不是要掌控希腊，我们的行动只局限在雅典，可我们一定要保障这一政府中心及与之相通的道路的安全。轻机关枪会派上大用场。若有更恰当的计划，请告知我。

3. 可做出这样的假设：德军撤离了，或是仓皇北逃；我们在比雷埃夫斯登陆的军队，即将受到包括全体有声望之人在内的大多数雅典人的欢迎。一定不要将该计划对外透露半分。在周二或是周三一场有众部长参与的参谋会议上，会就问题的全部展开讨论。

4. 一定要留意，相较于数量，更重要的是时间，相较于七天调集七千人，五天调集五千人更有裨益。不过，这支军队不是机动的，这是自然的。请尽快跟我交流意见。

这件事就这样处理。

* * *

我在抵达那不勒斯后，开始做必不可少的安排。

首相（意大利）致外交大臣　　1944 年 8 月 16 日

英国内阁是否做出过决定，应该说服希腊国王不要在希腊举行公民投票之前返回希腊，而应该到伦敦来？我不清楚，同时很确定自己从来不曾有意识地附和过。比这明智得多的做法是做旁观者，特别是在当前这种情况下，要举行正常的公民投票，一定要再等上好几个月。可能帕潘德里欧的新政府在雅典建立妥当后，就能立即迎接国王，不过自然不能立即赶赴希腊，一定要待在开罗，静观事态发展。我可以在 21 日跟帕潘德里欧在开罗会面，届时利珀先生也一定要出席。

威尔逊将军及其参谋部已经依照参谋长委员会的电报指令（我看过电报），开始为远征希腊采取行动……我曾着重点明，一定不要将此次行动当成真正的战争，而要将其视为巩固外交与政策的举措，并且不能超出雅典的范畴，也许只会往萨洛尼卡派出一支分遣队。

希腊政府基本要在一千五百名英国伞兵占领着陆地点后立即跟过来，且要在短短数小时内在雅典做出安排，当地民众也许会热烈欢迎英国伞兵。空降在雅典四周，是一场彻头彻尾的突袭，让人预想不到，应该在希腊民族解放阵线还没有为占领首都雅典展开行动时结束。或许希腊的两支空军中队也可以加入这一行动，不过这件事以后再说也不迟。

我们在一万人以下的小型远征，应该从亚历山大港口或是意大利靴型地理轮廓的鞋跟处开始行动，时间跟空降伞兵基本同步。由于其余地方也要用到伞兵，在扫清地雷，帮助军队开进比雷埃夫斯后，就要调伞兵去别的地方了。要非常慎重地确定日期。不管怎么样，我们都要先行抵达，为另外一次不会遭到反抗的登陆提供保障。

地中海总司令曾为比雷埃夫斯布雷入口繁重的扫雷工作量进行过详细思考，若有扫雷艇相助，尤其是若在雅典已经建立起一个友好政府，那这些工作毋庸置疑能在几天内做完。为了做好所有必不可少的准备工作，总司令期待能给他差不多一个月的时间。

该行动计划中，自然要有英美联合参谋部的美国人参与其中。截止到目前，希腊和其余地中海国家共同的战后计划，他们都彻底参与了。该作战行动要用到美国的运输机，扫雷艇也不可或缺，要从“龙骑兵”行动调一批过来。至于海军实力，他们拥有的足够了。

我给罗斯福总统也发了电报。

首相致罗斯福总统　　　　　　　　　　　　1944年8月17日

1. 一直以来，我们对希腊的策略都是同步的，我将所有重要事务都告诉了你。英国战时内阁及外交大臣非常关心，雅典乃至全希腊在德国崩溃或是当地德军即将撤退时，会发生怎样的状况。若在当地建立起有组织政权之前，德军就撤走了，那希腊民族解放阵线和共产主义极端势力就有很大概率会在这段相当长的政权空白期内试图抢占当地，抑制当地人有别于他们的观念。

2. 从头到尾，你我二人都坚持由希腊民众自己掌控希腊的命运；等局势恢复如常，他们会在选择君主制还是共和制上享有百分百的自主权。不过，我认为你跟我一样不想看到局面混乱、城市战或是共产党专制政府成立。联合国善后救济总署正筹备向饱受折磨的希腊人民发放救济物资，这只会对他们的工作造成延误与阻碍。所以我觉得我们一定要借助地中海的盟军参谋部，预备一支英国部队，人数在一万以下，一旦时机到来，就以最快的速度开进雅典。这支部队需要你们的空军支援，因为部队中包含伞兵队。我个人觉得在未来一个月甚至更长的时间内，不会有意外发生，不过未雨绸缪总是最保险的。我不认为会有什么难题无法解决。所以我期待你能准许这里的参谋部在做这些准备时，采取平时常用的方式。这样一来，英国参谋长委员会便会将威尔逊将军起草的训令呈交给联合参谋长委员会。

过了一个多星期，我收到了罗斯福总统决断的回复。

罗斯福总统致首相　　　　1944 年 8 月 26 日

你想做好相应的准备，好使德军撤离希腊后，当地有充足的英军维持秩序，对于这点我没有异议。而让威尔逊将军利用到时候他能利用的美国运输机，或是从其余行动中调动部分运输机给他，我同样赞同。

*　*　*

我于 8 月 21 日晚间，在罗马跟帕潘德里欧先生会面。他说，希腊民族解放阵线因英军对他们的坚定态度，已加入他的政府，不过，他的政府还没有军队和警察。他请我们帮忙，团结希腊人，共同对抗德军。现在持有武器的人，都不具备持有武器的资格，可他们是少数人。我跟他说，我们无法承诺会往希腊调派英军，也无法承担这样的义务，甚至我们都不应该再公开谈及这一可能性。然而，我劝说他马上搬迁他的政府，从被阴谋诡计充斥的开罗搬到意大利盟军最高司令部附近的一个地方。他答应了。

此时，默因勋爵过来了，加入了此次会晤，我们转而谈论起希腊国王的地位。我说，国王已经表示，要由他的政府的看法决定他回国一事，因此他不必再公开表态。英国对他很友善，很有情谊，毕竟在英国和希腊历史上的艰难时刻，他曾有过那样的表现。我们无意对希腊民众选择君主制还是共和制的神圣权利做出干预，只是这个问题这么重要，绝不能由少数空想家决定，而要由所有希腊民众共同决定。尽管我本人是英国君主立宪制度的忠实拥趸，但对希腊问题的确定，英王陛下政府是非常客观的，唯一的要求是要有公平的公民投票。

我认为帕潘德里欧先生现在已经成为真正意义上的国家政府领袖了，因为希腊民族解放阵线已经不再要求他退出，还要加入他的政府。不过，我提醒他要小心那股想推翻他的力量。我们达成共识，不应该在战争的高潮阶段释放希腊的叛乱势力。我们要观察一下他们及其代表之后将采取何种行动，再确定是否要给希腊人民民族解放军送去更多的武器装备。我们要尝试帮希腊建立一支全新的国家军队。

另外，帕潘德里欧先生告诉我，希腊的部分领土依旧被保加利亚军队占据。我说我们会在让他们听命于我们的第一时间，命他们撤回本国边界，可一定要等到战争结束后，才能着手解决希腊在此处以及在多德卡尼斯跟他们的领土争议。现在由于他的国家饱受创伤，理应获得最佳照料，我们愿尽量救援并帮忙重建他的国家。他们也一定要竭尽所能，做好自己的本职工作。而在希腊建立希腊政府，就是他摆在第一位的任务。边界争端的解决要采用和平手段。

* * *

我让艾登先生了解了事情的全部。

首相（罗马）致外交大臣　　　　　　　　1944年8月22日

1.22日到23日晚间，我会返回亚历山大的军队，期待能在下周日赶到契克斯参加早祷，个中原因不久就将清晰呈现出来。

2.我们期待能简化一下此处的作战指挥。为了让亚历山大在意大利占据最高的特殊地位，帝国总参谋长正在跟亚历山大探讨，之后还要跟威尔逊探讨。

3.而希腊国王并未被任何人要求马上再公开表态。我已经说服他在帕潘德里欧先生归来跟他见面后，再依照提议重返伦敦。再过段日子，他可以去一趟意大利，到时候此处的希腊旅就已在整顿过后悔改了。他可以再去看望他们，最好是在他们上前线时。

4.我对帕潘德里欧颇有好感，迁离希腊政府，使其摆脱开罗的氛围，将大有裨益。我认为这种搬迁会解除希腊对立双方的戒备。虽然我正依照你的意愿指挥军事计划与安排，但要确定具体时间是不可能的；除非应形势需要，单独采取行动，否则便需配合其余需求。我无法在一个月内做好行动的准备，不过若一切顺利，我们便能在一个月后发起猛烈进攻。今天上午，默因正在跟威尔逊将军商议，更深入地划分一下留在原地的部门以及搬迁到意大利的部门。只是大规模的国际组织和军需品临时堆集站自然是不会迁移的。

你在这段令人振奋且关系成败的时间来到法国考察，让我十分欣喜。

* * *

我在罗马的那段时间居住在大使馆，英国大使诺埃尔·查尔斯爵士及其夫人热情照料我的工作、生活。我接受他的提议，跟经历了二十年独裁统治、毁灭性战争、革命、侵略、占领、盟军管制及其余灾祸后的意大利残余政局中的大部分有声望之人见了面。我跟波诺米先生、巴多格里奥元帅及陶里亚蒂同志都交谈过。其中陶里亚蒂曾长时间居住在俄国，今年年初才返回意大利。意大利各个政党的领袖都受到邀约，过来跟我会面。这些领袖全都不是选举出来的，其政党名称的确定都为满足未来的需求。我向一帮人发问："你们的政党名称是什么？"他们的领头人说："我们都是基督教共产主义者。"我不禁说："对你们的政党来说，附近的古罗马地下墓穴应该是个不小的激励。"他们好像听不懂我在说什么；我想他们肯定是联想到了近来德军在这些古老的坟墓中大肆屠杀的罪孽。但引用罗马城的史料并非不可宽恕。这座永世长存的城市周围全都是山，雄伟壮阔，坚不可摧，到处都是纪念碑和宫殿，那些轰炸之前就已存在的废墟遗址依旧十分引人注目。对比之下，只在这座城市中短暂停留的微不足道的路人就黯然失色了！

我在8月23日这天跟教皇见了面。我曾在1926年作为财政大臣来到罗马，跟伦道夫（彼时他还是个青年）一起拜访了上任教皇。当时正是墨索里尼掌权时期，教皇友善的接待至今仍存留在我的记忆中，让我深感愉悦。现在，教皇庇护十二世以最盛大的礼节接待了我。在我们走过的多层次的前厅与长廊两侧站立着全身盛装的教皇卫队，还有古罗马等级最高、最古老的贵族代表组成的贵族仪仗队，身穿我见都没见过的华美无比的中世纪制服出现在我面前。教皇在自己的书房中接待了我，他的态度很严肃，却不呆板，感觉很和谐。我们有很多话题可说。而我们重点谈论的话题就是共产主义的威胁，跟我和上任教皇十八年前谈论的一样。一直以来，我都极度厌憎共产主义。若我有幸再跟教皇会面，我会再度提及该话题，不会有半分迟疑。

英国驻梵蒂冈公使达西·奥斯本爵士亲自上阵，开车将我送回大使馆。我跟王储翁伯托亲王的首次会面就是在这里，他正以王国副帅的身份担当前线意大利军队的指挥。他强悍且打动人心的性情，掌控军事、政治全局的才能，都让人觉得干净利落。跟他交谈带给我的信任和愉悦更胜过跟那些政界人士的交谈。我期待他能在自由、强大、统一的意大利君主立宪制的建立过程中发挥作用，这是毋庸置疑的。可这跟我一点关系都没有。眼前的事务已经让我忙得不可开交。截止到现在，华沙起义已持续了快一个月。起义军身处险境，十万火急。我正在跟斯大林、罗斯福总统通过信件交流，心中焦虑不已。这些内容都记录在了另外一章中。

# 第八章　亚历山大的夏季攻势

**我于8月24日返回锡耶纳的亚历山大司令部——我巡视了新西兰师——跟德弗斯将军会面——会见勒斯将军——我在8月26日发给史末资的电报——8月26日开始进攻——雄伟瑰丽的景致——一次危险的汽车旅程——我在8月28日给美国总统发电报——总统的回复——更深层次的信件往来——总统失望——我在8月28日乘飞机返回英国——我向意大利民众发表演讲**

8月24日一早，我结束了对罗马的短期访问，乘飞机返回锡耶纳的亚历山大司令部，在数英里之外的别墅中暂住。进攻时间定为26日。借这个机会，我巡视了新西兰师。上次我巡视这个师是1943年2月在的黎波里。我不准备正式阅兵，众将士便排在我两侧，以非正式的方式热情欢迎我。我又跟弗雷伯格将军及其军官见面了，这真是件快事。我发了一封电报给弗雷泽：

首相致新西兰总理　　　　　　　　　　　　1944年8月25日

我非常欣慰地看到，你那个包含了一万五千左右兵力的真正出众的新西兰师斗志昂扬。这个师在接下来的战斗中不可或缺。昨天我跟弗雷伯格将军及其军官一起吃午餐时，跟他们说了很多他们从未听说过、一般也不可能听说的事。我跟弗雷伯格都向你问好。

我们准备25日下午启程，乘飞机前往勒斯将军位于亚得里亚海沿岸的第八集团军战地司令部。启程前数小时，我一直跟亚历山大待在他的司令部营帐中。彼时德弗斯将军及另外一名美国高级军官也去了那里，让人预想不到。这段时期，帕齐将军正在指挥已经更名为“龙骑兵”、饱受争议的“铁砧”行动，但德弗斯身为威尔逊将军的副手，却在几周内不间断地从第十五集团军群，尤其是马克·克拉克统领的第五集团军中，不遗余力地抽调兵力。听说“龙骑兵”军队很有可能会扩张成集团军群，司令一职由德弗斯担当。他为了这项将要托付给他的崇高事业，想方设法调集兵力，提升自身力量，再正常不过。我们并未就任何重要问题展开探讨，但没过多久，我就发现他跟亚历山大关系淡漠。亚历山大在几分钟后笑着道歉，离开了。乱糟糟的营帐中只剩了我跟这两位美国客人。随后，我一直在谈礼貌性、普遍性范畴内的问题，因为德弗斯将军看起来没有特殊问题想跟我谈，我也不想谈论那些棘手的问题。我在等亚历山大回来，结果未能如愿。德弗斯在差不多二十分钟后说要离开。我祝福他在战场上不会遇到任何阻滞。反正我们没有公务要处理，我也没有挽留他。就这样，他出于礼貌的造访结束了。表面看来，这些高级将领相互之间都礼貌得让人挑不出毛病，实际上却有一种凝重的氛围，我能感觉得到。

亚历山大很快回来了，说我们应该马上去机场。飞行半个小时后，我们搭乘的飞机抵达了罗瑞托，然后，我们转乘汽车，抵达了勒斯将军建在蒙特玛乔列后面的军营。从我们此处的营帐俯视北面，能见到一幅雄伟瑰丽的全景。在蒙特玛乔列群山的遮挡下，我们根本看不到距此只有二十海里的亚得里亚海。我们从勒斯将军处得知，午夜时分，为他的军队打掩护的弹幕就会开始。我们被安排在一个位置极佳的地方，能观望远方带状的闪耀炮火。我在急促、持续的炮轰声中回想起一战的景象。很明显，有大批炮兵队参与了此次交战。由于亚历山大已做好规划，明天一早我就启程，一整天都在前线度过，于是过了一个小时，我便愉快地睡觉去了。亚历山大还承诺，不管我想去什么地方，他都会带我去。

* * *

我跟史末资的信函往来一直没有间断过，睡觉前我口述了下列内容，发给史末资。

首相致陆军元帅史末资　　　　1944年8月26日

今天上午和下午，开始了较大规模的进攻，高潮将在明天出现。所以两天内，我会一直待在这里。随后，我一定要回到英国，去法国访问，之后去加拿大开会，会议开始于九月中旬。我原本打算昨天检阅南非军队，可惜他们正在行进途中。

“铁砧”行动目前取得的成果跟计划制定者的期待完全不符。第一，此次行动没能引开艾森豪威尔将军的半个敌人，正好相反，已经确定德国后卫军的两个半至三个师会先于盟军登陆军队抵达主要战线。第二，此处已陷入止步不前的困境，难以解决，这是强有力的第五集团军和第八集团军实力迅速削减，主力被调走导致的结果。包括一个拥有一万两千五百兵力的实力雄厚的装甲师在内的三个德国师都因此撤离了意大利前线，眼下正在向夏龙挺进。这样艾森豪威尔要面对的德军就差不多有五个师了。这种局面原本是可以避免的，前提是彼时我们从此处向波河继续进发，最终直接抵达那座伟大的城市（维也纳）。我还是想将这一目标变为现实。我们的装甲军完全有能力快速挺进到目的地，所以就算战争一下子终止，我们的装甲军也要坚持这样做。

* * *

差不多九点，我跟亚历山大一块儿启程了。他的副官和汤米坐在我们后面的第二辆车上。因为人不多，行动起来很便捷。我记不清走了多久，六小时后还没走完。我们的汽车先行驶到一座凸起的小岩石山上，山势较高，顶上建有教堂和村落。从多个一直用于掩护的地窖中走出一些村民，有男有女，过来迎接我们。刹那间，我们意识到此处刚刚遭受过轰炸，建筑的碎片落满了此处仅有的一条街道。亚历山大有点苦涩地笑着问正在向我们聚拢的数目不多的村民："轰炸是何时终止的？"他们说："差不多十五分钟之前。"平日里从此处建造于几个世纪之前的古城墙上望见的景致的确十分雄伟瑰丽，且能清楚看到完整的第八集团军的进攻战线。现在却只能看到炮弹在七八千码外爆炸产生的浓烟。亚历山大很快建议我们离开此处，因为这种观察哨所遭受的轰炸是不会间断的，应该很快又要来了。我们便坐车西行了两三英里，来到半山一片开阔的山坡上，中午就在这里野餐。此处视野开阔，跟山顶基本没有区别，并且颇为隐蔽。

此时传来消息，说在梅托罗河对岸，我军已推进了一至二英里。我建议我们也应到河对岸去，因为哈斯德鲁巴[1]在此处的失败成为了迦太基命运的决定因素。半个小时后，我们乘车到了河对岸。公路向起伏不断的橄榄树丛伸展，在阳光的照耀下，树叶不住闪烁。我们在一个作战营中找到一位军官为我们引路，然后乘车从树林中的空白地带穿行。后来我们抵达了靠近前线的地带，能听到步枪的枪声，并能看到机枪的炮火了。随即，我们看到有人招手警示，便停了车。原来前方是一片雷区，想安全通行就一定要走其余车辆平安走过的路线。亚历山大及其副官下车，去一座灰色的石屋中打探消息。听说这座石屋是近距离观察的绝佳地点，被我方军队牢牢占据。我清楚感受到，正在进行的交战颇为零散。副官几分钟后回来，带我去找亚历山大，他已在这座石屋中找到一个好地方，其实就是一栋建造在极陡峭的山坡上的旧别墅。人们可以从此处竭尽所能地张望。在差不多五百码开

① 北非古国迦太基名将，在梅托罗河与敌军交战时失利，丧命。——译注

外的山谷另一侧的丛林内部，德国人的步枪和机枪正在射击。我们脚下就是我们的战线。传来的枪声断断续续。可这却是在二战期间，我距离敌军最近、听到枪声最多的一回。在约莫半个小时之后回到车上，沿着我们或是其余车辆的车轮印迹，小心驶向河对岸。我们在河边碰到了前来支援我们脆弱的散兵线的步兵纵队。我们返回勒斯将军的司令部时已经五点了，集团军全部战线上的战果，全都在此处及时标注在了地图上。从黎明开始，第八集团军在长十英里到十二英里的战线上推进了差不多七千码，没有多少死伤，这便是总体状况。这样的开始的确让人觉得激励！

*　*　*

翌日早上，我们收到了很多电报和信函，相应要做很多工作。我曾跟史末资谈及撤离意大利的德军几个师的进军，似乎让艾森豪威尔将军有些忧心。不过，在压抑的环境中，我们筹备的进攻到底还是开始了，我很欣慰。根据从前线将军处了解的状况，加上自己已了解的状况，我给美国总统起草了一封电报，向他阐明我们所处的境况。我想借助一种毋庸置疑的手段，让他了解挫败带给我们的感受，并将我对将来的期待与设想告知他。我若能让总统重拾对该领域的兴趣，就能继续执行最终向维也纳进发的计划。

首相致罗斯福总统　　　　1944 年 8 月 28 日

1. 同盟国远征军最高司令部给亚历山大将军发来电报，说不断有（德国）师撤离意大利前线，让他尽全力阻挠。之所以会这样，自然是因为我们在意大利的军队被严重削弱，这种状况在里维埃拉进攻战过后到处都是。包括一个实力雄厚的装甲师在内的四个德国师正在向夏龙进军。但在约莫三周前，亚历山大还是罔顾自身实力接连被削减的状况，开始跟克拉克筹划用迂回或是突袭的方式进攻亚平宁山。为此，克拉克将军已经获得了英军第十三军四个师的指挥权。我们可以向克拉克提供不可或缺的炮兵援助，因为他的炮兵军队已经被调走了。现在四个美国师、四个英国师，共计八个师正在佛罗伦萨周边往北的轴线上调集。

2. 在整条战线的正面，亚历山大只部署了人数极少的军队。多处面积较大的地区的防御工作，都交由防空兵改组成的步炮兵（还有一些装甲旅提供援助）负责。如此一来，亚历山大将十个英国师或是英国指挥的各支大英帝国军队调集到亚得里亚海的侧翼，就变得有可能了。25 日午夜降临之前，这些师的先遣部队已经开始进攻，26 日黎明时分，开始了整条战线的炮轰和进攻。我们在大范围区域内前进了九英里左右，但主要阵地哥特防线上的敌军，我们还是没能碰上。能跟随军队参与此次进军，我深感庆幸，我对现代战场的观感因此比先前清晰了很多。先前我的这类观感的源头始终限制在远处或是安全处。

3. 整个计划如下：第八集团军纵深极为密集的十个师会竭力穿越哥特防线，从敌军整片阵地旁边绕过去，从里米尼平原闯进波河流域。而马克·克拉克将军会选择合适的时机，以敌方反应为依据，利用自己的八个师发起进攻。两支军队一定要在波伦亚会合。我期待之后进军的速度加快，前提是以上行动没有遇到任何阻滞，持续的激战会让德国从意大利撤离的几个师无暇再去进攻艾森豪威尔。

4. 在德黑兰时，你跟我提及的伊斯特利亚的相关状况，我一直记着。我认为一支实力雄厚的军队在四五周内抵达的里雅斯特和伊斯特利亚产生的影响力将大大超出其纯粹的军事价值。在伊斯特利亚，铁托的民众会等候我们的到来。我尚无法想象彼时的匈牙利会是何种状况，但不管是何种了不起的新局势，都能在我们手上获得百分百利用。

28 日，我乘飞机抵达那不勒斯后，才发出这封电报，相应的回复我在回国三天后才送到我手上。

罗斯福总统致首相　　1944 年 8 月 31 日

从你的电报中得知威尔逊将军已经集合了他在意大利的军队，再度发起进攻，这让我很是宽慰。在我的诸位参谋长看来，将所有能利用的军队集合起来，发动猛攻，可将敌军逼至波河流域。到时候，敌军也许会撤走意大利北部地区的所有军队。这也许会导致敌军转战其余战线，所以我们一定要拼尽全力，将我们掌控范围内的敌军全部消灭。我坚信威尔逊将军的目标就是这样。进攻已拉开帷幕，并在意大利进行得如火如荼。鉴于此，我认为我们竭尽所能在地中海进攻敌军的行为，必然能取悦艾森豪威尔将军。若非如此，应该用不了多久，这些敌军就要被调过去跟他的军队对抗了。据我所知，在地中海地区，英国能调集的所有兵力都在调集到意大利的途中。为了确保艾森豪威尔将军能保有我方军队已经取得共同胜利的昂扬斗志，我们正倾尽全力，持续向法国运送所有支援军队和物资。我们进攻法国南部地区取得的巨大胜利，加上眼下苏军正在巴尔干诸国猛攻敌军侧翼，都让我觉得最终的完胜会很快到来。

我的观点是，我们应尽全力猛攻意大利的德军，同时暂停调动威尔逊将军的军队，直至他正在进行的战争有了结果，并更深入地明确了德军的计划。

我们在德黑兰展开的跟的里雅斯特和伊斯特利亚相关的讨论，可在“八边形”（魁北克）再度开始。

我很意外该电报中着重谈到了威尔逊将军。

首相致罗斯福总统　　　　　　　　　　1944 年 8 月 31 日

1. 依照最高统帅的命令，意大利所有的作战行动都要由亚历山大将军计划、实施。你会看见，目前他在亚得里亚海侧翼跟哥特防线发生冲突的长度共计二十英里，第八集团军即将开始激战。克拉克将军的第五集团军也已经从佛罗伦萨启程，往前方进军。我已经让亚历山大清楚了解了他倾尽全力向敌方进军，铲除敌军武装，拉长敌军战线，会发挥多么重要的作用。而德军从哥特防线穿越阿尔卑斯山，实施全面撤退的难度则非常高，我们若能抵达波伦亚周边地区，这一难度还会增加。由于你们已进军到罗讷河流域，法国西部地区的关隘和隧道都被封锁了。唯一开放的是一条直接通往德国的路。我们会尽全力进攻并消灭敌军。但最终决定成败的战争之后才能展开。

2. 因为意大利战线的敌军有四个优秀的师都被撤走了，实力减弱，所以除了我已经知道的将要抵达的第九十二师以外，我们不会再请求美军派出援军。而且我觉得不必再从意大利撤军，也就是说克拉克集团军的四个师与跟他们并肩作战的军队留守当地。在这样的基础上，亚历山大将军再制定作战计划。这就是现在要说的全部内容。

3. 日后万一在意大利的德军被消灭或是逃跑，第八集团军和第五集团军要继续以进攻敌军为己任。要执行该任务，第一步必须先向伊斯特利亚半岛和的里雅斯特进军，最后再向维也纳推进。如果在几个月内这场仗就打完了（这点很有可能），那就不会出现这些问题。简而言之，我们可在魁北克详细商讨此事。

4. 祝贺美军在法国南部地区登陆取得了如此骄人的战绩。我非常期待我军能在瓦朗斯或是里昂牵制住撤退的德军，将其围困。此外，很明显有九万左右的德军正在从南部地区往回逃跑，途径普瓦蒂埃。

9月4日，罗斯福又发来一封电报。

罗斯福总统致首相　　　　　　　　　　1944年9月4日

跟你一样，我也有信心，意大利的盟国军队有足够的能力执行自身任务，与此同时，战地司令长官会向敌军发起猛攻，将其彻底击溃。待我军击垮了哥特防线的德军后，要用最高效的方式向艾森豪威尔将军提供支援，助其完成直击敌军府邸的关键进攻。

我们可在魁北克商讨以后怎样恰如其分地调动意大利的美军。我认为好像应该将美军调到西线去，不过该问题的决定因素是当前意大利和法国战场上的进度，对此我一点成见也没有。我深深觉得，不管在何种状况下，我们都应该往法国调派足够的兵力，使其能在短时间内打开德军西部防线。

盟军的共同行动，是盟国在法国南部地区取得辉煌胜利的唯一功臣；而威尔逊将军及其盟军同僚、帕奇将军及下属的指挥官，则是作战计划得以彻底执行的大功臣。现在法国南部地区的德军已变得毫无秩序，为此我想让盟军的南北两支大大提前会合的时间。

这两个期待很快都幻灭了。那支在里维埃拉登陆、让我军在意大利的行动损失惨重的军队，没能在艾森豪威尔在北部发起的第一场重要战争中及时赶过来施以援手。亚历山大的进攻也因为兵力稍有不足，没能取得我们迫切需要的成功。要再等上八个月才能解放意大利全国，可我们的能力又不足以转而进攻右侧的维也纳。不仅如此，我们的军队力量只能影响希腊，不能再左右东南欧的解放了。

我在8月28日搭乘飞机从那不勒斯返回英国。从意大利启程前，为了向意大利人民表达我对他们的鼓励与期待，我特意写了封简短的信。一直以来，我们都非常敬重意大利人民，只有两国真的交战时是例外。我非常感动，无论我乘坐汽车经过战线上的哪一座村庄，都会受到友善的欢迎。我在返回英国时诚恳地提出了几项建议。

1944年8月28日

有句俗语说，永远警觉才能换来自由。那么什么是自由呢？有一两个十分简单、实用的验证方法。借助这些验证，便知道在当代和平的世界中什么是自由。验证如下：

是否拥有自由发表见解和抗议、批判政府的权利？

人民若对政府不满意，是否有推翻政府的权利？有没有立法渠道，能让人民表达自身意愿？

司法部门能否摆脱行政暴力，不向暴民胁迫屈服？能否跟某些政党脱离关系？

法庭能否执行公开、公正的法律。在民众心里，这些法律又是否符合情理和道义的规则？

能否平等对待所有人，无论其贫穷还是富有，是平民还是官员？

个人在向国家承担必须承担的义务之余，其权利能否获得保护与尊重？

普通工人或是农民在为自己、为家人的生活终日劳苦工作的同时，有没有权利摆脱恐怖？也就是说，是不是可以不必害怕一党专制下诸如纳粹党、法西斯党创建的秘密警察之类冷酷的警察组织，轻拍一下某个平凡的工人或是农民的肩头，后者就要被抓进监狱或惨遭刑罚，而不必经过任何公正、公开的审判？

这些验证都很简单，很实用，只有在这类验证的基础上，才能建立起全新的意大利……

现在好像更没必要对这一观点做任何改动了。

# 第九章　华沙沦陷

俄国人横渡维斯杜拉河——东线德军溃败——莫斯科广播7月29日召唤在华沙发动总起义——起义8月1日爆发——我在8月4日发给斯大林的电报——无情的回复——德军反击——华沙传来让人痛心的消息——我在8月14日发给艾登的电报——维辛斯基让人吃惊的声明以及8月16日斯大林发来的电报——我和美国总统8月20日发表联合声明——斯大林的回复——华沙的灾难上升到极致——罗斯福先生8月24日发给我的电报——我们要用到苏联机场——总统的抗议——英国战时内阁的愤慨——内阁9月4日给莫斯科发去电报——罗斯福先生9月5日的电报——苏联的战略方针转变明显——我方的重型轰炸机9月18日往华沙空投物资——悲剧走到终点

7月下旬，俄国人在夏季攻势中进军到维斯杜拉河。各方报告都显示，很快俄国人就将占据波兰。眼下，效忠于伦敦政府的波兰地下军领袖要想加快祖国解放，让德军无法守住波兰尤其是华沙不放，务必要确定反抗德军的总起义的时间。流亡伦敦的波兰政府向波兰军队司令博尔·科莫罗夫斯基将军及其文职顾问授权，让他们自行选择恰当的时机，对外公开发动总起义。目前这个时间应该很恰当。7月20日，希特勒遇刺的消息传来，盟军奋勇越过诺曼底海滩的消息紧随其后。波兰军队在7月22日前后截到了德国第四装甲集团军的无线电报，随即命令全体撤到维斯杜拉河以西。俄军在同一日渡河，前哨朝华沙进军。

很快就要出现全面溃败的局面了，这点不用质疑。在纽伦堡法庭接受审判时，古德里安将军这样描述彼时他所处的境况：

> 我于 1944 年 7 月 21 日出任德军东线总参谋长。上任后，我竭力想将战线——若还能称之为战线——基本就是一堆散乱的残兵，全部撤退到维斯杜拉河沿岸；二十五个师被全歼。

为此，博尔将军决定发起大规模起义，解放这座城市。他有差不多四万兵力，粮食和武器足够用七至十天。眼下已经能听到苏军在维斯杜拉河对岸的轰炸声了。苏联空军从刚刚占据的华沙附近的各座机场起飞——其中最近的距离华沙只有二十分钟路程——向华沙的德军发动空袭。同一时间，一个共产党的民族解放委员会已在波兰东部建立，苏军公开表示他们要掌控波兰解放的领土。很长一段时间以来，苏联电台一直在鼓动波兰人发动总起义，对抗德军，不要再跟先前一样小心谨慎。起义爆发前三天，也就是 7 月 29 日那天，波兰共产党在莫斯科电台号召华沙民众跟德军开战，就像 1939 年他们所做的一样。现在解放的炮声已经响起，决战的时刻已经到来。“坚持战斗、不肯屈服的华沙，是时候采取行动了。”广播中说，德军建立防御据点、抵挡进攻的计划，会逐渐损坏这座城市。最后，广播警醒民众：“若不想失去一切，唯有奋勇拯救自己这一条路可走。”“直接奋勇地投身华沙巷战等，能加快最后的解放，保全华沙民众的性命。”

华沙地下军司令部在 7 月 31 日黄昏时分获悉，苏军的坦克已经在华沙以东突破了德军的防线。德军通过无线电对外公开：“苏军今天开始从东南方总攻华沙。”目前苏军在不足十英里之外。华沙的波兰地下军司令部下令，总起义在第二天下午五点开始。博尔将军对起义爆发时的场景描绘如下：

> 五点的钟声敲响时，无数窗户骤然打开，从各个方向朝路上

行进的德军开枪。街上的平民转瞬之间就消失不见了。我们的手足从一座又一座房屋中夺门而出，参与战斗。整座城市上百万民众,在一刻钟内全部参战,切断了所有交通。紧靠德军前线的华沙，已经失去了四方道路交通枢纽的地位。这座城市的解放战争已经打响。

第二天，此事传到伦敦，我们迫切想了解更多。但苏联电台不再发布任何消息，苏联空军也暂停行动。德军 8 月 4 日从尚在他们掌控之中的市区、郊区各处的据点发起进攻。流亡伦敦的波兰政府急如星火地请求我们空投物资。起义军跟仓促之间凑在一起的五个德国师对抗。赫尔曼·戈林统领的师已经从意大利赶过来。用不了多久，其余两个党卫军师也将赶来。

于是，我给斯大林发了电报：

首相致斯大林元帅　　1944 年 8 月 4 日

我们在波兰地下军的紧急要求下，准备马上往华沙西南部地区空投大约六十吨设备和武器，当然前提是气候没有出现异常的话。据悉，当地的波兰人正轰轰烈烈地发动起义，对抗德军。他们还表示，因为苏军好像就在近处，他们一度向苏军求援。目前攻击波兰人的德军共有一个半师的兵力。在此提醒一下元帅，在这时候行动或许会对元帅有好处。

很快，我收到了无情的回复。

斯大林元帅致首相　　1944 年 8 月 5 日

已经收到你描述华沙状况的电报。

在我看来，首相从波兰人那里收到的情报夸张到毫无可信度。更有甚者，这一结论从以下事实中也能推导出来：波兰移民说他们用“国内军”的一点散兵就险些攻克了维尔纳。更过分的是，他们在电台里也公开这么说。这自然不是真的。波兰“国内军”只包括几支小分队，他们却称其为“师”，名不符实。大炮、飞机、坦克，他们一概没有。德军却有四个坦克师，保卫华沙的是赫尔曼·戈林领导的坦克师，这种小分队将如何攻克华沙，我想象不出来。

与德军“老虎”型坦克的激烈对抗，同一时期正在大街小巷逐一展开。德军截止到8月9日，已经在城市中打通了一条通往维斯杜拉河的楔形道路，将波兰人占据的地区切分成多个面积狭小的部分，彼此独立。波兰、英国、自治领的飞行员，从意大利的基地驾驶皇家空军飞机去支援华沙。可是这种勇敢的举动太过势单力薄，根本是杯水车薪。8月4日晚上，华沙空中只有两架飞机现身。四天后的晚上才又出现了三架飞机。

*　　*　　*

7月30日，波兰总理米科莱齐柯就到了莫斯科。由于彼时苏联政府已经承认了波兰的国家大权日后要由波兰共产党民族解放委员会掌控，米科莱齐柯便尝试跟苏联政府谈判。华沙起义刚开始的几天，谈判一直没有中断。每天米科莱齐柯都会收到博尔将军发来的电报，请求支援给他们弹药、反坦克装备，并调派红军过去。这段时期，俄国人执意要求波兰人答应波兰在战争结束后的边界问题和建立联合政府的问题。8月9日，米科莱齐柯跟斯大林展开了最后一次会晤，一点成果也没有。

我在8月12日发电报给斯大林：

首相致斯大林元帅　　　　　　　　　　　1944 年 8 月 12 日

华沙的波兰人给我发来一封电报，让我十分悲伤。他们已经跟人数众多的德军对抗了十天，他们的城市已经被德军切分成三部分：

（以下是附录的电报）“副总理致共和国总统、政府、总司令：

我们奋战到第十天。三条道路将城市切分开……德军坦克牢牢守住这三条路，在其中通行的难度极高（大火快把四周的建筑烧光了）。格但斯克车站与西站中间铁路上的两辆装甲车，以及驻守普拉加的火炮都在持续轰炸市区，还有空军从旁援助。

战争在这种状况下持续。我们只收到了你们的一次空投，且数量很少。德国和俄国那条战线从三日就没有动静了。所以我们唯一获得的物质、精神方面的援助，就是〔波兰〕副总理第八天（在伦敦）发表的篇幅很短的演讲。更有甚者，你们都没有认同我们行动的意向。华沙的战士和民众仰望高空，盼着盟军援军的到来，心中满是绝望。被硝烟充斥的高空，除了德军的飞机，什么也看不到。他们吃惊，愁苦，咒骂。

我们基本没能从你们那里获得任何跟局势相关的状况和指令，可以说是杳无音讯。你们是否正在莫斯科商议怎样援助华沙？我再度重申：我们支撑不了几天了，除非你们直接援助我们，诸如向我们空投军火，轰炸德军据点，空降援兵之类。

要想战争继续下去，一定要有以上援助。

我希望你们能在这件事上竭尽所能。”（电报到此为止）

他们想要机枪和弹药。你们能不能更深入地支援他们？毕竟意大利跟他们相距太遥远了。

* * *

考察过亚历山大将军的军队后，我14日从意大利给艾登发了电报：

> 华沙的波兰爱国人士遭到舍弃的暗示传播开会严重激怒俄国人。不过他们要在自己的能力范围内实施举措，解决这些烦扰，是非常简单的。俄国军队居然在地下军发动起义时停止进攻华沙，还往后撤退了一段路程，简直匪夷所思。他们只需飞行一百英里，就能将奋勇作战的波兰人需要的机枪和弹药运送过去。我跟斯莱塞（空军中将）商议过从此处提供援助，只要有可能，就要想法设法做到。然而，俄国人究竟做了什么？我认为最佳解决办法是你经过莫洛托夫，给斯大林写信，告诉他现在各方都在暗示什么，让他们尽量支援。相较于我直接给斯大林发电报，这个方法更加客观。有二十八架飞机昨天晚上从意大利起飞，飞行了七百英里后，有三架被毁。在极度特别的环境中，从此处开始的第四次飞行就是这样。

维辛斯基8月16日晚间跟美国驻苏联大使会面，说苏联可能会被误会，他想规避这种误会，他发表了如下声明，让人大吃一惊：

> 英国或是美国的飞机往华沙空投武器装备是英国和美国的事，苏联政府自然没有异议。然而，苏联政府不想牵连到华沙的危险行为中，所以英国或是美国的飞机在往华沙空投完武器装备后，绝对不能在苏联的领土范围内降落。

当天，我还收到了斯大林的电报，说得比较婉转。

斯大林元帅致首相　　　　　　　　　　1944年8月16日

我在跟米科莱齐柯先生会晤过后，下令红军司令部往华沙密集区域空投武器和一名空降兵联络官。司令部汇报说，该司令官在抵达目标地点之前已命丧德军手上。

而我在对华沙的状况有了更加细致的了解后，坚信华沙一战是恐怖的冒险行为，根本没有考虑过后果，华沙民众因此伤亡惨重。若苏军司令部在此战开始之前收到消息，或是波兰人跟苏军司令部的联络一直没有中断，那这种事情原本不应该发生。

现在事情发生了，苏军司令部的结论是，对于华沙一战，苏军没有任何直接责任或是间接责任，因此苏军绝对不要牵涉到华沙的冒险之举中去。

电报的第一段根本不是真的，有米科莱齐柯的汇报为证。两位苏联军官到了华沙，安然无恙，波兰军队司令部招待了他们。一名苏军上校在华沙滞留了几日，为督促苏军援助起义军，他通过伦敦发了好多封电报给莫斯科。

*　*　*

我在18日那天再次给艾登先生发电报。

首相致外交大臣　　　　　　　　　　1944年8月18日

上次我给你发完电报，就收到了8月15日美国参谋长联席会议发给艾森豪威尔将军那封冷酷至极的电报。

此处的空军机构向我保证，在苏联准许的前提下，美军想从英国运送援助物资给华沙，还保证此举极具可行性。我无法想象请求在俄国的领土上降落会得到肯定的回复，除非杜立特尔将军在审核过后，确定此举可以实施。明确此举是不是真的可行，是你现在的第一要务。

在总统或者我或者我们两个共同向斯大林发起任意个人或是联合声明之前，一定要率先解决军事上的难题，这是很自然的。

我在同一时间要求总统：

首相（从意大利）致罗斯福总统　　　　　　　1944 年 8 月 18 日

1. 美军向华沙勇敢的起义军空运紧急物资的请求，遭到俄国的拒绝，由此产生了深远的恶劣影响。距离华沙只有几十英里的苏军根本不理会空投，更加剧了形势的恶化。德军攻下华沙后，随即展开大肆屠杀基本是不可避免的，面对将要出现的恶劣后果，我们无计可施。

2. 我准备以个人名义，给斯大林写一封信，若你觉得这是理智之举，或许你也可以写一封。相较于单独的两封信，可能我们共同署名的信会更妥当。

3. 欧洲的形势正因美英两国军队在法国的骄人战绩发生巨大转变。在我方军队在诺曼底战绩的映衬下，苏军在机缘巧合下取得的所有战绩似乎都变得逊色了。所以我觉得只要我们清晰、简洁地表达出我们的意思，他们多多少少都会给我们一些敬重。我们的国家追求伟大的事业，一定要对世界和平事业提出诚恳的意见，哪怕可能因此触怒斯大林。他不太可能会为此事愤怒吧。

总统草拟了联合声明，我们在两天后发出：

首相（从意大利）和罗斯福总统致斯大林元帅 1944 年 8 月 20 日

我们正在思考，华沙的反纳粹人士若真的被抛弃，会在世界范围内引来怎样的争论。我们毫不怀疑，我们三个都应该倾尽全力救助华沙的爱国人士，能救多少是多少。期待你们空投紧急物资和武器给华沙的波兰爱国人士，你们若做不到，能不能援助我们的飞机快速空投。时间是极其重要的，期待你肯定的回复。

我们得到的回复如下：

斯大林元帅致首相和罗斯福总统　　　　　　1944 年 8 月 22 日

1. 我已看过你和罗斯福先生就华沙一事发来的电报。我愿说说我的观点。

2. 终有一日，那伙罪犯为了夺取政权，在华沙发起冒险之举的真相会为世人所知。他们利用华沙市民的诚挚，让很多市民赤手空拳去对抗德军的枪炮、坦克、飞机。眼前的局势就是这样形成的，这种局势的发展只能为希特勒残酷屠杀华沙市民提供便利，对华沙解放毫无裨益。

3. 从军事角度出发，德军因业已形成的局势，对华沙的关注度不断增加，这对红军没有好处，对波兰人也是一样。近来德军又开始奋力回击苏军，苏军正集中所有力量应对，成功之后再大举进攻华沙。红军为击溃华沙周边地区的德军，为波兰人解放华沙倾尽所有，这点毋庸置疑。对波兰的反纳粹人士的最佳援助，莫过于此。

*　　*　　*

华沙这段时期正承受着极度的痛苦。

首相致罗斯福总统　　　　　　1944 年 8 月 24 日

以下是华沙起义目击者的一份日记。已经送了复件给驻伦敦的苏联大使。

1.8 月 11 日

德军在波兰地下军拼尽全力反抗的同时，继续采取残酷的恐怖做法。他们时常放火烧毁一条街的房子，把房里的男人全部枪杀，把女人和孩子驱逐出去，在大街上的枪林弹雨中四处躲藏。科罗列夫斯卡街上的大量民宅被炸毁，有座房子上落了四颗炸弹。纳粹党卫军闯入一栋住着多名波兰大学退休教授的房子，大肆屠杀。部分人得以逃生，是因为他们通过地窖跑到了别家的房子里。波兰地下军和平民斗志高昂，以“打死德寇”为口号。

2.8 月 11 日

昨天晚上，德军坦克为营救他们在市区的部分据点拼尽全力。但由于街上大型路障林立，这项工作很不好做。大多数路障都是挖出路上的水泥板堆砌而成的。德军的尝试大多失败了，众坦克手为了发泄怒火，便纵火烧屋或是远远地轰炸房屋。街上到处都是尸体，德军时常纵火将这些尸体焚毁……德国坦克军团了解到，所有路障背后都是携带了汽油瓶、决意抗战至最后一刻的波兰地下军，于是，他们开始领略到这些路障的可怕之处。他们的很多战友都死在了这种汽油瓶手上。

3.8 月 13 日

德军残酷屠杀了圣·拉扎鲁斯医院、圣·卡洛尔医院以及圣·玛萨医院的所有伤者和病人。

德军利用坦克，往前哨的一座阵地运送供给。为了阻挡波兰地下军的进攻，他们让五百多个女人、孩子在前边开路，死伤人数众多。有消息称，相同的事情在华沙其余很多地区也发生了。

波兰军队在武器匮乏的情况下，依旧掌控着华沙一战的主动权。他们在一些地区闯入德国人的碉堡，收缴了对方的武器装备，而这正是他们所急需的。他们 8 月 12 日收缴了步枪子弹一万一千六百发，机枪五挺，轻武器子弹八千五百发，手枪二十支，反坦克地雷及其运载工具三十辆，德军正在垂死抗争。他们占据了一栋楼当成堡垒。地下军在其中纵火，当时有两个德国士兵挥舞白旗，想要逃往波兰战线，却被一名纳粹党卫军官杀死了。盟军 8 月 12 日到 13 日晚上的空投，给地下军送去了一些武器。

4.8 月 15 日

死去的人都葬在了后院或是广场中。食物越来越短缺，但饥荒迄今为止尚未出现。今天停水了。我们从剩余的几口井和私人的蓄水池中打了水。在敌军的轰炸下，市区各处发生了多起火灾。所有人都有意愿、有毅力继续战斗，可让人抑郁的是，谁都不知道即将迎来怎样的结果。

5.8 月 16 日

华沙的激战还在继续。德国人毫不退缩。听说，有些地区全部被焚毁。居民不是被射杀，就是成了俘虏，被送去德国。居民一再重复："我们得到武器后，马上就会让他们血债血偿。"

对电站的进攻，始于 8 月 1 日下午 5 时 10 分。因为波兰"国内军"是用正当方式雇佣来的，所以在此之前，他们的二十三名士兵就驻扎在了电站中，等候起义爆发。德军前一天将驻防军队增至一百五十名军事警察，在混凝土掩体、堡垒、电站全部的建筑中潜伏着。一座建筑下面埋藏了一枚地雷，它的爆炸便是行动开始的信号。波兰人在战斗了十九个小时后，彻底掌控了电站。波兰有十七人死亡，二十七人负伤。德军有二十人死亡，二十二人负伤，还有五十六人成了俘虏。电站的力工和金属工共同组成了攻克电站的小分队。电站员工每天承受着德军七十五毫米大炮的轰炸，保障了居民的用电。

这确实是一场激烈的地下战。下水道是波兰人占据的各个地区间仅有的交通线。德军往出口和入口投掷手榴弹和毒气弹。双方在一片漆黑、能淹到腰部的粪便中交战，或是用冷兵器面对面拼杀，或是将敌人摁到污秽的废水中窒息而死。德军在地上的大炮和战斗机，在市区的大多数地区引发了火灾。

在我看来，应该让世人了解部分可怕的罪行。

首相（从意大利）致新闻大臣　　1944 年 8 月 23 日

是不是已经停止宣传华沙灾难的真相了？报纸上对这类情况的宣传，好像真的已经被禁。指责苏联政府这种事，自然不必我们来做，但事实不应该被掩埋。苏联怪异、狡诈的行为，可以不必提，可这类行为导致的结果，为什么不能公之于众？

*　*　*

这时候，美国总统回复了我。

罗斯福总统致首相　　1944 年 8 月 24 日

你发来电报，描绘了纳粹违反人道的残酷举动和华沙的波兰民众悲惨的境况，在此向你道谢。

我们联合建议斯大林支援华沙的波兰民众，他的回复没有半点振奋人心的力量。

我了解到，我们要想供给华沙的波兰民众，一定要先让苏联准许我们的飞机在他们领土范围内的机场中升降。截止到现在，苏联政府都不同意用那些机场给华沙支援。

现在我们还能采取何种可行的、更深入的举措，我不知道。

我在第二天回复了他：

首相致罗斯福总统　　1944 年 8 月 25 日

斯大林在回复中规避了我们提出的具体问题，也没有给我们新情报，在这种情况下，我提议我们该这样回复他：

（以下是附录的电报）“我们殷切期待能从英国派遣美国飞机。俄国若坚持要求获得我们的飞机一路上的行动状况，然后再批准它们在俄国战线后方指定的加油站降落,这种要求的依据是什么？俄国政府这么做，就能秉承一贯的不牵涉到这种特别事件中去的原则了。我们认为，英、美两国的飞机受损之后，被迫降落到俄国战线后方，你们只要给予一般性的照顾，就能确保其获得救援。对这些‘简直可算是手无寸铁的人’，我们同情不已，在特别信念的指导下，他们奋起反抗德国人的坦克、枪炮、飞机。不过，虽然莫斯科电台确实多次召唤他们发动起义，但我们并不打算马上确定是何人唆使他们起义。在我们看来，他们的反抗结束并不代表希特勒的恶行终止，更准确的说法是，这可能是一场残酷至极的恶行的开端。战后我们再度碰头时，华沙的屠戮必然会成为很难处理的问题。所以我们的意见是，我们会派遣飞机，除非你直接发出禁令。”（电报到此为止）

他如果不回复这封电报，我提议我们派遣飞机试探他的态度。我认为，他不至于会扣押我们的飞机，让我们的飞行员受刑。我发现，俄国人在了解我们的这些建议后，甚至开始竭力收回美军设在他们战线后方的波尔塔瓦等地的机场了。

总统在复电中拒绝了我。

罗斯福总统致首相　　　　1944年8月26日

我觉得，我们联合起来，将你起草的这封电报发给斯大林，对战争长远、整体的发展态势没有好处。不过，你若觉得此举并无不妥之处，那你可以自行发出这封电报，我没有异议。我在得出这一结论前思考过以下几点：一是乔大叔在发给我们的电报中表现出来的对援助华沙地下军的态度，二是他毫不犹豫地拒绝我们为这个理由使用俄国飞机场的请求，再加上现在美国针对俄国其余基地之后的利用展开的会晤等元素。

*　　*　　*

我一度期待，美国人会赞同我们实施果断的举措。我在9月1日会见了波兰总理米科莱齐柯，他从莫斯科回来了。我无法使他感到宽慰。他跟我说，为了能在联合政府中获得十四个席位，他准备向卢布林委员会提交一项政治解决方案。华沙前线的波兰地下军代表讨论过后，一致同意了这些提议。过了一年，此次讨论的大多数参与者都以"叛国"罪名，在莫斯科的苏联法庭中接受审判。

内阁在9月4日晚上召开会议，我觉得会上讨论的问题相当重要，便不顾当时我稍微有些发烧，下床来到地下会议室。我们曾经为很多令人不悦的事情集中到一块儿。在过去的什么时间，保守党、工党、自由党的全体内阁成员也都表现出同样强烈的愤慨，我已没有印象了。原本我非常想说："我们派遣出的飞机将物资空投到华沙后，会在你们的领土上降落，希望你们能礼貌地接待他们，否则我们会马上终止派遣护航运输队。"可以后看到这几页的读者一定要了解，所有人都务必谨记在世界各地战斗的成百上千万民众；某些情况下要选择屈从乃至低声下气，以追求整体目标的实现。所以这类过激的举措，我是不赞成的。这类举措在彼时或许会有效果，毕竟克里姆林宫跟我们往来的人都深于城府、缺乏感情。他们不想让波兰精神在华沙再度振作。他们只想依靠卢布林委员会。那是他们在波兰仅有的关注对象。可能唯有在苏联大规模进军的关键时刻终止派遣护航运输队，才有可能让他们在思考该问题时，拿出平民百姓思考声誉、道义、情理的诚心。我们心目中最理智的举措，都包含在以下几封电报中。

首相（从伦敦）致罗斯福总统　　　　1944年9月4日

1. 华沙的局势以及斯大林拒绝提供机场，对日后跟俄国关系的长远影响让战时内阁忐忑至极。

2. 另外，米科莱齐柯已向波兰解放委员会提交了他对政治解放的提议，这点你已经了解。我很忧心，华沙失守会毁灭我们所有发展的可能性，且必然会让米科莱齐柯地位难保。

3. 接下来，我马上要发出战时内阁集体起草的一封发给英国驻莫斯科大使的电报，还有梵蒂冈交给我国公使的华沙女性写给教皇的一封信。

4. 美国的飞机利用俄国的各座飞机场，向华沙空投物资，是仅有的向华沙的波兰民众提供物资援助的高效渠道。情况紧急，请你重新权衡一下由此引发的关系利弊的形势。你能不能在必要的情况下，授意美国空军飞机降落到俄国机场，事先不必征求俄国方面的正式许可？我认为，俄国方面会因顾忌我们在西线取得的傲人战绩，接受这一既定现实。更有甚者，他们可能会对此表示欢迎，由此摆脱困窘。美国空军一切行动的后果，我国都会跟你们共同承担，这点毋庸置疑。

首相致罗斯福总统　　　　1944年9月4日

在刚刚发出的上一封电报中，我提到了今天晚上发给莫斯科的一封电报，其复件如下：

“在今天的会议上，战时内阁就华沙最新的局势展开辩论。与德军交战的波兰人已被证实陷入困境。

“华沙的局势发展和波兰人蒙受的灾难，让英国社会舆论深深动容，战时内阁想让苏联政府明白这点。无论华沙起义的发动有何内幕，该行动的负责人都不应该是华沙民众。为何华沙的波兰民众没有从外国得到补给，英国民众很是疑惑。现在大众已渐渐了解，无法运送物资给华沙的原因是，苏联政府不愿让美国的飞机降落在俄国掌控的飞机场上。若华沙的波兰民众被德军打败，更会引发难以估测的舆论动荡，听说失败就是这两三天的事了。

苏联政府对英、美两国政府支援华沙的波兰民众的义务持反对态度，让战时内阁很是不解。我们认为，苏联政府对支援行动的阻挠，违背了同盟国的协作精神，而不管是当前还是以后，苏联和英国都非常看重这种协作精神。

“战时内阁很尊重斯大林元帅及苏联各族百姓——我们由衷盼望以后还能跟他们合作——因此授意我更深入地号召苏联政府提供自己有能力提供的所有援助，而允许同盟国飞机在苏联的机场降落，便是首要的一项。”

首相致罗斯福总统　　1944 年 9 月 4 日

在上一封电报中，我谈到了华沙女性写给教皇的一封信，内容如下：

“最敬重的圣父，在深深的爱国之情和为祖国牺牲的精神激励下，我们这些波兰女人坚守关隘三个星期，食物短缺，药物匮乏。华沙已经变成一片断壁残垣。各家医院的伤者都惨遭德军杀害。德军为了保护己方的坦克，迫使女人和孩子为他们开路。有报告说，孩子们利用汽油瓶焚毁坦克，其实一点也不夸张。我们这些妈妈，只能眼睁睁地看着自己的儿子用生命保卫我们的国家和自由。我们的丈夫、儿子、兄弟，并非敌军眼中的战士。敬爱的教皇，我们此刻孤立无援。华沙门外，苏军连续三个礼拜在原地驻足。英国也没有给我们足够的支援。全世界对我们的抗战视若无睹。唯有上帝与我们同在。圣父、教皇啊，你们若能听到我们的呼唤，请为我们这些正在为教会和自由作战的波兰女人祷告。”

罗斯福总统致首相　　1944 年 9 月 5 日

回复电报：我们的军事情报说，华沙已经完全被德军掌控，原本在当地作战的波兰民众已经撤走。

所以时间上的延误和德军的作战行动，已使支援华沙的问题消失了，真令人失望。眼下，我们似乎已经无法再给他们支援了。

由于不能给华沙奋勇作战的战士足够的援助，长久以来，我非常痛苦。期待我们还能给波兰以支援，在这场对抗纳粹的战争中，使其成为其中一个胜利者。

* * *

接连六周，波兰人受尽折磨。到了9月10日，克里姆林宫的方针好像有所转变。苏联从当天下午开始轰炸华沙东部郊区，并往华沙上空调派飞机。在苏联的授命下，波兰的共产党军队一路进军到华沙周边地带。苏联空军从9月14日开始空投物资，可惜大量装箱物资都因降落伞打不开受损，失去了利用价值。苏军第二天占据了普拉加郊外，却在原地止步。他们盼着波兰除共产党以外的人全部被消灭，却又想时刻给大家一种他们想要救助波兰的错觉。德军这段时间为了消灭城中的反抗源头，正在挨家挨户扫荡，市民因此受难。很多市民都被赶走。博尔将军向苏联军队的司令罗科索夫斯基将军求救，对方杳无音讯。城中出现了大范围的饥荒。

我极力想获得美国的援助，结果引发了一场大规模的独立行动。一百零四架重型轰炸机9月18日向华沙空投物资，可是已经太晚了。米科莱齐柯总理10月2日晚上过来跟我说，华沙的波兰军队马上要投降德军了。伦敦收听了这座英雄之城最后几场广播中的一场：

这是再真实不过的事实。相较于希特勒的追随者意大利、罗马尼亚、芬兰，我们的经历更加糟糕。公平的上帝，请为波兰民族承受的恐怖的不公待遇做出审判，但愿那些罪人因此受到惩罚。

那些将左轮手枪、汽油瓶当作武器，跟坦克、飞机、大炮对抗的战士，是您的英雄。那些在炮火中救治伤员，传递信函，在被炸毁的地下室做饭，让孩子和大人填饱肚子，给濒死之人做临终安慰的女人，是您的英雄。那些在残留着硝烟的断壁残垣中静静玩耍的孩子，是您的英雄。他们便是华沙的民众。

永世长存的民族，方能激励产生如此大范围的英雄之举，因为死去的人其实已经获胜。活着的人会坚持抗争到胜利的一刻，同时再次证实波兰的不朽，除非全体波兰民众都已死去。

这些内容让人印象深刻。华沙抗战了超过六十天。有男有女的四万波兰地下军,战死的人数为一万五千左右。一百万民众中死伤两成。在跟起义军交战的过程中，德军死亡一万人，负伤九千人，还有七千人下落不明。从这一比例可以看出，这是一场肉搏战。

苏军在三个月后进入华沙城内，只收获了被严重毁损的道路和无人埋葬的尸首。他们就这样解放了波兰，眼下，他们已成了那里的掌权者，可这件事还会有后续发展。

# 第十章　第二次魁北克会议

**我在9月5日从克莱德启程——英国对日本的作战计划——是否能在1944年击败德国？——我们一定要先于苏军进军中欧——我们9月10日登陆哈利法克斯——我们9月13日在魁北克城堡召开首次全体会议——我总结战争的进程——缅甸战争——我提议向太平洋调派英国舰队，指挥权交由美国最高统帅部——美国在太平洋上的战斗——波特尔爵士为皇家空军所做的计划——9月13日我发回本土的电报——“热情友善的氛围”——摩根索计划——联合参谋长委员会9月16日所做的报告——从北路闯入德国有何益处——意大利一战——巴尔干计划——日本兵败——去海德公园道别——返回本国**

我们搭乘“玛丽皇后”号轮船，在9月5日周二这天再度从克莱德启程。参谋长全部随行。航行持续了六天，每天我们都会开会，偶尔一天开两次会。我希望在跟美国朋友会晤之前，先从整体上统一、把握我们当前的很多计划。我们不光在欧洲实施了“霸王”计划，还取得了成功。要想保证最终胜利时英国在日本也能占据荣耀地位，我们到底应该选在什么时间、什么地点、什么方式进攻日军？跟美国比起来，我们的损失不会更多或是更少。日军掌控的英国俘虏和平民百姓超过十六万人。我们一定要收复新加坡，解放马来亚。我们在近三年的时间内一直执行“把德国当作首要进攻目标”的策略。眼下轮到亚洲解放了，于是我做出决定，在这场解放战争中，我们应该充分发挥同等作用。战争进行到这一阶段，我最忧心战争结束后，美国会说："在欧洲战场上，我们向你们伸出援手，在对日作战中，你们却没有帮助我们。"我们在远东地区的合法属地，一定要由我们亲自上阵收复，而不应在和平会议中从别国手中拿回来。

我们一定要在海战和空战中投入我们的主力，这点显而易见。目前，我们的舰队绝大多数都能任意调遣到东方。我已做出决定，先向我们的盟友美国提出要求，准许我国的舰队全线参与主要对日进攻。皇家空军在击败德国后，要马上跟日本开战。

陆军参战更是千头万绪。中国的局势不断恶化。为了打通滇缅公路——此次行动人称"首都"，往喜马拉雅山另一侧空运更多物资，蒙巴顿将军被迫向缅甸中部地区加速进军。还有一个计划，能有更加立竿见影的效果：两栖远征，横渡孟加拉湾，占据仰光，往内陆进军数英里，将日军和他们在泰国的基地和交通线路之间的关联切断。该计划人称"吸血鬼"。缅甸中部地区的英国军队会在同一时间直奔仰光，跟在当地登陆的军队会师。如此一来，肃清整个缅甸便指日可待了，我们随后可以两栖进攻苏门答腊。

可这些行动要用到的兵力和物资都不是东南亚能满足的，只有欧洲才可以。一定要从地中海或是"霸王"行动中调派登陆艇，从意大利或是其余地区调派兵力。无论是兵力还是战略设备，都一定要马上启航运送过去。已经是九月份了。仰光距离一道弯曲的河口四十英里，河口的回水、岸边的泥淖都让情势复杂化。我们最晚也要在 1945 年 4 月发起进攻，因为从 5 月开始就进入了雨季。我们削弱欧洲兵力的做法妥当吗？

我们能否在 1944 年击败德国，我完全不能确定。我们确实在七周内基本没有败绩。巴黎解放，法国广阔领土中的敌军已被消灭干净。在意大利，我们的进军还在进行中。尽管俄国人暂时中止了进攻，但是可能在任意时间发起猛攻，用不了多久，希腊就能解放了。基本上希特勒所有的"秘密武器"都失效了。说他已掌握了制造原子弹的方法，并没有任何依据。英国众军官根据这些和其余很多原因，推断纳粹解体指日可待，我却不这么认为。1918 年 3 月，德军发起的猛烈攻势，我现在还有印象。

所以我在 9 月 8 日由自己主持的参谋长委员会中提醒他们，制定计划时不要考虑德军快速溃败这一因素。我点明德军加强了在西方的反抗力量，而在南锡，美军忽然遭遇阻滞，大部分港口的驻防德军的反抗都相当激烈；美军尚未攻克圣纳泽尔；在通向我们急切想要占据的安特卫普港的斯卡尔特河口两岸，敌军正在拼死抵抗。

我还有个坚定不移的想法。我非常期待英军能先于苏军抵达中欧部分地区。比如匈牙利人说过，若苏军进军到匈牙利，他们会阻挠，若换成英军，他们会甘愿投诚。若德军从意大利撤出，或是退到阿尔卑斯山，我十分期待亚历山大能渡过亚得里亚海，突然发起两栖战，攻克伊斯特利亚半岛，在苏军之前抵达维也纳。现在好像还没到调派亚历山大的军队去东南亚的时候。帝国总参谋长答应，在将凯塞林驱逐到皮埃维河之前，不会对亚历山大的军队做出半分调动。到时候，我们的战线会缩减大半。对仰光发起进攻，要用到亚历山大属下的几个印度师，但目前我们只可以调动一个出来。就连这样的前景，也不能让我满足。而听说我们要登陆伊斯特利亚半岛，一定要向美国借他们原本要调到太平洋上的登陆艇，如若不然，便要缩减在法国作战的规模。进攻仰光要用到我们余下的登陆艇。一定要在 5 月雨季开始之前登陆。我们若将这些登陆艇用到亚得里亚海，它们便赶不及去支援仰光了。

航行途中，我们长谈了很多次，最终我发表的对了不起的同盟的观点，得到了所有人的赞同。

*　　*　　*

我们 9 月 10 日登陆哈利法克斯港，第二天早上抵达魁北克。在我们之前，身为客人的罗斯福总统夫妇已经先到了。在车站，我碰到了来接我的总统。我们再度入住魁北克城堡，福朗特纳科别墅则再度成为参谋员的专属。

我们在9月13日（周三，早上）召开了第一次全体会议。英方跟我一同出席的有布鲁克、波特尔、坎宁安、蒂尔、伊斯梅和在蒙巴顿之后就任联合作战部长的陆军少将莱科克。美方跟总统一同出席的有莱希、马歇尔、金和阿诺德。啊！哈利·霍普金斯此次居然没有出席，他在我离开英国前夕发来电报："我觉得我不应该尝试在亚伯拉罕平原上参与魁北克一战，让自己的健康遭受威胁，因为尽管目前我的身体已经好了很多，还是绝对不能过度紧张。已经有些才能在我之上的人，在这片平原上付出了生命。"彼时，我并不了解他跟总统的关系实质已经变了，可他是个非常值得纪念的人，这点我毫不质疑。

罗斯福先生让我做会议辩论的主持人。我便将自己在航行途中准备好的对战争的全面观感说了出来。联合国的工作在我们在开罗的会晤过后有了很大改观。我们实现了所有愿望。在七周的时间内，我们接连打胜仗。德黑兰会议之后的局势演变，证明我们的想法和具体实施都相当不错。首先在安齐奥登陆，然后在"霸王"计划即将实施之际将罗马攻克。时间计算得再准确不过。我祝贺美军参谋部如此完美地执行了"龙骑兵"计划。好像俘虏了八九万战俘。依照计划，正在清缴法国南部和西部地区的敌军。将来历史学家必然会说，德黑兰会议之后，同盟国的作战机构效率卓著。

战斗到第六年后，白人总数（自治领和殖民地也包括在内）只有七千万的大英帝国并没有改变原有的地位。这也让我很是欣慰。算算在欧洲参战的师的数量，我们跟美国的投入基本持平。这是自然的。能够跟我们了不起的盟友分庭抗礼，我十分骄傲。目前，我们的实力已达到最强，盟军的实力也在不断增加。艾森豪威尔将军成了百分百可信赖的人，他跟蒙哥马利将军和布雷德利将军都相处得更好了。在领导、组织参谋员这件事上，比德尔·史密斯将军才能出众。高效统一的美、英两国联合参谋机构业已成立，在指挥作战方面表现极为出色。

8月末，身处意大利的亚历山大将军会再度发起进攻。第八集团军8月末之后的死伤总数在八千左右，第五集团军则在一千左右。如此激烈的交战，是第五集团军从未经历过的，不过这是他们迟早要经历的。从未有这样极具代表性的大英帝国的军队走上这座战场。这支军队包括八个英国师，两个加拿大师，一个新西兰师，一个南非师，四个英属印度师，共计十六个师。我表示，我一度忧心部分基础条件匮乏，或许会导致亚历山大将军在这场激战中无法支撑。可眼下我已知道，联合参谋委员会已答应，不会再将亚历山大的部分军队调遣到别处，除非凯塞林的军队已经覆灭或是从意大利逃跑。

该承诺被马歇尔将军证明属实。据此，我重申我们若遇到以上状况，一定要另外寻觅活动地点。无论如何，我们的军队都不能闲下来什么事也不做。我表示，长久以来有件事让我很有兴趣，就是向右发起运动战，在亚得里亚海一刀刺向德军腋下。我们应该将维也纳当成我们的目标。若德军的反抗不那么激烈了，我们自然可以快速、顺利地抵达该城市；若德军坚持反抗，我已对攻克伊斯特利亚、占据德里斯雅特和阜姆这一有助于该运动战的做法，做出了全面深入的权衡。美国参谋长联席会议称，若该行动跟我们的期待相符，并且不可或缺，他们可以为此次两栖作战提供登陆艇，他们会让一些目前正在向法国南部地区发起进攻的登陆艇继续停留在地中海。我终于不再担心了。而苏联快速闯入巴尔干半岛，在当地发展自己的实力，已经构成了威胁，这也是此次向右发起运动战的原因之一。

* * *

继续回忆缅甸一战。这是一场大规模战争。参战人数达二十五万。英帕尔、科希马都爆发了激战。令人振奋的是，史迪威将军攻克了密支那。我方军队死伤总数高达四万人，更有二十八万八千人患病。不过，大多数病患已经康复并归队，值得庆幸。最终的战果是，与中国之间的航空线得以维系，印度免受进攻。日军的伤亡总数估计有十万。截止到目前，缅甸一战是我们跟日军规模最大的陆上交战。

随后，我又表示，这些战绩也不能改变长时间在缅甸森林开战的恶劣后果。英国参谋长委员会已据此提议实施攻克仰光的计划,即“吸血鬼”计划。当前要调集足够的军队运送到东南亚，赶在 1945 年雨季到来之前攻克仰光，难度相当高。尽管眼下我们在欧洲战场占据了优势地位，但要将部分军队从此处撤离，还不是时候。我们要求尽可能保有自主选择权。我们会竭尽所能，实现这一目标。

有些人唯恐天下不乱,说我们击败德国后,不会对日开战。事实上,大英帝国不光绝对不会推卸这一责任，反而非常期待在跟日本的交战中发挥最大作用。在这件事上，我们的原因很充足。无论是对大英帝国还是对美国而言，日本都是不共戴天的仇敌。在这场大战中，英国失去了领土，承受了巨大的损失。眼下我要提议在美国最高统帅部的领导下，允许英国的主要舰队投身最重要的对日交战。我们的能力足以成立一支军队，实力雄厚，装备完善。我们期待这支军队能在 1945 年末拥有几艘式样最新的战列舰，为使战舰在没有岸上基地供给的情况下也能维持很长时间，还要同时组建同等规模的辎重船队。

这时，总统打断我说，这样的英国舰队他们可以马上接受。尽管他没谈及相关的实情，却让海军上将金的观点失去了立足之地。

我说下去，太平洋中部的我国舰队可以派出一支分队去太平洋西南部，听命于麦克阿瑟将军，前提是将军没有异议。我们断然不想干预将军的指挥权，这点毋庸置疑。皇家空军希望加入对日空袭，发挥更大作用，加速日军战败。我们可派出规模庞大的轰炸机群，跟美国同伴共同向敌军腹地发动空袭。此举虽有很大风险，却也十分荣耀。打败德军后，我们可以从欧洲往东方调派大约六个陆军师，之后可能会再调派六个过去。在东南亚，我们拥有十六个师。到了最后，这十六个师可能也能调派出去。由于新加坡失守，大大损害和辱没了英国的威严，我们一定要报仇。所以一直以来，我都坚持渡过孟加拉湾开战，夺回新加坡。上述观点可能会发生改变。我们第一步应该做的是攻克仰光，之后再观察整体局势。若日后时局改变，出现了更优秀的计划,我们自然也会接纳。在尽可能早的时候,利用尽可能多的力量,迎战尽可能多的敌军，便是我们的宗旨。

* * *

我总结完后，总统向我道谢。他表示有件事让人非常欣慰，就是在连续不断地召开会议期间，美国和英国的意见和基本观念的差别不断缩小。而由始至终，会议的氛围都很真诚、友善。我们的事业业已繁荣，但要预测什么时候能结束跟德国的战争，还是颇有难度。德军显然正在撤离巴尔干诸国；在意大利，他们应该会撤退到阿尔卑斯山。苏军现在就在匈牙利的国界处。德军虽然失去了很多装备，但看他们组织撤兵时的优秀表现，他们还可以保留大量兵力。我们能迅速抵达皮埃维河，前提是亚历山大在战争中没有遇到什么阻滞。意大利国内的全体我方军队都应在战争中倾尽全力。西面的德军也许会撤退到莱茵河背后。他们会将莱茵河右岸当成他们防线西侧易守难攻的屏障。我们在向他们发起进攻时，一定要从东侧或是西侧，因此一定要制定灵活变通的计划。眼下还不应轻视德军的实力。还有一场更大规模的战役等着我们。所以欧洲战场上的情况,决定了我们跟日本交战的次数。

我们想在清缴了缅甸战场上的日军后马上转移，总统表示赞同。夺回菲律宾，从菲律宾或是台湾，或是我们能在中国抢夺的桥头堡掌控日本本土，是美国的计划。要拯救中国，只需我方军队在中国内地立足即可。美国曾用“左右迂回带球”法取得了鲜明的成效。其中一个例子就是以很少的死伤换来巨大胜利的拉包尔。总统询问，能不能迂回至新加坡北侧或是东侧，抢占曼谷之类的地区？他表示，依照苏门答腊计划采取的行动已获得很大成功，他却没对该计划倾注足够多的注意力。

我表示，所有计划都在审查，各项的先后执行顺序之后再安排。我们要做出决断，先要攻克仰光。在德黑兰，斯大林主动表示会在击垮希特勒后跟日本开战，这项任务很庄重，不宜过分低估它。说斯大林说一套，做一套，并无根据。毋庸置疑，俄国人对东方虎视眈眈。假设1月希特勒战败，全世界最强大的三个国家都去对抗日本，日本自然要经过反复思量，才能决定是否要坚持战斗。

随后，为了表明我国立场，也就是明确承诺英国舰队会参与主要对日作战，我又复述了一遍原话。

总统说："希望能时刻看见英国舰队。"

海军上将金表示，已经准备了一份文件，呈交给参谋长委员会，且正对该问题努力展开研究。

"是否接纳我们关于英国舰队参战的提议？"我再度问道。

罗斯福先生回应道："接纳。"

"那是否准许英国空军参与最重要的战争？"

要让他们直接回答这个问题就不是易事了。马歇尔称，他跟阿诺德将军正竭力让尽可能多的飞机参战。他解释道："我们前不久还在抱怨没有足够的飞机，眼下飞机却太多了。你们若想派出大军进攻东南亚与马来亚，理应用到你们的大多数空军，不是吗？波特尔计划轰炸日本，跟这一点关系都没有吧？"

波特尔说："是的。我们的'兰开斯特'式轰炸机若能在空中加油，飞行的距离就能跟你们的B-29型飞机基本持平了。"

我表示，两国的友好关系决定了我国的前景，所以在对日本的重要战争中，我国应发挥应该发挥的作用。这是相当重要的。在跟德国的交战中，美国曾毫不吝啬地支援我们。大英帝国知恩图报，自然应该为帮美国击败日本倾尽全力。

*　*　*

我在开完会后，往英国发了电报，内容如下：

首相致副首相、战时内阁　　1944 年 9 月 13 日

1. 我们在热情友善的氛围中召开了会议。两国参谋人员持有基本相同的观点。不会在凯塞林逃到阿尔卑斯山另外一侧或是被消灭之前，抽调亚历山大的兵力。我们准备把地中海全部的登陆艇都投入到亚得里亚海以北的伊斯特利亚、的里雅斯特等地的任意一场两栖战争中。

2. 在这里有一项提议已被彻底采纳，那就是如果战争进入了对峙阶段，别国军队又没能赶至维也纳，我们的军队会开赴那里。

3. 亚得里亚海用完登陆艇后，可根据实际需求，将登陆艇调到孟加拉湾乃至更远的地方。

我也能让地中海的我军指挥官更安心了。

首相致威尔逊将军、亚历山大将军　　1944 年 9 月 13 日

1. 此处已彻底讨论过跟你们相关的所有事情。一定要等消灭凯塞林之后（根据我方情报，这种结果出现的可能性很大），才能削弱亚历山大的军队。

2. 金海军上将对地中海的登陆艇没有别的要求。美国人为援助亚得里亚海以北所有颇具可行性的两栖作战，甘愿提供所有必不可少的登陆艇。

3. 所以我期待你们能紧紧抓住这个局势大大改善的机会，积极勇敢地采取行动。从美国人的言谈中能看出，若这是一场持久战，他们对我们最终进军到维也纳的计划没有半点犹疑。这里全盘接

纳了我们的所有提议，我非常欣慰。我们一定要竭尽所能，对这些便利条件加以利用。

* * *

我跟总统还有他的顾问，在接下来的几天多次展开会晤。我到魁北克时，尽管国务卿和哈利·霍普金斯都不在，美国财政部长摩根索先生却跟随总统一起过来了，这让我很意外。不过，由于我们急于对德国战败和日本战败之间这段时间的两国财务展开讨论，跟摩根索的会面让我十分兴奋。只是战争结束后如何处置德国，才是总统和财政部长更关注的问题。他们深深觉得，是工业实力决定了军事实力。他们表示，我们都已看见，二十世纪三十年代，德国在实现高度工业化后，可以那么轻而易举地装备自身，给周边国家带来威胁。他们据此判定，不管从哪个方面来说，德国这种大国都能做到自给自足，根本不用在工业方面投入太多精力。联合王国失去了这么多的海外投资，等恢复和平时，它要想保证收入和支出相等，唯有依靠大幅提升出口数量。所以我们应该从经济、军事方面考虑，鼓励德国发展农业，限制工业发展。一开始，我坚决抗议。可总统跟摩根索先生都执意要这么做，我们请求后者帮过我们很多次忙，于是，最终我们表示愿意对是否实行该做法做出权衡。

该计划被称为“摩根索计划”（由于时间不足，我没认真研究过这一计划），它好像已对这些观点做出了判断，而这种判断更凌驾于逻辑之上。直到今天，我依然觉得不应该如此压制德国的生活水平，哪怕这么做极具可行性；然而，彼时建立在工业基础之上的军国主义已将欧洲毁得惨不忍睹。但我们若采取以下做法也未尝不可：准许德国维持跟邻国相当的生活水平，工业生产力也只恢复到与之相对应的水准。自然，这些都要提交到战时内阁，进行全面、深入地讨论。最终，在我毫无保留的支持下，战时内阁的会议上没能保留让德国“经济田园化”

的提议。

*　*　*

我们在 9 月 16 日周六中午召开了最后一次会议。联合参谋长委员会呈交给总统和我的报告已经完成。莱希上将应罗斯福先生的要求，向我们一段一段朗读了报告。以下是最重要的几段：

> 9. 最高统帅的整体目标是，以最快速度进军，击溃德军，占据德国腹地。他很确定，敌军会将自身尚未利用的力量全部用于防守鲁尔、萨尔这两个重要地区。他据此判断，对鲁尔、萨尔的进攻，是在西线打败敌军的最佳时机。行动的第一步是打破齐格菲防线，抢占莱茵河各个渡口。进军途中要将主力军队调派到左翼。为了攻进德国腹地，他会利用这段时间，为后勤等方面做好准备。
>
> 10. 对艾森豪威尔将军的提议，我们表示赞同，同时让他留意：
>
> (1) 攻进德国北部地区，比攻进南部地区更有利；
>
> (2) 一定要在糟糕的天气降临之前攻入西北地区的港口，特别是安特卫普港和鹿特丹港。

对于这些整体目标，我没有异议，可我曾在我方军队渡过大西洋时告诉英国参谋长委员会，我不确定德军会不会快速败退。想来大家还没忘记此事，据此，我在另外一章中加入了一份我写的报告。龙德施泰特还没开始反攻，并且要再等超过半年，我们才能横渡莱茵河。

*　*　*

以下是对意大利战争的提议：

11. 我们已经审核了威尔逊将军的一份报告，内容是他所在战区的战况。他根据意大利当前的战争局势，为战争走向做出以下两种预测：

(1) 凯塞林的军队溃败。这时，我们可能会快速集合军队，留小股军队清缴意大利西北地区，其余朝卢布尔雅那峡谷追赶敌军（还要从伯伦纳山口越过阿尔卑斯山）；

(2) 凯塞林的军队井然有序地撤离。这样今年我们应该就只能荡平伦巴第平原了。鉴于阿尔卑斯山地势险峻，冬天又极其寒冷，要想在1945年春季到来之前再次发起主要进攻是不可能的。

下面还是联合参谋部的报告：

12. 我们已答应以下几点：

(1) 不应该在亚历山大将军当前的进攻有结果之前，调走意大利的主力军队。

(2) 一定要参考以下两点，重新权衡撤走美国第五集团军是否恰当：当前亚历山大将军的进攻状况和德军在意大利北部地区的撤离状况；艾森豪威尔将军的看法。

(3) 若威尔逊将军想将当前地中海的两栖作战中用到的船舰、装备留下，供伊斯特利亚半岛利用，那他应在10月10日之前，及早向联合参谋长委员会提交该计划。请将这件事告知威尔逊将军。此事我们已知会了盟军最高统帅。

我在该问题上要留意自己的条件。有种说法始终是正确的：抽调主力军队，一定要先明确亚历山大的进攻结果。可具体要进军到什么地方？比如，要是只让亚历山大进军到里米尼防线，我们根本不会接纳该提议。于是我表示，我觉得他能进攻且掌控波河流域。马歇尔和莱希都表示赞同，说他们也是这样想的。我终于安心了。

随后，我谢谢金海军上将为支援我们进攻伊斯特利亚半岛，借登陆艇给我们。上将重申，我们一定要打定主意，在10月15日之前对伊斯特利亚发起进攻，因为这些登陆艇还要用于对仰光的进攻。

*　　*　　*

在随后的段落中，联合参谋长委员会阐述了我们对巴尔干半岛战斗的共同提议：

13. 在威尔逊将军看来，以下局势是可以预见的：的里雅斯特－卢布尔雅那－萨格勒布和多瑙河南面的德军，绝大多数都将被困在原地，直至物资耗尽。到时候，他们要是不想被游击队和苏军消灭，只能向我们投降。我们留意到，意大利的战争一日不停，就一日不能将地中海的军队调到巴尔干，仅有的例外是下面这两支军队：

(1) 从埃及调过去的军队只有两个旅。目前，这支军队正准备占据雅典，开始救援，成立希腊政府，保障法律的实施，维持社会秩序。

(2) 亚得里亚海的少数陆军。目前，这支军队主要用来开展突袭。

以上提议我们没有修改或是辩论，全盘接纳。

*　　*　　*

对于太平洋作战方案中机动性和取巧的重要性，我们展开了深入探讨。凭借盟军的海军和空军占据的优势地位，我们应该能避免在任意地区发生使我们损失惨重的陆战。关于东南亚那边，缅甸北部地区的陆地行进，应和抢占仰光的两栖战斗联合一事，我们表示赞同。我表示，尽管我担负了英国的两项义务，保障跟中国之间的航空线路的安全以及获取中国的陆上交通，但在履行义务的过程中，任意一点做过头的趋势都会让我们无法再去仰光参战。可无论是联合参谋长委员会还是我，都想在1945年雨季到来之前攻克仰光。

报告剩余的内容都在稍加辩论后通过了。暂时确定在打败德国后十八个月内完成跟日本的交战。

以下全是原文中的段落，没有半分改动。

33. 联合参谋长委员会将在德军有组织的反抗溃败后，从军事观点出发，将规定中德国不经由苏联政府解除武装、管理、维持稳定的那些领土，切分成下列各区。

34. 为解除敌军武装，为管理和维持稳定：

(1) 在一名英国司令官统领下，英军将占据德国的莱茵河岸，以及科布伦茨沿黑森－纳索州北部边界到苏联占领边界往北的莱茵河东岸。

(2) 在一名美国司令官统领下，美军将占据黑森－纳索州的科布伦茨北部边界南边、苏联占据区域西边的莱茵河东岸。

(3) 美军占领区的司令官享有不来梅和不来梅港两座港口的控制权，以及在与之相邻的地区建立军队运送基地的权力。

(4) 美军占领区还拥有交通路线，通向西部、西北部地区的海港，还能从英军占领区内部通行。

(5) 可在之后选一个时间，将上面大致划分的英、美两国的占领区清楚划分出来。

*　*　*

我在9月17日周日那天，跟太太和女儿玛丽搭乘火车，从魁北克来到海德公园，拜访总统，跟他道别。

9 月 19 日的午餐我是在海德公园吃的，哈利 · 霍普金斯也来了。很明显是为取悦我才让他过来的。他解释说，他失去了总统的信赖，没有了之前的地位。过来用餐时，他晚到了几分钟，总统甚至都没问候他一声。真让人意外。真正应该留意的是，霍普金斯好像开始重振过去的影响力时，我跟总统的关系明显变好，工作效率也提高了。我们在两天内好像回到了过去。霍普金斯告诉我："我已经今时不同往日，你要明白。"他有很多事都想一蹴而就。他的精力如此旺盛，却在各种工作压力下支撑不住了。

晚饭过后，我启程去了纽约，第二天早上，我上了"玛丽皇后"号船回国，沿途什么事也没发生。我们在 9 月 25 日行驶到克莱德河，之后马上搭乘火车返回伦敦。

# 第十一章　缅甸国内的进军

**英帕尔的围困在1944年6月解除——日军蒙受致命损失——第十四集团军进军——跟雨季对抗的战争——史迪威将军8月3日攻克密支那——将军的“战神旅”——蒙巴顿造访伦敦，阐述自己的各类计划——我在9月12日写的战争相关备忘录——我军因德军的反抗推迟对仰光的进攻——蒙巴顿10月5日收到艰难讯息——坚持进军——美国高级指挥官人员变动——中国遭遇危险——12月1日总统发来的电报——两个中国师及几支空运中队撤离——朝曼德勒进军——滇缅公路1945年1月再度开放——我在1月23日发给蒙巴顿的电报——若开的冬季战斗——若开（阿恰布）被攻克**

先前已经说到，缅甸国内局势动荡，我军很快就要掌握主动权了[①]。1944年6月末，侵略印度的日军在英帕尔山地高原被击溃。彼时从北部过来的几支援军，跟斯库恩斯将军突围的驻防军会合了。不断有运送车队开入刚刚开放的通向迪马普尔的路。不过，还有一项任务未完成，就是将从亲敦江对岸过来的三个日本师驱逐回原处。日军已承受了足以致命的损失。战死的总数大约超过了一万三千人，而根据日本的一项估测，加上死于伤病、饥馑的人数，总共死亡六万五千人。目前正是雨季的高潮阶段，过去的两年，激烈的交战

① 详见《从德黑兰到罗马》第十四章。——原注

一到雨季马上停止。日军毋庸置疑想要得到一个良机喘口气，重新整顿他们溃不成军的第十五集团军。我们不会给他们这种机会。

在斯利姆将军英明有效的统领下，英属印度第十四集团军发起进攻。其中，第三十三军率先荡平了乌克鲁尔的周边战场，第四军重新占据了英帕尔平原南部地区。日军的反抗在 7 月末被彻底击垮，第三十三军便发起了直至亲敦江边的全面追击。在追击途中的山路上，随处可见大批大炮、交通工具、设备被丢弃，这些都是敌军溃败的证据；大批敌军或死或重伤。印度第五师朝南部的铁定进军，一开始相对艰难。跟第五师对抗的日军第三十三师此时已获得支援，不像其余军队那样损失惨重。行军道路在山区中间蜿蜒盘旋，防御难度不高。日军阵地接连被攻克，在文森特空军中将的指挥下，皇家空军第两百二十一大队在步兵开始进攻前，马上展开激烈轰炸。跟这段时间缅甸其余所有地方一样，此处每日进军的速度也十分缓慢，只能用英里计量。然而，我军战士是在热带暴雨中行军，不管白天黑夜，身上始终都是湿透的。至于那些名义上的公路，天气好的时候，多半都是些小道，尘土飞扬，眼下被众人踩踏，变成了深深的泥淖。很多时候都要人拉着，才能使大炮和车从路上通行。行军速度慢很正常，可让人十分意外的是我们居然在推进。

在若开山地，我军不得不积极防守。那片丘陵丛林遍布、晦暗不明，沿岸仅有一道窄窄的稻田，以及长满了栲树的沼泽。雨季到来时，每周的降水量能达到二十英寸[①]。一切大规模战斗都因此停滞。史迪威将军统领的军队在北部战线平稳行进。8 月 3 日，他们攻克了密支那，得到了一处方便将来的陆战的进军基地，且为美国向中国的空运制造了一处中转站——这点更加重要。有名的“驼峰”空运原先要从阿萨姆北部地区直接飞过高山到昆明，现在也告别了这种高危险系数的路线。从阿萨姆北部地区开始的那条长长的公路在持续建造中，预计之

① 伦敦的降水量平均每年约为二十四英寸。——原注

后要连接其从缅甸到中国的那条旧有的公路。一道始于加尔各答的新油管竣工，长度达七百五十英里，超过了有名的伊拉克与海法之间的沙漠油管，让阿萨姆所有后方交通运输不再紧张。

史迪威为了向南部进军，将自己统领的五个中国师整编成两个集团军，派其中一个从密支那开赴八莫、南康，另一个开赴瑞姑、杰沙。英国第三十六师负责领导第二个集团军行军，这个师现在归史迪威领导，它取代了郎坦将军属下的几个钦迪特旅。这几个旅彼时已连续战斗了将近半年，历尽艰苦，最终击败了十一个以上的敌军营，如今撤退回去做长时间的修整是很有必要的。史迪威没有将“战神旅”派出去，因为这是他的后备。这支军队的基本构成是一个美国团，总兵力约一万，十分灵活、轻便。8月伊始，史迪威带着这些军队启程横渡伊洛瓦底江。其东翼军队跟正从萨尔温江朝南康进军的约十万中国“云南”军队取得联系。

* * *

此时又重新审核了东南亚将来的作战策略，蒙巴顿将军跟他属下的赛默威尔海军上将、吉法德将军、皮尔斯空军上将这三位总司令一起商议过后，启程赶赴伦敦阐述自己的多项计划。他已收到命令，务必从陆上挺进到缅甸中部地区，等到第十四集团军横渡亲敦江，跟从北边过来的史迪威军队会合时，此次进军才能停止。但他到底能不能从曼德勒抵达仰光还难以确定，因为他的交通路线不断延长，急需的运送物资的飞机又很少。于是，他提议开展一项大举进攻仰光的两栖作战计划，还将其命名为“吸血鬼”，该计划在前一章中有所涉及。他的军队在那里立足后，便能到北边会合第十四集团军。这个提议很不错，不过要用到只能从西北欧才能获得的军队和船，其数目超过蒙巴顿现在手头上拥有的。

我在魁北克会议的一份备忘录中，记录了自己对该计划和各类相关方案的观点。

首相致伊斯梅将军，转呈参谋长委员会　　　　1944 年 9 月 12 日

## 对日战争

1. 英国可以借助两种方式参与此次战争：第一种是直接参与美国在远东地区的少数特定战争，第二种是英国派出军队开展一项规模庞大的牵制性行动，从陆地和空中对敌方实施经常性攻击，使其实力耗损，使被其占据的英国领土得以收回。我赞同第二种方式，理由如下：

(1) 在最早的时间，最短的距离内，跟最多的敌军持续进行最长时间的战斗，这种作战策略差不多适用任何一场战争。

(2) 要将此事做到最完备，就要进行一段短途航行，渡过孟加拉湾，向“吸血鬼”（仰光）、“长炮”（苏门答腊）或是其余能力范围内的第一批目标直接发起突袭。

(3) 交通路线延长会大大减少跟敌军开战的兵力。在油管的这头输入大量石油，流到另一头却只剩了几滴，路线过长导致了途中难以计量的泄漏。

2. 从以上原因可推出这样的结论：不管调派哪支英军到麦克阿瑟将军领导的澳大利亚军队和新西兰军队中去，我都会抗议。这样我们只能取得微小而又滞后的成绩。但若是派英国海军一支包括几艘航空母舰在内的机动部队去援助麦克阿瑟将军，我就没有异议，只要这种调派不会使我们渡过孟加拉湾的主要战斗计划受到影响。除此之外，改派几支皇家空军中队也无不可。

3. 莱希上将昨天告诉我，他们已经决定采纳英国的建议，准许英国派出舰队参与主要对日战争。所以从该舰队中调派一支小分队援助麦克阿瑟将军，跟该战略并无分歧。

4. 简而言之，我们应采取这样的策略：向美国最重要的军事

行动最大限度地提供海军援助，与此同时，我军向仰光的进军也不能停滞，以后我们要大规模进攻新加坡，这就是引子或是其中一个引子。英国在全印度和远东战场的最高目标就是这样。它会重振英国在该地区的力量，因此它是仅有的我们应该奋力争取的目标。我们在追逐该目标期间，要在尽早的时间，尽最大努力，跟尽可能多的敌军开战，用这种方式最大程度地支援美国的战斗。

我们在魁北克会议的辩论中，说服美国人支持我们对仰光的计划。这表示我们将获益颇丰。在缅甸的山区、丛林，还有印度边界上，英国和大英帝国的军队战斗了半年，光是病死的总人数就达到了二十八万八千。可是从海上向仰光发起进攻，朝北部进军，便能斩断敌人的交通，切分他们的军队。日军在缅甸全军覆灭会导致大批军队闲置，他们可以马上去进攻孟加拉湾对面的各个目标，此举能推进我们的共同事业，加速日军战败，特别是会使日本空军受到巨大打击。我们下定决心，要在 1945 年 3 月 15 日之前，集中全部兵力对仰光发起进攻，以实现上述目标。根据估测，要有五六个师才能发起一次这样的行动，可是蒙巴顿只能派出两三个师，联合王国至多只能派出一个师。如果战败，不光表示在缅甸的战斗时间延长，导致更多的人病死，产生原本可以避免的伤亡，还表示我们在 1946 年之前向马来半岛及其周边地区发起进攻的全盘计划将遭受影响。

所以我曾提出一个对策，就是往缅甸而非欧洲调派一两个美国师。相较于将蒙哥马利军队中两个正在开战的师调走，这一对策更优越，不用撤离任意跟德军交战的军队，就能在对日本的战争中快速投入更多的军队。在魁北克会议上，我表示我只想让美国三军参谋长研究一下我的提议，至于能不能马上做出决策，我并不在意。马歇尔将军答应了我，可我的这一提议最终没被采纳，理由多种多样。那种说德军会在今年结束之前失败的乐观期待最终成空，而我从未有过这样的期待。局势在 9 月末已经十分清晰，今年冬季及之后的日子，德军会一直反抗下去，蒙巴顿因此收到命令（已经不是第一回了），务必倾尽全力，利用自己拥有的所有条件做出妥当的部署。我就此发了一封电报：

首相致蒙巴顿海军上将　　1944 年 10 月 5 日

国防委员会被迫判定 3 月份的“吸血鬼”计划已经中断，英国的三军参谋长委员会已经跟美国参谋长联席会议提出了这一提议。到时你会收到正式训令。你同时也应明白一点，不是因为你跟东南亚军区的态度，而是西战场中一股影响力远超过这种态度的力量，导致了该计划延期。你从这一刻就要开始思考，（1945 年）11 月如何再就该计划展开商讨。我确实很惋惜，这个我为之奔走过的战斗计划没能付诸实践，但法国和意大利境内德军的反抗都证明了他们比我们想象中更强硬。我们一定要先铲除他们。

* * *

我的第十四集团军和史迪威集团军，这段时期一直在缓慢推进。10 月 18 日，印度第五师占据了铁定，还从当地最高点八千英尺高的肯尼迪峰上，在空军集中、精准的轰炸援助下，荡平了敌军。从那里，他们一路向前进攻，攻到了吉灵庙。攻克达武后，第三十三军派出一个东非旅往东进军。这个旅在亲敦江对面的锡当建造了一座桥头堡，价值不菲。第十一东非师的剩余军队沿着克博流域向南面的吉灵庙进发，11 月 14 日抵达当地，一同抵达的还有印度第五师。此次行程难度相当高，途经地区因疟疾和斑疹伤寒名声在外，对体力方面要求极高。我们在缅甸的军队，眼下都在遵守一项很不错的卫生纪律，用一种名叫默巴克林的新药，还频繁使用 DDT 杀虫剂，大幅降低了患病的概率。而对这种预防举措没有太多认知的日军却大批死亡。东非师从吉灵庙继续前行，来到达伽里瓦，横渡亲敦江。在此处，工兵用二十八个小时建成了一座桥，长度约达四百码，而在整个战争期间，他们还取得过很多比这更高的成果。就这样，12 月伊始，斯利姆将军的第十四集团军便借助亲敦江对面的两座桥头堡，在中央战线上确保了主力军对缅甸中央平原的进发。

美国高级军官 11 月出现人事变动。史迪威被华盛顿召回国。由另外三人接替了他广泛、多样的职位。魏德迈将军取代他，成了蒋介石的军事顾问，蒙巴顿的副手由惠勒将军担当，北部地区的前线战场交由萨尔敦将军掌管。此处的盟军将日本第三十三集团军缓慢驱逐回去。八莫在 11 月中旬已被严密围困起来，可日军坚持反抗，又拖延了长达一个月。英国第三十六师在 12 月 10 日攻占了英都。他们六天后在当地跟印度第十九师会合，该印度师曾在亲敦江的锡当桥头堡横渡亲敦江，往东进军。两支盟国军队最终在超过一年的苦战后会合。

* * *

然而，又遇到了一些令人恐惧的行政方面的问题。几个月前，在遥远的中国东南地区，日军就开始朝大元帅的都城重庆及美国空运的补给据点昆明进军。魏德迈将军 11 月份察觉到情况严重恶化。美国空军驻中国的各座行军基地先前连续攻陷沿海地区的敌方船舰，现在却接连落入敌方手中。魏德迈不能求助中国军队，便请求调回缅甸北部地区的两个中国师，并请求抽调特别包括三个空军运输中队在内的更多美国空军中队。

美国总统发了一封电报给我。

罗斯福总统致首相　　　　1944 年 12 月 1 日

魏德迈将军给我发来电报，大致描绘了中国的严峻形势，说蒋委员长决定将受训程度最高的两个中国师从缅甸调到昆明，他没有异议。这封电报你一定已经看过了。眼下它已到了蒙巴顿与英国驻华盛顿代表团手上，在此我不多说了。

魏德迈将军从当地发出的跟严峻形式相关的观点和他已经了解的形势、在缅甸的作战计划，我们都知道了。我认为，目前他对整体形势和要采取的行动的深入了解，超越了其余所有人。我们另外还要直面这样一种现实：在中国遭遇生死存亡的巨大威胁之际，大元帅已做出决定，为阻挡日军朝昆明进发，将两个中国师撤回去。若昆明这座陆军、空军终点站被日本攻克了，那我们再在陆上开通跟中国相连的交通线，便一点用处都没有了。我觉得，在这样的前提条件下，我们不能给蒋委员长压力，让他改变自己的主意。

这个消息非常艰难，可我们唯一能做的就是接纳。

首相致霍利斯将军，转呈参谋长委员会　　　　1944 年 12 月 2 日

毫无疑问，为抵挡日军对自身致命部位的攻击，大元帅可命令任意师撤离，这是他的权力。我相信他会想先往国内撤回两个(由美国人训练出来的)师。我们不能从中作梗。尽管照他的要求去做。要立即开始研究缅甸（将要）发生的事情。我对美国人撤离这两个师的观点表示赞同，请为我草拟一份电报。

对缅甸的行动而言，两个优秀的中国师的撤离带来的不利，并不及失去空军运输中队。彼时，集团军跟铁路线的起点相距长达四百英里。当地的公路运输水准低下，斯利姆将军要靠空运物资来做出弥补。他的运输飞机是蒙巴顿实现多项整体计划的保障。中国要用到的几支空军中队一定要调过去，虽然之后派出英国空军占据大多数的中队取代了他们的位置，但空运在关键时刻的缺失，还是极大地延迟了战争开始的时间。

第十四集团军在这样的前提条件下，依然从山区冲进了曼德勒西北部的平原。梅塞维将军领导的第四军打头阵的一个师悄悄往南横渡

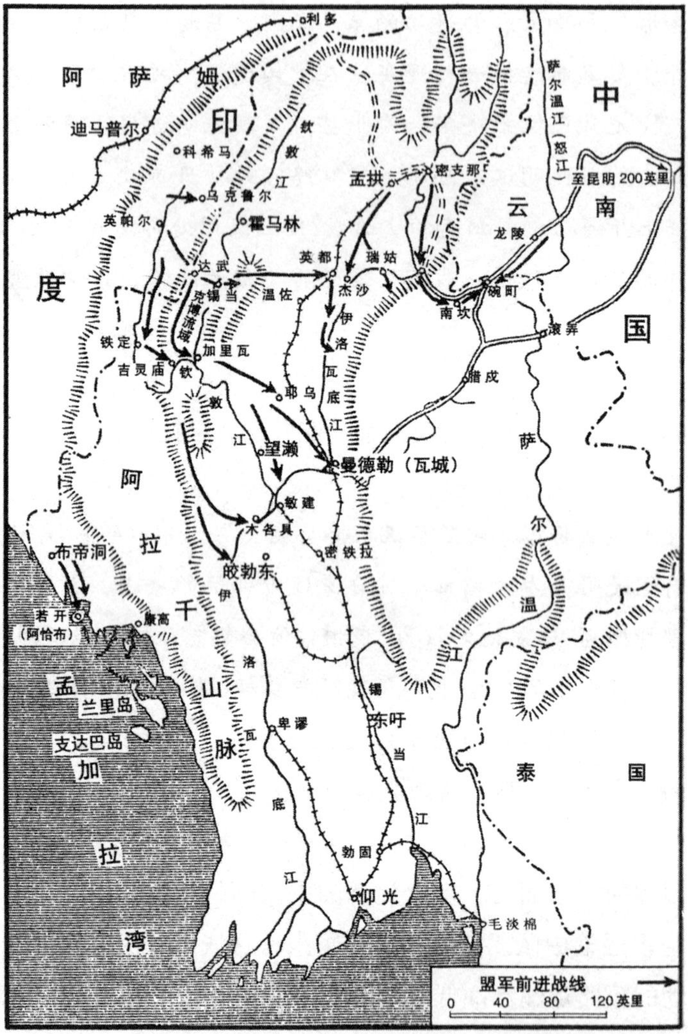


缅甸，1944 年 7 月—1945 年 1 月　　　（照原图译制）

伊洛瓦底江，在伊洛瓦底江跟亲敦江汇合处以南建造桥头堡。与此同时，在英国皇家空军二二一大队的援助下，斯托普福德将军领导的第三十三军从两江汇合处逆流而上，占据了伊洛瓦底江北岸。在曼德勒以北四十英里的地方，第十九印度师已经横渡到河对岸。萨尔敦将军统领的军队，1月底已抵达旧有的滇缅公路沿途的南康，在继续向东行进时，跟云南的军队会合了。缅甸前往中国的陆上公路，在日军侵略缅甸后被封锁，1942年春重新开放。首批陆地护送车队从阿萨姆启程，抵达中国边界时是2月28日。

首相致蒙巴顿海军上将（东南亚）　　　　1945年1月23日

我代表英王陛下政府，热烈祝贺你完成了你在魁北克会议上接受的命令的第一部分：重新打开通向中国的陆上交通。有很多次，我们承诺给你的支援都拖延了，让你失望，可你依然做到了这些。你和你的诸位野战指挥官，尤其是常年作战的第十四集团军，都因此获得了至高无上的荣耀。

英王陛下政府向随时向我们提供最大支援的美国和中国军队表示热情的颂扬与感恩，正如你一直在做的一样。

*　　*　　*

我会在另外一章中描述缅甸中部之后的进展，但若开冬季的战争，此处却一定要描述，因为这场战争虽然是辅助性质的，却很重要。其重要性表现为两点。“达克塔”型飞机为曼德勒平原的第十四集团军提供的空中运输，基本已到达了该型号飞机的最高承受限度。并且用这种方式运输到前线的军备物资，都一定要走交通繁忙的阿萨姆铁路到发货的机场。若克里斯蒂森将军领导的第十五军可以在若开（阿恰布）以南建造几座机场，飞机运送从印度直接海运过来的军需时，就能从这些机场起飞，那第十四集团军在从曼德勒向仰光进军的南线突袭时，就能从这些空运中获得补给了。第二，若一个孤立的日本师被兵力占据优势地位的我军快速击垮，那我军就能抽调两三个师和作为援军的空军准将斑登伯爵领导的皇家空军第二二四空军大队，到其余地区战斗。

12 月 12 日，对若开的进攻开始，进展不错。英军月末已经抵达若开（阿恰布）岛和大陆之间的海湾，开始准备进攻。一名英军炮兵侦察机上的军官 1 月 2 日察觉当地已无敌军的影踪，就降落到了若开(阿恰布）机场上，当地人说日军已经撤离。城防军大多都被调到更加遥远的北部地区开战；两天之前，余下的一个营也撤走了。漫长的若开(阿恰布）一战，在近三年的时间内让我们尝尽艰辛和失望，最后的结局却如此不可思议。第十五军很快占据了兰里岛，在当地建造了多座前进机场，且在激战过后占据了大陆上的康高。跟北边的军队一样，第十五军 1 月末也实现了自己最重要的目标，预备向前方进军。

# 第十二章　莱特湾战争

**跟日本的海战——英国太平洋舰队成立——美国海上力量的提升——美国的战术和日本的防守——6月15日登陆塞班岛——海军上将斯普鲁恩斯6月20日赢得关键胜利——攻克马里亚纳群岛——东京陷入恐慌——进军菲律宾群岛——台湾空战——美军10月20日登陆莱特湾——日军总司令决定阻止——哈尔西海军上将与敌军的陷阱——苏里高海峡夜战——美军登陆遇险——自杀轰炸机来袭——栗田海军中将想要折返——二十七艘日本军舰被毁——1945年1月9日登陆林加延湾——马尼拉被攻克——美国掌控中国南海**

眼下，跟日本的海战已经发展到高潮阶段。盟国的海上力量在孟加拉湾到中太平洋地区，逐渐占据优势。英国的三艘主力舰、两艘航空母舰及部分轻型舰，1944年4月都汇聚在了锡兰。美国“萨拉托加”号航空母舰、法国“黎歇留”号战列舰、荷兰一支小分队，都使得盟国的海上力量变得更强。2月，英国一支实力强劲的潜艇小队也抵达当地，马上开始进攻敌军在马六甲海峡的航运。另外两艘英国航空母舰也很快赶到，“萨拉托加”号也返回了太平洋。赛默威尔海军上将有这些舰艇帮助，更能一展才能了。4月，他的航空母舰攻击了苏门答腊最北的萨榜，5月，又向爪哇泗水的炼油厂、机械厂发起进攻。此次战斗持续了二十二天，舰队航行了漫长的七千英里。日军与仰光之间的海上交通在之后的几个月被英国的潜艇、飞机截断。

赛默威尔海军上将在从 1942 年 3 月开始的整段艰苦岁月中统领着东方舰队，直至海军上将布鲁斯·弗雷泽爵士 1944 年 8 月取代了他的位置。很快，他又取代诺布尔海军上将，成为了新任英国驻华盛顿海军代表团团长。欧洲战局一个月后的进度，让我们将本土舰队减少至一艘战列舰和部分辅助舰变为了可能。往远东战场的转移速度加快，“壕”号、“英王乔治五世”号这两艘现代化战列舰也加入了弗雷泽海军上将的舰队。英国太平洋舰队在 1944 年 11 月 22 日正式成立，我将在之后的一章中叙述它成立后开展的多项作战活动。

*　　*　　*

美国军队在太平洋上的整编和生产进展迅速，其规模之大，让人惊讶。要阐释美国努力的规模与成果，一个事例足矣。瓜达卡纳尔岛的争夺战在 1942 年秋到达高潮时，美国在海上仅有三艘航空母舰；一年后增加到五十艘；到了战争后期，已经突破一百艘。跟飞机产量增加比起来，该成果毫不逊色。若非一种积极的战略和一种用心筹备、创新、有效的战术激励，是不会出现这种军队实力的大规模进步的。他们肩负着非常艰难的任务。

从日本往南横跨太平洋，直至马里亚纳群岛和加罗林群岛之间，有一连串绵延约两千英里、链子一样的群岛。日军在其中很多座岛上都建立了防御的军事要塞，还建造了多座优良的机场，群岛最南面的特鲁克岛上有日军的海军基地。台湾、菲律宾、中国都在这些盾牌一样的群岛背后，同时，这些群岛又在为更前方的敌军阵地运送物资的通道打掩护。在这样的情况下，根本无法向日本本土发起进攻或是轰炸。所以一定要先斩断这条链子。由于攻占每一座设有防御工程的岛都会花费太长时间，于是，美国军队在进军时，便选择了跳跃的方式。只抢占比较关键的岛屿，其余岛屿绕行。当前，美国在海上的力量这样庞大，且增长迅速，使得他们建立自己的交通线路，同时切断敌军的交通线路,让被绕过的岛上的日军守军无法再有任何作为,变成了可能。他们突袭的方法也很正确。在进攻之前，先让飞机从航空母舰上起飞，展开猛攻，之后从海上开始激烈炮轰，某些情况下炮轰是连续不断的，到了最后再进行两栖登陆，到岛上展开厮杀。在攻陷一座岛屿，并派出军队在其中驻守后，为避免敌军反攻，再立即派出基地在大陆上的飞机驻守岛上。军队在同一时间又开始对下次进攻提供援助。开战时，舰队排列成梯形阵列。这支舰队开战，另外一支舰队就准备好做全新的跳跃。行动中用到的资源数目庞大，眼前的战斗和行军途中的基地建造，都要用到资源，但美军解决这个问题却轻而易举。

*　　*　　*

之前的几册书中已经描述过美军横跨太平洋的两路进攻。1944 年 6 月，这一描述再度开始，此时进攻已取得相当大的成果。麦克阿瑟将军在西南攻占新几内亚马上就要成功了；尼米兹海军上将也在中央逐步进入一列设防岛屿内部。两支军队都在往菲律宾推进。很快，对菲律宾的抢夺就将使日军舰队走向灭亡。原本日军舰队就被削减得厉害，航空母舰严重短缺，偏偏海战获胜却是日本赖以生存的依靠。日军为了应对日后恐怖且关系其存亡的威胁，已将舰队主力从特鲁克岛撤到东印度群岛和日本本土水域中间的位置。可没过多久，战局的演变就逼迫这支舰队重新出战。斯普鲁恩斯海军上将 6 月伊始派出航空母舰上的飞机，向马里亚纳群岛展开轰炸，15 日登陆设防的塞班岛。他若是攻克了塞班岛和邻近的提尼安岛及关岛，便打破了敌军的外层防线，使敌军面临严重的威胁。于是，敌军决定出动舰队，阻止他们。日军的五艘战列舰和九艘航空母舰，当日被发现正在菲律宾周边地区往东行驶。斯普鲁恩斯用来安排兵力的时间很充裕。掩护军队登陆塞班，是他最重要的目的。他就是这么做的。随后，他调集了包括十五艘航空母舰在内的舰队，在塞班岛西面等候敌军。日军航空母舰上的飞机，

6 月 19 日从各个方向向美国的航空母舰舰队发动空战，持续了整整一天。日本空军大队遭遇重创，被逼撤回航空母舰，美军却只遭受了一点损失。

斯普鲁恩斯当晚去搜寻下落不明的敌军，一无所获。20 日中午过去很长时间后，他终于找到了他们，当时他们已逃出约两百五十英里。美军飞行员在日落之前的空袭中击沉了一艘航空母舰，并使四艘航空母舰、一艘战列舰、一艘重型巡洋舰遭受巨大创伤。美军潜艇在之前的几天已经击沉了两艘大型航空母舰，彼时已不可能继续进攻了。日军舰队剩余兵力拼命逃脱了，可是塞班的命运就因为他们的逃脱成为定局。岛上的驻防军队苦苦支撑，却抵挡不住美军的不断登陆、集结。最终，所有有组织的反抗都在 7 月 9 日宣告完结。附近的关岛、提安尼岛也被美军攻占。马里亚纳群岛 8 月伊始已彻底落入美军的掌控。

日本最高统帅部因塞班岛失陷，受到巨大的震撼。东条英机政府的垮台也是其间接导致的结果。日军有充足的担忧依据。这一军事重地与东京的距离只比一千三百英里稍多。过去，日本人都以为它是不可能被攻陷的，他们失策了。美军已经截断了日本以南的防守，获得了向日本本土轰炸的最佳基地。美国潜艇从很久以前就不停地在中国沿海地区击沉日本商用船只，眼下又开辟了新的进攻途径，可让其余军舰也参与进来。美军再向前进军一小步，就会切断日本的石油、原料供给。日军舰队实力雄厚但失衡，驱逐舰、航空母舰、空勤人员都很弱小，要想高效作战，一定要有从地面基地起飞的飞机协助。燃料的匮乏导致训练受阻，船舰分散，所以重型船舰和巡洋舰中的绝大多数，在当年的夏末时节便停放到了新加坡及东印度群岛的石油供给处旁边。本土水域只剩下几艘航空母舰，刚刚成立的日军空军大队正在当地参加培训。

日本陆军的境况同样糟糕。他们人数很多，却散布在中国和东南亚各处，有些在遥远的岛上，援助根本到不了那里，他们只能听天由命。日军一些比较理智的领袖开始寻找一些方法终结这场战争。但对他们而言，他们的战争机器真的太庞大了，根本使不上力气。最高统帅部从满洲调走援军，同时下令台湾、菲律宾的日军坚持到最后一刻。日军一定要拼死守住这些地区与日本本土。日本海军省的态度也一样坚定。若在抢夺这些岛的紧急战争中，日军战败，就会断掉东印度群岛的石油供给。他们辩论称，若保住了船舰，失去了燃料，那也毫无意义。他们下定决心，8 月份让所有舰队都参战，不惧牺牲，只求胜利。

*　　*　　*

美军 9 月 15 日又进了一步。麦克阿瑟将军攻克了莫罗泰岛，该岛地处新几内亚最西面跟菲律宾群岛的中间位置；这时候担当美国海军司令的哈尔西海军上将，也在帕劳群岛为自己的舰队抢占了一处前进基地。这些战果在同一时间出现，相当关键。这段时期，哈尔西为了追查敌军的防御防备，倾尽全力。他期待借此掀起大规模海战，重点消灭日本剩余的几艘航空母舰，消灭日军舰队。随后的一跃，目标是菲律宾群岛，可目前美国的计划却有了戏剧化转变。盟国原计划对菲律宾最南边的明达瑙岛（棉兰老）发起进攻，彼时从哈尔西的航空母舰上起飞的飞机已攻击了那边及北面吕宋岛的日军机场。他们毁掉了敌军大批飞机，在交战过程中，意外发现莱特岛的日本守军实力弱小。明达瑙（棉兰老）面积相对大一些，但没有重要的战略地位。它跟吕宋这两片大面积的陆地之间的这座岛，面积小，眼下却名声大震，是美军重要的进攻目标。盟国 9 月 13 日在魁北克举行会晤时，尼米兹海军上将就在哈尔西的提议下，力主马上向这座岛发起进攻。麦克阿瑟批准了，美国三军参谋长联席会议在两天内决定，比原定计划提前两个月，在 10 月 20 日开始进攻。莱特湾战争就是这样引发的。

10 月 10 日，美军空袭日本和菲律宾中间的机场，莱特湾战争爆发。针对台湾的接连不断的猛烈轰炸，引来当地人的奋起反抗，从航空母舰上起飞的飞机和从陆地上起飞的飞机在 12 日到 16 日中间，接连爆

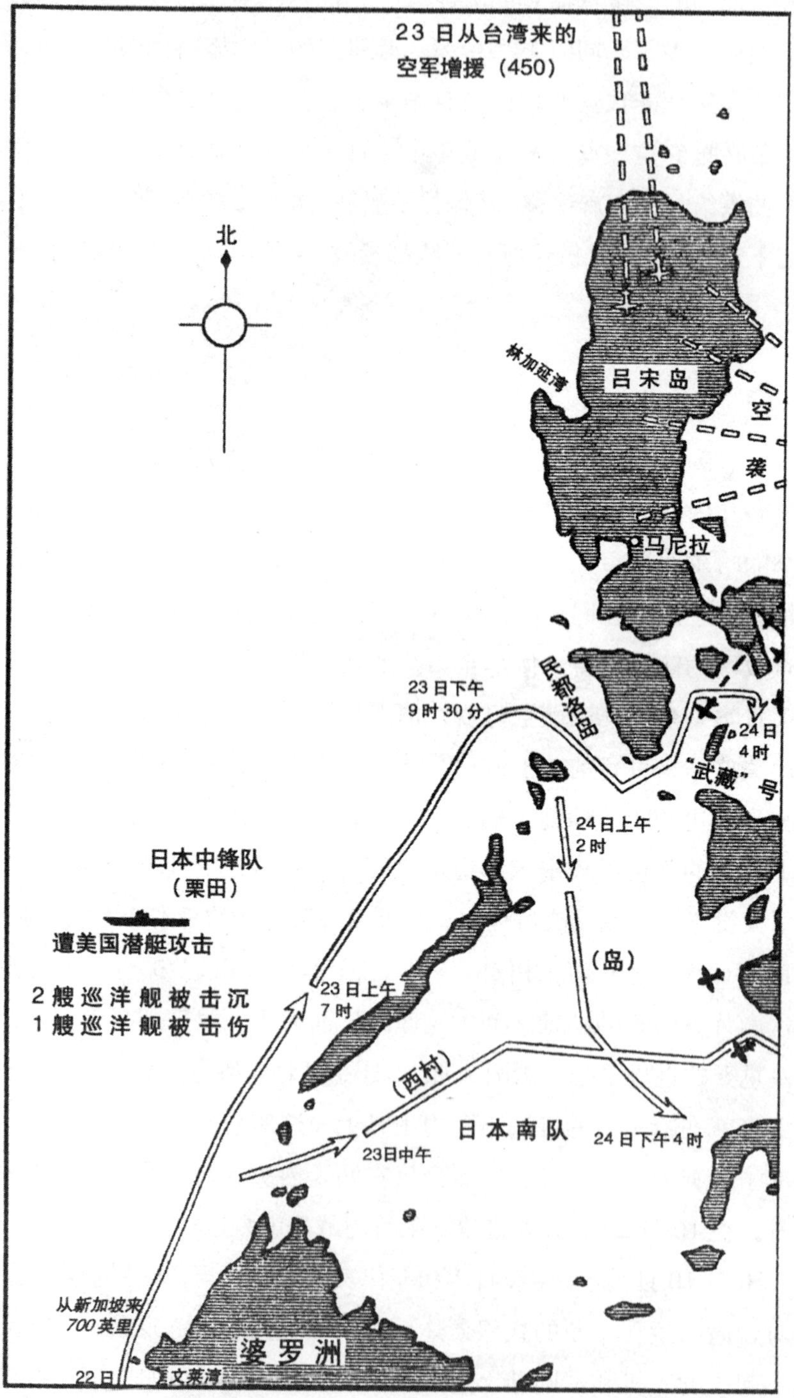


菲律宾莱特湾战役：逼近与接触　　　（照原图译制）

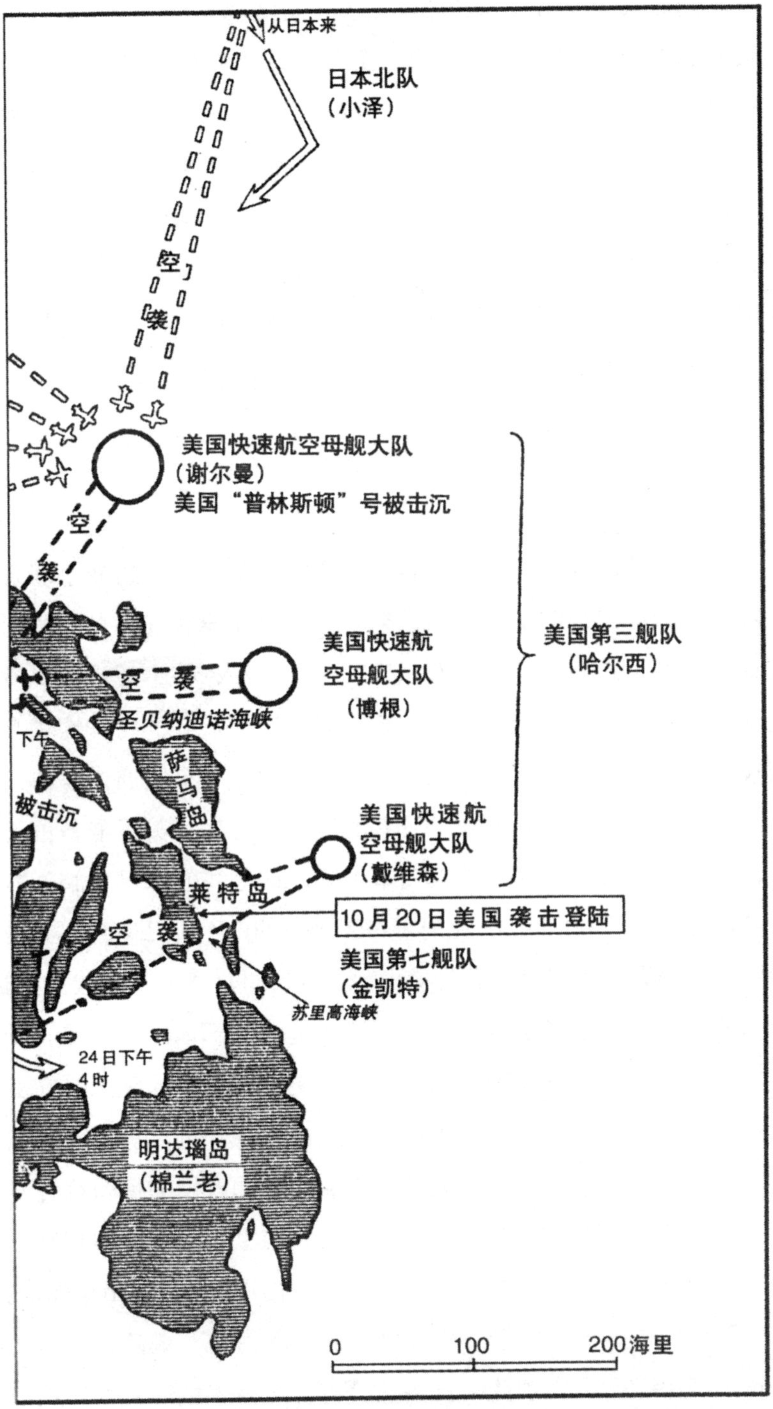


1944 年 10 月 22—24 日　　（照原图译制）

发长时间的大型空战。无论是在空中还是陆地上,美军都重创了敌军,而美军自身的损失不大，从陆地上起飞的飞机发动的激烈空袭，也没能打垮他们的航空母舰舰队。此次空战的结果相当关键。敌方空军在莱特湾战争之前就已被打得溃不成军。很多分配到舰队航空母舰上的日本海军飞机被调去支援台湾，权且将日后的需求都抛诸脑后，结果它们却在那儿被击毁了。如此一来，在超大型海战即将爆发时，日军航空母舰配备的飞行员最多就只剩了一百人，且没有接受过完整的训练。

* * *

在此有必要研究一下附录的图，这样接下来要说的战争理解起来会容易些。吕宋和明达瑙（棉兰老）这两座菲律宾的大岛，分别位于北部和南部，它们之间隔着面积比较小的群岛，其中最重要、最核心的就是莱特岛。两条能通航的海峡贯通了这一核心群岛，这场有名的战役的胜负，将被这两条海峡左右。北面的是圣贝纳迪诺海峡，南面大约两百英里是苏里高海峡，后者能直通莱特岛。美军准备抢占莱特岛，日军决定反抗，同时消灭美军舰队，这些我们都已了解。这一计划简单之余,无所顾忌。麦克阿瑟将军领导的四个师,即将登陆莱特岛,美军舰队的大炮和飞机为其打掩护——这便是日本人了解或是猜到的。他们的第一个步骤是引诱这支舰队到遥远的北部地区，参与一场不太重要的战争。但这仅仅是开端。日军两支实力雄厚的舰队会在美军主力舰队被诱离之后，分别开进圣贝纳迪诺海峡和苏里高海峡，共同朝登陆点进军。莱特海岸成了关注的焦点，全部大炮的炮口都会对准海滩，到时除了远在北部追踪那支诱饵舰队的重型舰艇和大型航空母舰外，没有什么能抵御这样的进攻。该计划跟成功的距离相当接近。

日军总司令 10 月 17 日命令自己的舰队启航。最高司令官、海军中将小泽率领的诱饵舰队，直接从日本开赴吕宋。这支舰队由航空母舰、战列舰、巡洋舰、驱逐舰混合组成。在吕宋岛东岸现身，跟美国舰队开战，引诱其离开莱特湾的登陆点，就是小泽要执行的任务。他的航空母舰没有配备足够的飞机和飞行员，不过这不重要。它们仅仅是引诱人上当的诱饵而已。日本主要进攻舰队在同一时间开始朝两座海峡进发。规模较大的一支舰队，可以称其为中锋队，包括五艘战列舰、十二艘巡洋舰、十五艘驱逐舰，它们在栗田海军中将的统领下，从新加坡开赴贝纳迪诺，从萨马岛旁边绕过，开进莱特；规模较小的一支舰队，可以称其为南队，包括两艘战列舰、四艘巡洋舰、八艘驱逐舰，分成两组开赴苏里高海峡。

美军10月20日登陆莱特岛。一开始没有遇到任何阻碍，岸边的反抗一点力度都没有。没过多久，麦克阿瑟将军的军队就建立了一座桥头阵地，开始向前推进。麦克阿瑟属下、金凯特海军上将统领的美军第七舰队，向他们提供援助。这支援军相对陈旧的战列舰与小型航空母舰用在两栖战中正合适。为阻挡敌军从海上向他们发起突袭，海军上将哈尔西的主力舰队被部署在了更遥远的北部。

这时候，我正在从莫斯科返回英国的路上。不过我跟布鲁克陆军元帅都明白，这件正在进行的事有多关键，为此我们发了一封电报，如下：

首相和帝国总参谋长致麦克阿瑟将军　　　　1944年10月22日

向你在菲律宾发起的卓越进攻表示由衷祝贺。

希望你能完胜敌军！

可危险尚未出现。美军潜艇10月23日在婆罗洲近岸的海面上发现了日军中锋队（栗田海军中将），击沉了包括栗田一艘旗舰在内的两艘重型巡洋舰，还使另外一艘受损。哈尔西海军上将航空母舰上的飞机，在第二天，也就是10月24日参与了进攻。规模庞大、安装了九门十八英寸口径大炮的“武藏”号战列舰被炸沉，其余舰艇也遭受巨

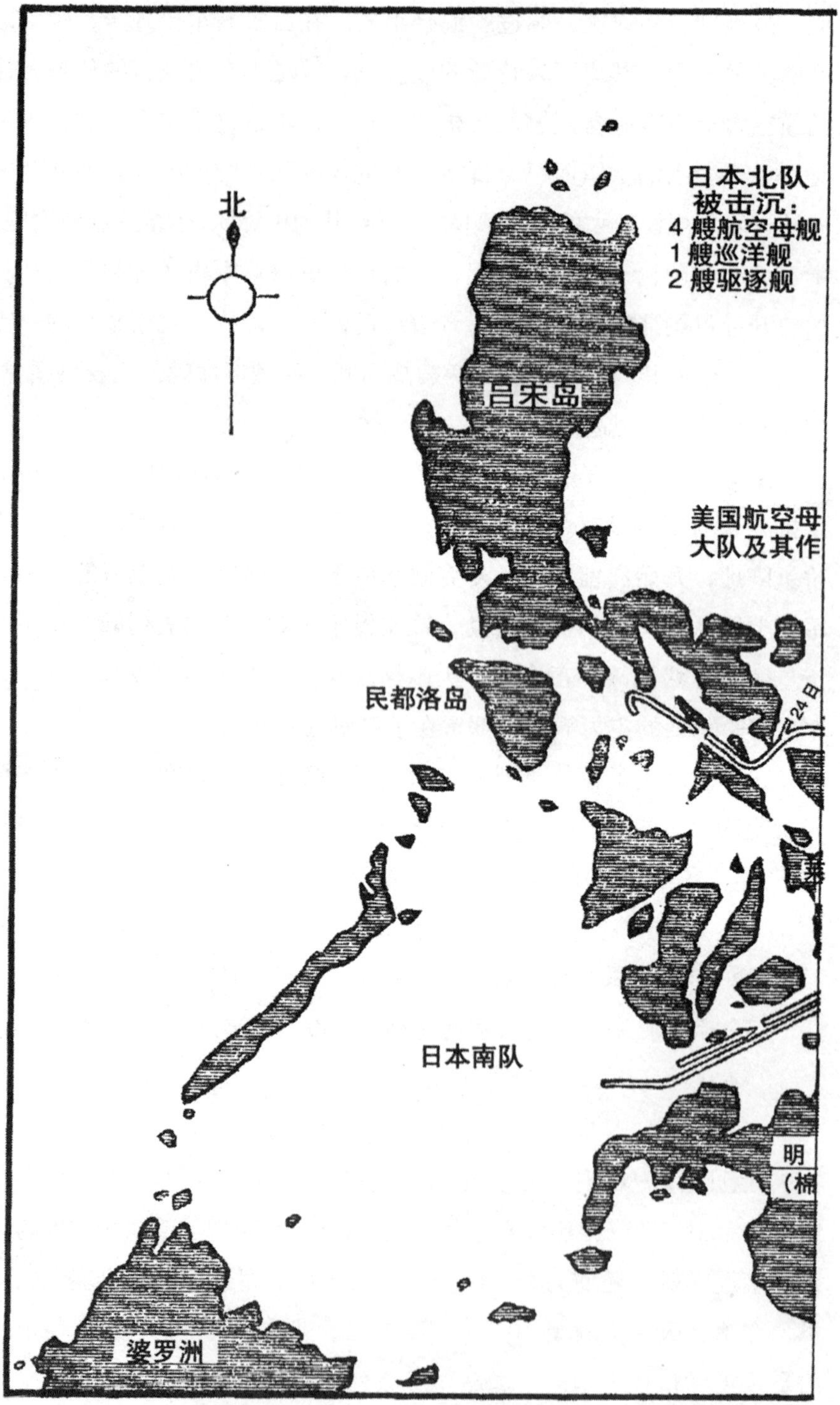


菲律宾莱特湾战役：决战形势　　　（照原图译制）

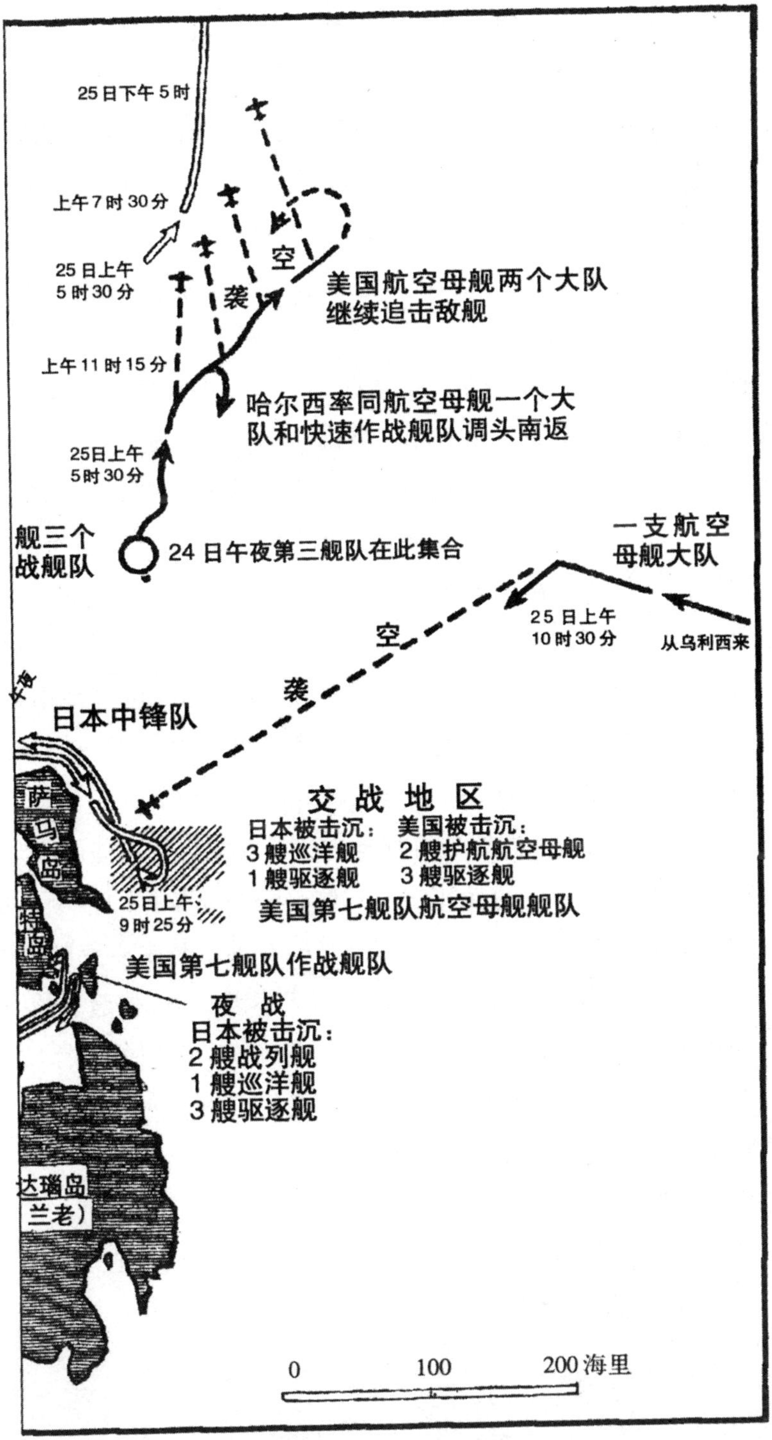


1944年10月25日　　（照原图译制）

创，栗田被迫返回。美国空勤人员带来了鼓舞人心的报告，不过，其中绝大多数都很容易引起误解。哈尔西判断此次交战已经取胜，最低限度，该回合已经取胜，而且他是有依据的。他明白，敌军的另一支舰队，也可以说是南队正朝苏里高海峡靠近，不过，他判定金凯特领导的第七舰队能将其打退，这一判定是正确的。

但他还在为某件事心存忐忑。他在白天曾遭受日本海军飞机的轰炸。尽管很多飞机都被击落，但他的“普林斯顿”号航空母舰也遭受了巨创，之后不得不丢弃。他据此推测，那些飞机可能是从航空母舰上起飞的。日军舰队不可能不派出航空母舰跟随舰队一起行动，可他偏偏没有发现任何航空母舰。美军已经发现了栗田统领的日军主力舰队，很明显，他们正在撤退，但是他们和南队都没有航空母舰。因此，必然还存在一支航空母舰舰队，他一定要找出来。于是，他下令往北搜索，他的飞行员在 10 月 24 日下午迟些时候，忽然看到小泽海军中将的诱饵舰队正从吕宋岛东北遥远的位置往南进发。该舰队有四艘航空母舰、两艘安装了起飞甲板的战列舰、三艘巡洋舰以及十艘驱逐舰！他确定这就是问题的源头，他真正的目标所在。他跟他的参谋长、卡涅海军上将都觉得，只要能毁掉这些航空母舰，就能摧毁敌军舰队日后的战斗实力，这并不是无依据的推测。这一点左右了他的判断，他认为这么做势必会有助于将来麦克阿瑟对吕宋的进攻。哈尔西不了解，他们的军队多么不堪一击，他遭遇的空袭，绝大多数源自吕宋当地的机场，而非航空母舰。栗田的中锋队正在撤退。最后一击的道路已清除干净，金凯特可以应对南队，掩护美军登陆莱特，于是，哈尔西为了能在第二天击败小泽海军中将，命令自己的舰队全部向北进发。就这样，哈尔西掉进了陷阱。栗田在 10 月 24 日当天下午调转方向，再度往东行进到圣贝纳迪诺海峡。这一次，他不会再遇到什么阻碍了。

* * *

日军南队当时正靠近苏里高海峡，当天晚上，他们分成两个小组，开进海峡。随后掀起一场激战。各类船舰，从战列舰到海岸轻型舰不一而足，开始猛烈交锋[①]。金凯特的舰队消灭了第一批敌方军舰，彼时欧登多尔弗海军少将正在指挥金凯特的舰队往海峡北部的出口汇集；第二批尝试冲过去的敌方军舰也被击退了。各方面好像都如愿以偿，可美军还要跟栗田海军中将决战。当金凯特在苏里高海峡开战，哈尔西在遥远的北部追击敌方的诱饵舰队时，栗田却在黑夜的掩护下穿过了圣贝纳迪诺海峡，过程中没有遭到任何阻碍。10月25日凌晨，他开始进攻一支护航航空母舰舰队，该舰队当时正在为麦克阿瑟将军的登陆提供援助。事出意外，舰队的行动又太笨拙，无法逃走，或是立即部署飞机打退海面上的突然袭击。美国这批轻型舰在两个半小时内，只好借着烟雾的掩护，一边英勇地迎战，一边撤退。他们失去了两艘航空母舰、三艘驱逐舰、超过一百架飞机，其中有一艘航空母舰是被自杀式轰炸机炸毁的；可是他们也击沉了三艘敌军巡洋舰，并使敌军很多舰艇受损[②]。援军距离太远，无法救急。金凯特的重型舰都在遥远的莱特南面，在将南队打垮后，弹药和燃料都出现不足。哈尔西的十艘航空母舰和全部快速战列舰距离此处更加遥远，所以虽然另外一支航空母舰舰队之前被他派去加油，眼下又收到他的命令折返，但要在数小时内回到这里是不可能的。栗田好像稳操胜券了。他的舰队要进入莱特湾，歼灭麦克阿瑟的两栖舰队已经是不可抵挡之势了。

可栗田却再度折返。直到现在，他这么做的原因依旧是个谜。他

① 其中包括“希洛普郡”号巡洋舰和“埃隆塔”号驱逐舰两艘澳大利亚军舰。——原注

② 在莱特战争中，首度出现了日军的自杀式轰炸机。几天之前，支援金凯特舰队的澳大利亚“澳大利亚”号巡洋舰被一架自杀式轰炸机击中，巡洋舰本身的毁损较轻，不过造成了一些人员死伤。——原注

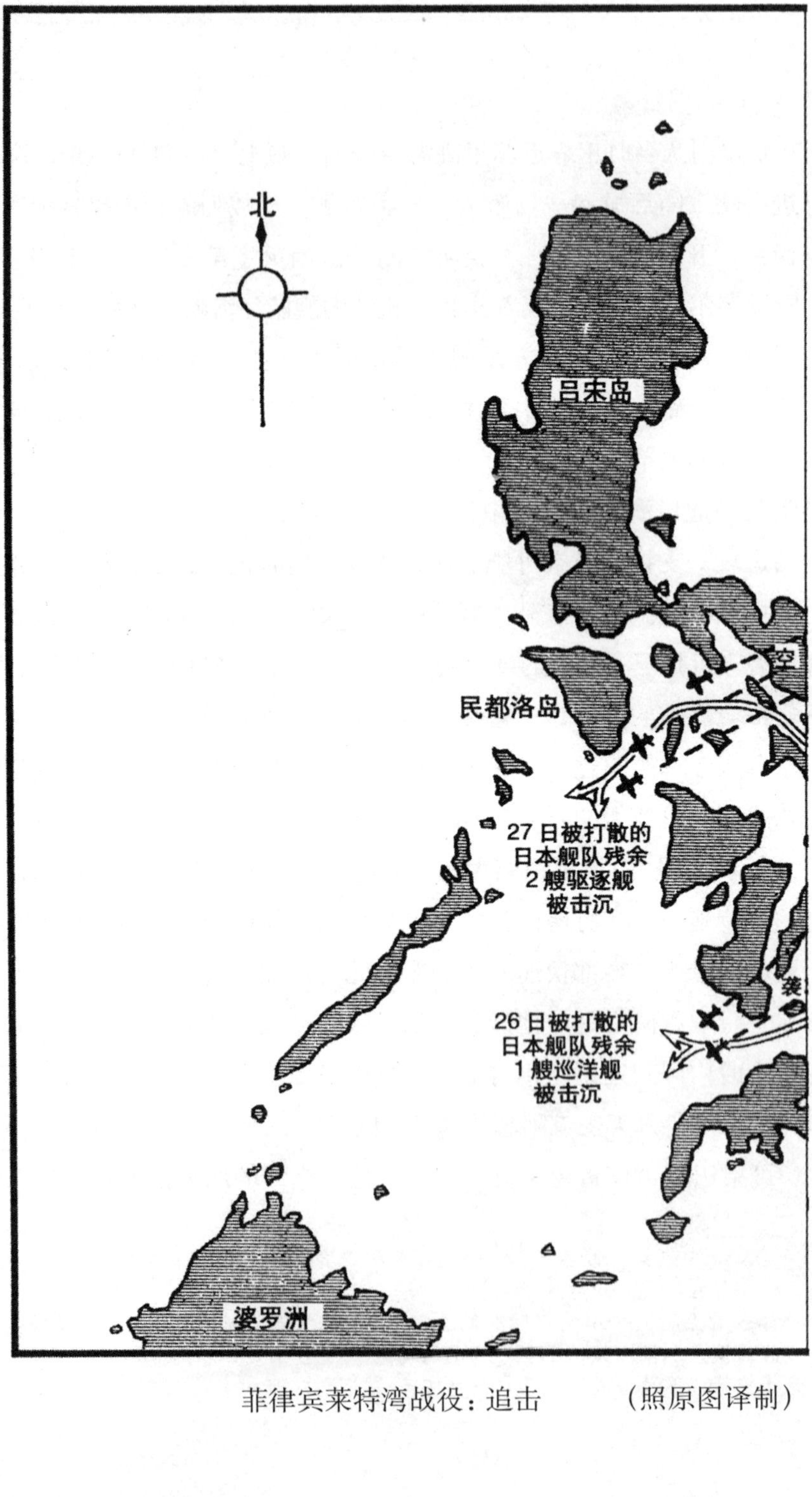


菲律宾莱特湾战役：追击　　　（照原图译制）

| 损失 | | | |
|---|---|---|---|
| 日本（艘） | | 美国（艘） | |
| 战列舰 | 3 | 舰队轻航空母舰 | 1 |
| 舰队航空母舰 | 1 | 护航航空母舰 | 2 |
| 轻航空母舰 | 3 | 驱逐舰 | 3 |
| 重巡洋舰 | 6 | 潜艇 | 1 |
| 轻巡洋舰 | 4 | | |
| 驱逐舰 | 9 | | |
| 潜艇 | 1 | | |

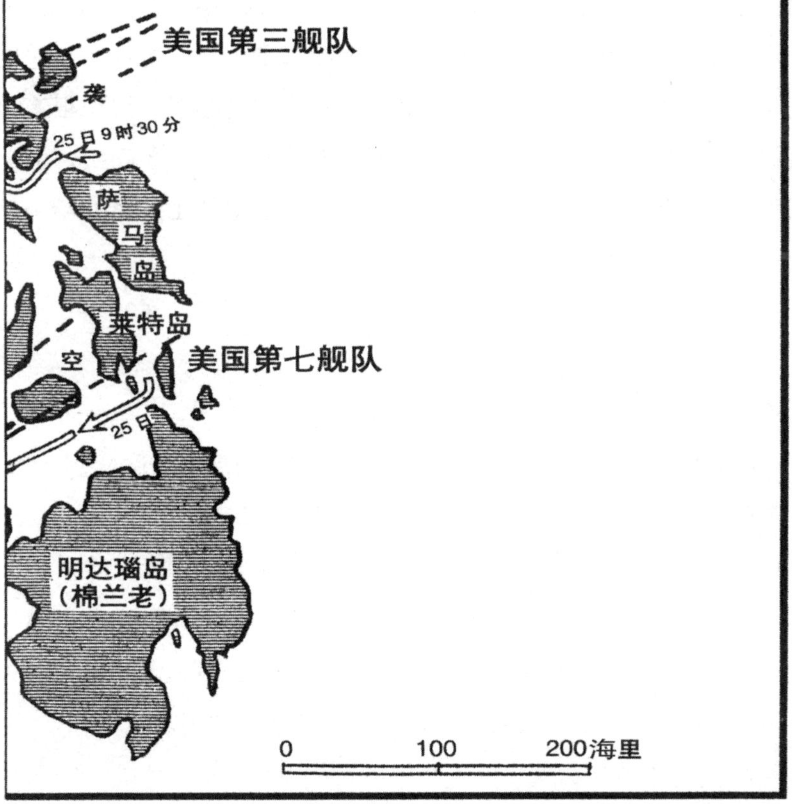


1944年10月26日—27日　　（照原图译制）

的很多舰艇都只是被金凯特的轻型护航航空母舰轰击分散了，而南队遭受巨创一事，彼时他也已收到消息。北面的诱饵舰队走运的消息并未传到他那里，美军主力舰队的位置他也不清楚。他根据侦察到的消息推测自己正同时遭受金凯特和哈尔西的进攻，对方的实力远超过他，麦克阿瑟的运输舰也已想办法逃走了。他在这时孤立无援，索性不再冒险，因为成功的机会极为渺茫。他付出了这么多，马上就要获得胜利果实了，却调转方向，驶回了圣贝纳迪诺海峡，没有尝试直接向莱特湾发起进攻。他想在中途跟哈尔西的舰队展开最后一搏，结果这个期待也落空了。哈尔西再三收到金凯特的求援，便留下两组航空母舰在北边继续追赶敌军，自己带领其余战列舰赶来支援。他留下的航空母舰在一天之内毁掉了小泽的四艘航空母舰。可哈尔西抵达圣贝纳迪诺海峡时，已经太迟了。栗田已经逃走，他并未遇上栗田的舰队。哈尔西和麦克阿瑟第二天派出飞机追踪栗田海军中将，再度将日军的一艘巡洋舰、两艘驱逐舰击沉。此次交战就这样完结了。栗田很有可能是被紧急战况弄糊涂了。他在三天内接连遭受进攻，承受了巨大的损失，刚刚从婆罗洲启程的旗舰马上被击沉了。评论他的工作就交给那些跟他一样有过这类惨痛经历的人去做吧。

*　　*　　*

莱特湾战争左右了大战最后的结局。美军击败了日本舰队，代价是三艘航空母舰、三艘驱逐舰、一艘潜艇。战争开始于 10 月 22 日，结束于 10 月 27 日，日军三艘战列舰、四艘航空母舰、二十艘其余战舰被击沉。之后自杀式轰炸机成了日军仅有的高效海军武器。这种拼死一搏的武器依然富有杀伤力，但是无法指望它获胜。

战争结局这时已经很明朗了，我们立即发去贺电。

首相致罗斯福总统　　1944 年 10 月 27 日

我代表英王陛下政府，向近来美国海军和空军在重要的对日战争中取得的骄人战绩表示最真诚的祝贺。

在这场颇具纪念意义的战争中，英王陛下澳大利亚的一支巡洋舰中队有幸参与其中，我们深感宽慰。

借助附加的表格，可以对比两国在此次交战中的损失：

**全部损失**

| 日本 | 美国 |
|---|---|
| 三艘战列舰 | 一艘舰队轻航空母舰 |
| 一艘舰队航空母舰 | 两艘护航航空母舰 |
| 三艘轻航空母舰 | 三艘驱逐舰 |
| 六艘重巡洋舰 | 一艘潜艇 |
| 四艘轻巡洋舰 | |
| 九艘驱逐舰 | |
| 一艘潜艇 | |

在美国历史中，此次胜利将在很长的一段时间内受到重视。此次胜利不仅展现了美军的勇猛、技术与胆识，还对战争的前景产生了十分切实、深远的影响，超越了之前我们见识过的所有胜利。它让人们看到，它的胜利不是借助大炮，而是多半借助空军优势。苦闷的欧洲此时对这场战场基本没有了解，因此我在描述它时才这样事无巨细。在对这些事件展开研究时，也许只能得出一个结论：这时候麦克阿瑟与哈尔西这种共同作战的行为，迫切需要统一的领导指挥。美军吸取了这一教训，所以他们在筹备对日本本土的最后进攻时，准备让尼米兹海军上将或是麦克阿瑟将军独立掌控最高指挥权。无论在何种特殊

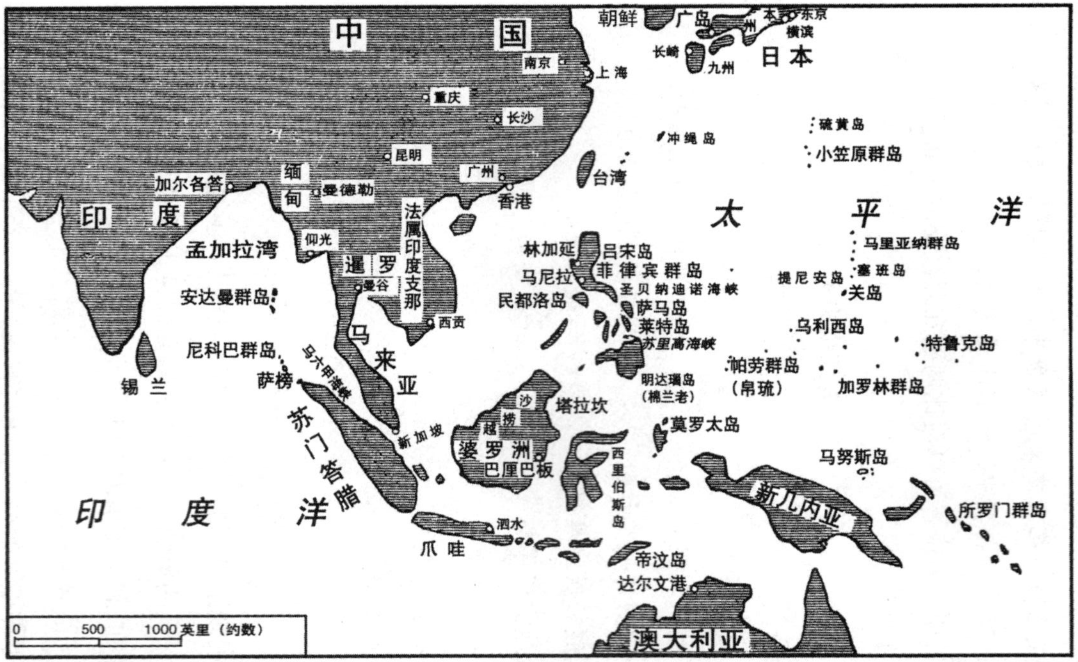


太平洋西南部 （照原图译制）

的时刻，该做法都很恰当。

菲律宾抢夺战在之后的几个星期扩张并演变。美军近二十五万兵力在 11 月末时已登陆莱特岛。日军的反抗 12 月中旬就被击溃了。麦克阿瑟让主力军队加速进军，在基本没遭遇反抗的情况下，很快登陆了与马尼拉相距一百英里稍多的民都洛岛。他派出的四个师又在 1945 年 1 月 9 日登陆马尼拉以北的林加延湾，从而开创了新形势。此处三年前一度遭遇日军的大规模侵略。日军在我们悉心安排的惑敌举措影响下，不断估测下次进攻的地点。然而，他们总是猜不中，导致组织的反抗也没什么力度。反抗最终在美军朝马尼拉进攻时才变强，可美军却在西岸的两处登陆，让马尼拉这座城市陷入了自己的包围圈。敌军拼死保卫马尼拉，直至仅余的一点兵力在 3 月伊始被消灭，保卫战才宣告完结。在一片断壁残垣中，统计出共有一万六千名日军死亡。自杀式轰炸机一天就能打中十六艘船舰，使美军损失惨重。不走运的“澳大利亚”号巡洋舰在四天内被打中五次，不过还能继续参战。可这样冒着生命危险博取幸运的做法，却阻止不了舰队行动。哈尔西海军上将的数艘航空母舰 1 月中旬没遇到任何阻挠，就驶到了中国南海，在近岸的海面上四处行驶，并向西边的西贡各座机场和船舰发动进攻。导致香港在 1 月 16 日大范围受损，广州也爆发了大规模石油火灾。

随后的几个月，岛上的战争还在进行中，但胜利的一方已经掌控了对中国南海的支配权，进而掌控了日本的石油等物资的供给源头，这对日本来说是致命的。

# 第十三章　解放西欧

**艾森豪威尔将军9月1日担当统帅——德军陷入险境——盟军分批发起猛烈进攻——蒙哥马利相反的提议——快速进军——9月3日解放布鲁塞尔——加拿大集团军的攻势——勒阿弗尔9月12日投降——攻占迪埃普、布罗涅、加莱——攻占布鲁日、根特——美军穷寇猛追——攻克沙勒罗瓦、蒙斯、列日、卢森堡——"霸王"与"龙骑兵"会合——对"德国反抗力"的报告——攻占下莱茵河——9月17日对阿纳姆发动突袭——奈梅亨大桥抢夺战——蒙哥马利9月25日命令第一空降师撤离——我在10月19日发给史末资的电报——对斯卡尔特河口的清缴——攻克布列斯肯斯"岛"——抢夺法尔霍伦岛——突击队获胜——第一护航舰队11月28日抵达安特卫普——我方战略空军发起激烈进攻——施佩尔预言德国生产将遭遇巨大危机**

根据先前协商的部署，艾森豪威尔将军从9月1日开始直接指挥法国北部地区的地面军队。原先由蒙哥马利将军领导的英国第二十一集团军群以及由奥马尔·布雷德利将军领导的美国第十二集团军群（原先由蒙哥马利指挥其战斗）都囊括其中。艾森豪威尔安排的集团军共计五个。蒙哥马利的第二十一集团军群包括加拿大第一集团军和英国第二集团军，前者由克里勒将军统领，后者由登普西将军统领，总共十四个师、七个装甲旅。其右侧是美国第十二集团军群——包括霍奇斯将军的第一集团军、巴顿将军的第三集团军、辛普森将军的第九集团军——还未参与战争。艾森豪威尔指挥的兵力超过了三十七个师，五十万人。各个集团军群都拥有各自的战术空军，指挥权统一交由利·马洛里空军上将掌管。

这支规模庞大的军队正在用我们具有优势的空军对西欧残留的德军穷寇猛追，昼夜不停。敌方剩余的兵力大约有十七个师，可绝大多数在整编、获得国内援助之前，都士气萎靡。隆美尔旧日的参谋长斯派达尔将军曾这样描述德军的悲惨境况：

> 已经无法再有序撤离了。大批摩托化盟军将行动缓慢、精力耗尽的德国步兵师分批包围、消灭……能参战的德国有效地面军队根本不存在，而空军也基本都被歼灭了[①]。

艾森豪威尔准备向东北部发起猛烈进攻，为此不惜动用尽可能多的兵力和供给。负责主攻的是英国第二十一集团军群，它会沿海峡沿岸猛烈进攻，以攻占各座飞弹发射场和安特卫普。因为要通过莱茵河下游抵达德国北方的平原，一定要借助这座城市规模庞大的港口。美国第十二集团军群也会参与追击；军群第一集团军的行进速度应跟英国军队持平，余下的军队预备进攻萨尔，为此先直接往东进逼凡尔登及默兹河上游。

蒙哥马利有两个相反的提议。第一个提出于8月下旬，内容是将他的集团军群与美国第十二集团军群联合成一个大型兵团，共有约四十个师，然后共同向北方进攻；第二个提出于9月4日，内容是只能选择鲁尔、萨尔中的一个发起猛烈进攻，定好进攻路线后，承担进攻任务的军队需要的所有装备、供给都应获得满足。蒙哥马利着重指出，为了配合主要进攻，其余战线一律不能草率行动。主要进攻的指挥人根据情况而定，要么是他，要么是布雷德利，必须是一个人。在他看来，

① 详见《我们保卫诺曼底》第152页至153页，斯派达尔著。——原注

这么做或许能一路进攻到柏林，他还觉得，相较于萨尔，鲁尔是更好的进攻目标。

可艾森豪威尔执意要执行自己的计划。他知道德国本土还有后备军，据此推断，若从太远的地方派出人数较少的军队渡过莱茵河，发起猛攻，只能帮倒忙。所以他认为最佳方法是第二十一集团军群竭尽所能，在莱茵河对岸建立桥头阵地，第十二集团军群则拼尽全力，朝齐格菲防线进军。

可能在相当长的时间内，军事学家对这两种观念的争辩都无法达成一致。

然而，他们的争论并未对追击德军造成阻碍。港口、运输、供给三大元素决定了我们能维系多少个师，我们的军队能以何种速度、在何种范围内前行。比较而言，弹药的使用量不算太大。可粮食决定了战斗的每一步，汽油更是如此。我们只有两座港口，瑟堡和阿罗芒什的“桑葚”港。军队进军期间，距离它们越来越遥远。前线的供给还是要直接依靠诺曼底。每天都要沿着不断拉长的运输线路运送两万吨给养，还有修建公路、桥梁、机场用到的大量设备。布列塔尼半岛的各座港口距离更加遥远，我们就算占据了它们也无法利用。唯一意义巨大的目标是勒阿弗尔北部海峡的各座港口，特别是安特卫普，但前提是我们能在其严重受损之前将其占据。

就这样，安特卫普成了蒙哥马利集团军群直接的目标所在，这一军群的机动战斗力也首次获得了展现的机会。第一个从塞纳河北部出发的是第二集团军；它命令属下的一个军驻守原地，把交通工具让给剩余的军，并在他们朝比利时进军时向他们提供援助。第三十军打头阵。8 月 31 日，这个军的第十一装甲师进军到亚眠，生擒了德国第七集团军司令，后者当时正在吃早饭。他们很快就进攻到多座边关城市，诸如阿斯拉、杜埃、里尔等。曾在 1940 年到过这一带的英国远征军全都知道这些城市；就算是在二十多年前到过这里的远征军前辈，至少对这些城市的名字耳熟能详。布鲁塞尔境内的德军慌忙撤退。9 月 3 日，警卫装甲师进入这座城市。当地人大批出动，欢迎我军，另有组织完备的抵抗军向我军提供强大的支援，这跟比利时其余地区没什么两样。随后，警卫装甲师朝东边的卢万进军。9 月 4 日，第十一装甲师开进了安特卫普。此处的港口基本没有任何损伤，让我们又惊又喜。我们在不到四天的时间内推进了两百英里，如此迅速，敌军根本没时间实施惯常的全面毁坏。第十二军在向西面进军时，遭遇了比较顽强的反抗，不过他们还是在 9 月 5 日进攻到了根特——他们最重要的目标所在。

一直维持这种速度，自然是不行的。这种快速进军在我们启航去魁北克之前已经结束，出现了显而易见的阻碍。敌军想方设法毁坏了位于安特卫普和哈瑟尔特之间的艾伯特运河上的所有渡口。在河岸边防守的大约十个营的敌军，向第三十军发起反攻，有好多个营是刚刚赶来支援的。警卫装甲师 9 月 6 日在哈瑟尔特西边的某地强行渡河，激战四天后进军到默（兹河）－斯（卡尔特河）运河，抢占了一整座桥。

* * *

加拿大第一集团军在同一时间肩负着重要的使命，即铲除西翼敌军。总司令克里勒将军负责指挥英国第一军、加拿大第二军（波兰装甲师就包含其中）。彻底歼灭勒阿弗尔港口以北的海峡各座港口的敌军残余，抢占飞弹发射场，在斯卡尔特河南岸建造阵地，是他们最重要的任务。尽管我们已经占据了安特卫普，但是我们的船一定要先从弯弯曲曲、航行艰难的斯卡尔特河的河口通行，而德军还掌控着该河沿岸。这项战斗任务十分艰巨，要做出巨大牺牲，加拿大集团军成了最重要的承担者。他们能否取胜，将影响整场大战的走势。

为此，在靠近鲁昂的某地，英国第一军横渡塞纳河，之后向左行进。其属下的第五十一高地师 9 月 2 日占据了圣伐勒里。其原军队 1940 年 6 月就是在这里陷入了困境。这支军队的左翼进军到勒阿弗尔时遭遇强烈反抗，反抗者是当地超过一万一千名驻防军队。在我方海军十五

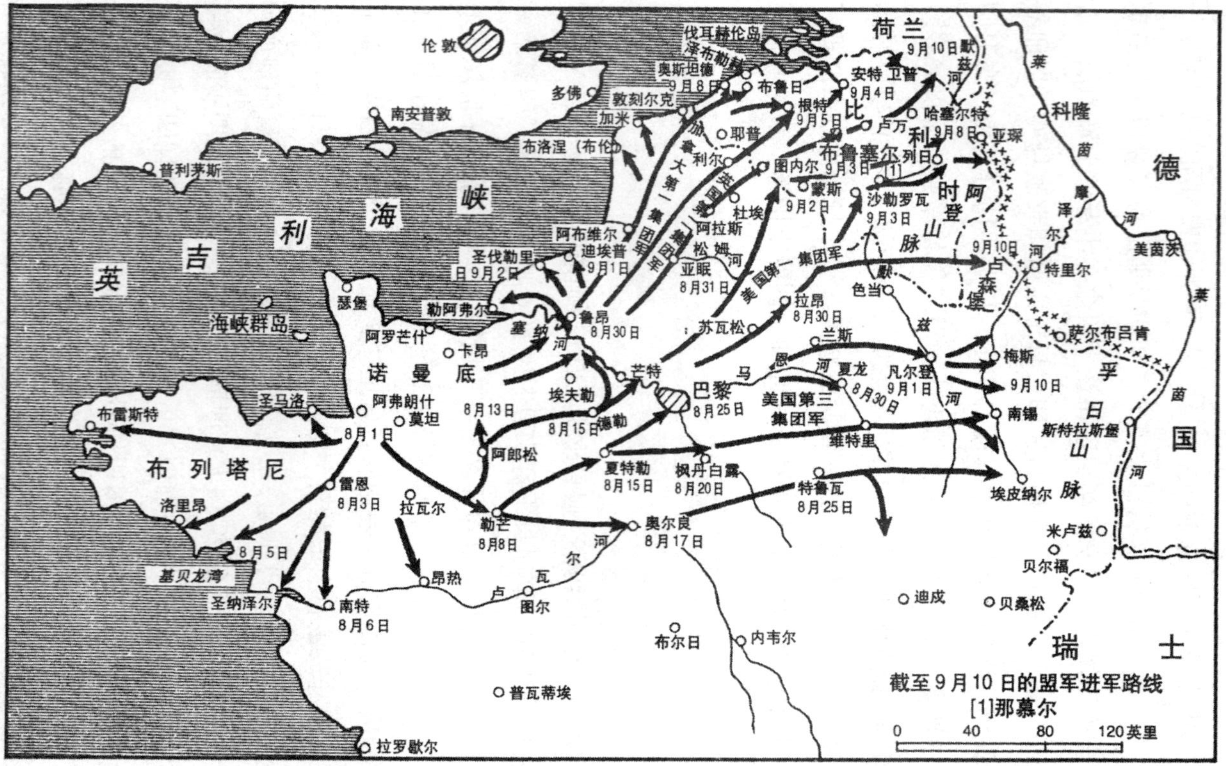
英吉利海峡
海峡群岛
伦敦
南安普敦
普利茅斯
多佛
布洛涅（布伦）
加来
敦刻尔克
奥斯坦德
9月8日
伐耳赫伦岛
泽布勒赫
荷兰
9月10日
安特卫普
9月4日
布鲁日
根特
9月5日
比利时
卢万
哈塞尔特
9月8日
亚琛
科隆
德
莱茵河
马斯河
布鲁塞尔
9月3日
列日
[1]
图内尔
9月2日
蒙斯
沙勒罗瓦
9月3日
阿登山脉
卢森堡
9月10日
特里尔
美茵茨
耶普
利尔
加拿大第一集团军
英国第二集团军
杜埃
阿拉斯
阿布维尔
迪埃普
9月1日
圣伐勒里
9月2日
松姆河
亚眠
8月31日
美国第一集团军
色当
瑟堡
勒阿弗尔
鲁昂
8月30日
阿罗芒什
卡昂
诺曼底
塞纳河
苏瓦松
拉昂
8月30日
兰斯
马恩河
夏龙
8月30日
凡尔登
9月1日
梅斯
9月10日
南锡
萨尔布吕肯
埃夫勒
芒特
巴黎
8月25日
美国第三集团军
维特里
斯特拉斯堡
日
山
脉
平
国
圣马洛
阿弗朗什
莫坦
8月1日
布雷斯特
布列塔尼
8月13日
阿郎松
8月15日
德勒
夏特勒
8月15日
枫丹白露
8月20日
特鲁瓦
8月25日
埃皮纳尔
雷恩
8月3日
拉瓦尔
勒芒
8月8日
奥尔良
8月17日
洛里昂
8月5日
基贝龙湾
圣纳泽尔
南特
8月6日
昂热
卢瓦尔河
图尔
布尔日
内韦尔
米卢兹
贝尔福
迪戎
贝桑松
瑞士
普瓦蒂埃
拉罗歇尔
截至9月10日的盟军进军路线
[1]那慕尔
0
40
80
120英里

追击路线　　　　　　（照原图译制）

英寸口径大炮和空军超过一万吨炸弹的狂轰滥炸下，德军坚持反抗到9月12日，终于投降。英军右侧的加拿大军团这段时期快速进军，于9月1日攻克迪埃普，报了1942年的仇；到了9月6日，又围困了布罗涅、加莱、敦刻尔克三地。截止到9日，加拿大集团军已将加莱海峡省各处的德军残余势力全部清缴，而且还占据了当地的飞弹发射场，一直推进到布鲁日。波兰装甲师攻克了根特。9月22日，布罗涅也被攻克，将近一万德军成为战俘。30日，我军又攻克了加莱。由于进军斯卡尔特河远比攻克敦刻尔克重要得多，于是我们只是想办法拖住了敦刻尔克当地的一万两千驻防军队。加拿大集团军的行动就写到这里，现在先将美国集团军群的战果补足。

该集团军群依然保有布雷德利将军及其忠诚部属奋勇向前的锐气，穿越巴黎，向前进军。在英国右侧横渡塞纳河后，美国第一集团军就将那慕尔和列日当成了自己的目标。他们在9月3日已抵达沙勒罗瓦、蒙斯两地，还斩断了蒙斯东南面三万德国大军的前进道路，将其全数俘虏。随后，他们向东进军，9月8日解放了列日，两天后解放了卢森堡。12日，集团军已在德国边界漫长的六十英里的防线上聚集，还在亚琛南面打破了齐格菲防线，敌军不断增强的反抗并未对他们造成多大影响。两周内，他们便解放了整个卢森堡和比利时南部地区。8月31日，第三集团军攻克凡尔登，横渡默兹河。他们在一个星期后获得了足够的汽油供给，随即抵达摩泽尔河畔。敌军凑足了人数，在河岸边设立防御；梅斯的德国守军有较强的实力和高昂的士气。在这种情况下，第三集团军还是于9月16日在南锡、梅斯的正南方建造了多座前线阵地。登陆法国南部沿海后，美国第七集团军和法国第一集团军（目前已经整编到第六集团军群，接受德弗斯将军的领导）往北进军，9月11日在迪戎以西跟巴顿集团军的前哨会师，这些前面已经说过了。两个集团军随后往东从埃皮纳尔一直南行到瑞士国界线，跟总攻势同步。大型追击就进行到这里。随后几个月我们要想取得进步，都要经过十分艰苦的战争。敌军加强了在各地的反抗，我们的供给务必要得到补充，否则难以为继。为迎接很快就要开始的秋季战争，需要给前线军队支援和补足。

* * *

我们的联合情报委员会在我们乘船去魁北克的路上送来一份报告，内容是“德国的反抗能力”。我觉得这有些高估了我们。为提醒参谋长委员会注意此事，我给他们写了这样一封信。

首相致伊斯梅将军，转呈参谋长委员会　　　　1944 年 9 月 8 日

1. 报告我已看过，了解了其中提到的所有事实。我的意见是，报告整体上高估了我们。事实上，我们现在正在跟敌军对峙，进度缓慢至极。我有信心，俄国能在东线发起关键性进攻，但这种进攻现在还只停留在假设阶段。

2. 我们还要留意另外一些元素。目前，我们只攻占了两座大港口：瑟堡和阿罗芒什。德军在安特卫普北部郊区反抗，希望借此守住斯卡尔特河口。虽然布雷斯特的战争进行得如火如荼，但我们并未将其攻克；而攻克后要对其加以利用，最少还要等上六周。德军还在洛里昂死守。圣纳泽尔港远比布雷斯特好，打起来也不费力气，可我们并未将其攻克，将港口内部的障碍扫清。而且我们还未尝试抢夺波尔多。若局势没有明显变好，盟军在港口装备方面的匮乏在秋分秋风大作时，依旧不会有所改观。

3. 突飞猛进过后，可能会迎来短期的寂寂无闻。所有人都能预测到这点。在梅斯－南锡线上，巴顿将军的军队正在激战。面对艾森豪威尔将军对未来的规划，蒙哥马利元帅也阐述了自己焦虑的原因。第二十一集团军群要想大举进攻到德国边界，一定要先粉碎海峡各座港口的顽抗，歼灭法尔霍伦岛及安特卫普北面的德军……

6. 日后会发生什么，无人能预料到。到底是大批盟军会在9月打破齐格菲防线，闯入德国，还是盟军因供给和港口不足，步履维艰，德军乘机在齐格菲防线安定下来？德军是否会撤走意大利境内的军队？——那样他们在本国的地位就会大幅增强。他们能不能将本国军队（可能曾经高达二十五到三十五个师）从波罗的海各个国家撤回来？敌军在本国入口处稳稳立足，为反抗做好准备时，其防御和实力会增强到何种程度，我们应予以客观评估。1月1日希特勒还在战斗，跟他在这之前已被击溃的概率，最低限度是持平的。[①]若希特勒真在1月1日之前崩溃了，多半不是因为纯粹的战争，而是因为政治。

很不幸，被我说中了。

* * *

可还是有机会从莱茵河下游渡河。在艾森豪威尔看来，这件事有极大的价值，所以他将其摆在荡平斯卡尔特河口两岸，以及对外开放安特卫普港之前。艾森豪威尔将美国的部分交通工具和空运供给拨给蒙哥马利，增强其战斗实力。第一空降兵集团军包括英国的第一空降师和第六空降师、三个美国师、一个波兰旅，掌控着大批英国和美国飞机，由美国的布雷尔顿将军统领，在英格兰候命。由于第三十军刚好在邻近荷兰国界的默（兹河）－斯（卡尔特河）运河对面的一座桥头堡战斗，蒙哥马利便决定让他们跟空降兵军队合作，抢夺阿纳姆的一座桥头堡。他的计划如下：为抢夺阿纳姆桥，让英国第一空降师和波兰旅先后空降到莱茵河下游北岸；派美国第八十二师抢夺奈梅亨、戈拉夫的桥；派美国第一百零一师抢夺连接戈拉夫和埃因霍温的路。

① 着重号是我之后自己加上的。——原注

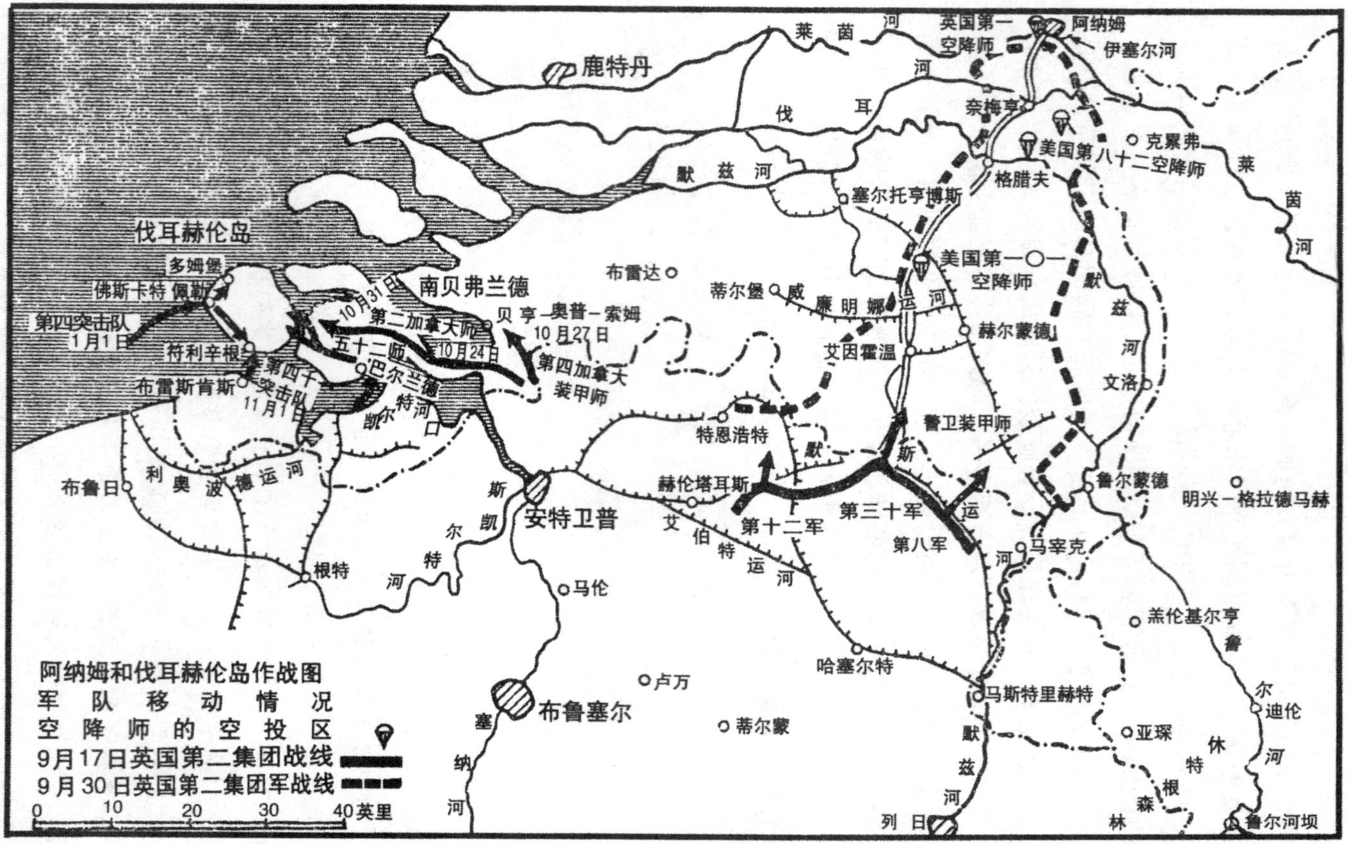
阿纳姆和伐耳赫伦岛作战图
军队移动情况
空降师的空投区
9月17日英国第二集团战线
9月30日英国第二集团军战线
0 10 20 30 40英里
伐耳赫伦岛
多姆堡
佛斯卡特
佩斯
第四突击队
1月1日
符利辛根
第四千突击队
11月1日
布雷斯肯斯
巴尔兰德
五十二师
10月24日
10月31日
第二加拿大师
南贝弗兰德
贝亨–奥普–索姆
10月27日
第四加拿大装甲师
斯凯尔特河口
布鲁日
利奥波德运河
根特
斯凯尔特河
安特卫普
马伦
布鲁塞尔
塞纳河
卢万
蒂尔蒙
鹿特丹
莱茵河
伐耳河
默兹河
阿纳姆
伊塞尔河
英国第一空降师
奈梅亨
克累弗
格腊夫
美国第八十二空降师
塞尔托亨博斯
布雷达
蒂尔堡
威廉明娜运河
美国第一空降师
赫尔蒙德
艾因霍温
文洛
特恩浩特
警卫装甲师
赫伦塔耳斯
第十二军
第三十军
第八军
艾伯特运河
斯运河
马辛克
鲁尔蒙德
明兴–格拉德马赫
盖伦基尔亨
哈塞尔特
马斯特里赫特
列日
亚琛
迪伦
鲁尔河
休特根森林
鲁尔河坝

荷兰南部　　　　（照原书译制）

之后让警卫装甲师在前面开路，第三十军沿公路强势进军埃因霍温；抵达后再沿空降军队打通的又窄又长、好像“地毯”的过道，朝阿纳姆进发；期待沿途能发现空降兵已经彻底掌控的桥，让三大河流不再成为阻碍。

此次勇敢的进攻——在类似行动中可以说是史无前例的——因敌军实力越来越强，事先要做很多准备，且要在很短的时间内完成。结果到规定的 9 月 17 日，所有准备居然都做完了，实在是个壮举。空运军队这项工作，因飞机数量不足，只能分三天进行。盟国空军表现十分优秀，17 日当天，三个师的先遣队就安然、准确地抵达了目标地点。美国第一百零一师的任务完成了大半；埃因霍温却一直拖延到 18 日才被攻克，这是因为沿途一座运河桥梁被炸坏了。美国第八十二师同样表现很好，却没能攻克奈梅亨的主桥。

很少有阿纳姆那边的消息，不过，我方伞兵团某部应该已经驻扎到了桥北。有掩护炮火和回转式火箭飞机保驾护航，当天下午，第三十军的警卫装甲师便开始沿着通向埃因霍温的公路行进了。第三十军的左右两侧，分别由第十二军和第八军打掩护。途中遇上的德军还在垂死挣扎。直到 18 日午后，警卫师才跟美军会合。德军翌日开始进攻埃因霍温－奈梅亨的凸起阵地，力度越来越强。第一百零一师保持道路通畅的难度极高，动辄就要为击退敌军暂停交通。这一阶段从阿纳姆传来了坏消息。我方伞兵在桥北的阵地犹在，可敌军在城中的防守依然坚固。第一空降师降落在城西的军队根本没办法过来支援。

18 日，运河上架好了一座桥。警卫师翌日一早直接长途跋涉到戈拉夫，跟美国第八十二师会师。他们在天黑时分已经抵达了防御牢固的奈梅亨桥附近。为了抢夺这座桥，一场激战在 20 日爆发。美军在城西渡河，之后折返右边，抢占了铁路桥一侧。警卫师从公路桥上冲到对面。在两座桥上防守的敌军都抵挡不住人数上占优势的我军。我军占领了两座完好的桥。

眼下再走完最后一段路程，就可抵达阿纳姆了。往那边空运军队、粮食、武器因糟糕的天气受到很大阻碍。第一空降师也因此陷入极危险的境地。由于不能向桥发起进攻，该空降师的剩余兵力被困在北岸的小型环状阵地中，承受着激烈进击。南岸的盟军为了营救他们费尽心机，无奈始终无法击退敌军。公路旁边不断有军队空降，警卫师、第四十三师、波兰伞兵都去了，可他们的奋勇救援统统以失败告终。在无望中又进行了四天的战斗。蒙哥马利25日发布命令，第一空降师残存的勇士撤退回来。当天夜里，他们便坐着小船，在近在咫尺的炮轰中，在急速流动的河水中强行渡到河对岸。先前的一万士兵仅有两千四百人在黎明之际安然渡河。

更有甚者，我们为了巩固业已取得的成功，在阿纳姆的战争彻底完结后，又艰苦奋战了两个星期。在德军看来，我们这片凸起阵地给莱茵河下游西侧的整片河岸带来了威胁。他们这样想是对的，之后的情况发展证实了这一点。他们为了抢回奈梅亨，再三发起强势反攻。他们利用飞机投掷炸弹，安排爆破手潜入水中，破坏当地的桥，结果没有将桥毁灭，只是使其受损。这片漫长的五十英里的凸起阵地在我方第二集团军三个军的不断努力下，拓宽到了二十英里。尽管宽度仍嫌不足，但是应付紧急情况还是可以的。

我们在阿纳姆一战中承担了巨大的风险。但因为我们看到很快就能获胜了，为之拼杀是值得的。我们获胜的概率原本很大，可惜偏偏在最关键的时刻，我们的制空权被恶劣的天气所限。包括参与阿纳姆抢夺战的荷兰抵抗军在内的勇士们，都没有因此次冒险行为失去勇气。

* * *

我全面了解此次战争是在从加拿大（那边也已收到骄人的战绩报告）返回以后。史末资将军将其视为一场失败的战争，因此感到难过，我发了一封电报给他：

首相致史末资将军　　　　　　　　　　　　　1944年10月9日

西线的局势发展，特别是大批美军不断涌入，让我很是满意。期待用不了多久，我们就能攻克安特卫普。而你对阿纳姆局势的估测，在我看来并未抓住重点。这一定是一场胜利的战争。那个打头阵的师想要更多的支援，没有任何不合理之处，可是他们远没有获得满足，才是问题所在。对于此次事件，我没有丝毫失望。正好相反，我觉得很欣慰，因为我们的指挥官心甘情愿做出如此冒险之举。

*　　*　　*

由于阿纳姆那方面的猛烈进攻，清缴斯卡尔特河口，开放安特卫普港一再拖延。现在这成了我们最重要的战斗任务。系统性的准备工作在9月下半月已经开始。原本在安特卫普－根特－布鲁日战线上作战的敌军，已被加拿大第二军驱逐到南部布列斯肯斯境内用利昂伯德运河划分界限的小“孤岛”上去了。第一军（同样受加拿大军团统领）已在安特卫普东面抵达且横渡了安特卫普－特恩浩特运河。

当前要解决问题需从三点入手：第一是攻占布列斯肯斯“孤岛”；第二是攻占南贝弗兰德半岛；第三是从东面、西面、南面同时进攻法尔霍伦岛，将其占领。一、二同步进行。布列斯肯斯“孤岛”难以攻克，在当地防守的德国师作战经验丰富，抵抗坚定。为横渡利昂伯德运河，我方军队与之展开激战。胜负难分之际，一个加拿大旅为我军解困。该旅在上游乘船顺流而下，登陆“孤岛”东侧，沿岸边一路厮杀，开辟了一条直通布列斯肯斯的道路，10月22日，将布列斯肯斯攻陷。第一军也在同一时间从安特卫普－特恩浩特运河朝西北部稳步推进。途中遭遇的反抗越来越激烈。最终，我军将南贝弗兰德海峡围困起来。之后便能开始制定往西进攻法尔霍伦岛的计划了。

加拿大第二师担负起了这项巨大的任务。这个师在面积广阔、深可及腰的水中强势西进。第五十二师的大半兵力都去支援他们了。这些援军乘船渡过斯卡尔特河，登陆南贝弗兰德半岛南岸的巴尔兰德。一番苦战过后，整座地峡终于在月末被攻克。布列斯肯斯“孤岛”中几个独立的敌军据点也接连被扫荡。到了这一步，为进攻法尔霍伦岛做的所有准备工作就做完了。加拿大集团军获胜，为之后战绩更加骄人的战斗开了个很重要的头。在空军中将科宁厄姆的第二战术空军分外强势的援助下，他们在周围的盟军都在艰苦奋战时，俘获了超过一万两千五百名负隅顽抗的德军。

*　*　*

法尔霍伦岛的外形好像一只茶碟，四周围绕着沙丘，阻挡了海水，使其无法侵蚀岛中央的平原。岛西部接近佛斯特卡佩勒的边沿沙丘有个豁口，由一座大堤挡住海水，大堤有三十英尺高，底部宽度超过一百码。当地驻军差不多有一万人，被安顿在牢固的人造防御工程中。三十座炮台从旁守卫,部分炮台是大口径炮,安装在混凝土掩体中。安特卫普位于出入口处，为了建造此处的防御工程，敌军花费了整整四年，岛上到处都是防坦克屏障、地雷、铁丝网。

皇家空军 10 月上旬率先发起进攻。他们通过连续、激烈的轰炸，在佛斯特卡佩勒的大堤上炸开了一个巨大的豁口，宽度约为四百码。马上有海水进入茶碟中央处，将那儿的炮台、防御工程淹没了。可茶碟边沿处的炮兵阵地和障碍，才是实力最强的。已经有人绘声绘色地描绘过这些防御工程是如何被攻克的[①]。在此我只可以概述。进攻目标非常密集。东路的加拿大第二师极力想从南贝弗兰德半岛，沿着两座岛屿中间的堤坝向前推进。最终，他们在第五十二师一个旅的援助下，抢占了一座桥头堡。11 月 1 日，中路的第四突击队坐船从布列斯

① 参见 H. 圣乔治·桑德斯的《绿色贝雷帽》。——原注

肯斯抵达符利辛根岸边，在那里登陆。紧随其后的是第五十二师，沿途不断搏杀，最后进入城中。西路的主攻是莱斯特准将统领的三个突击队，每队都由海军陆战队组成。他们从奥斯坦德乘船前往佛斯特卡佩勒。他们在 11 月 1 日上午 7 点已能眺望到当地的灯塔了。一支海军轰炸中队开炮，为他们朝目标进逼保驾护航。这支中队由英国军舰“沃斯派特”号、安装了十五英寸口径大炮的低舷重炮舰“艾里泊斯”号、“罗伯茨”号，以及一个中队的武装登陆艇共同组成。这些登陆艇承担着巨大的风险，不断开火，最终行进到靠近海岸的地方，看着打头阵的两支突击队安然登陆。第四十一突击队登陆了大堤豁口的最北面，一攻克佛斯特卡佩勒，马上朝多姆堡进发。第四十八突击队登陆了豁口南面，没过多久便遇上了强势反抗。虽然有海军的炮火保驾护航，作用不可估量，但是还有一个重要的辅助元素，我们尚未掌握。原本我们想在之前的一天大举展开空袭，可惜雾气弥漫，飞机根本不能起飞。战斗轰炸机确实在紧急关头，强有力地援助了登陆。然而，敌军的防御工程距离严重受损还有相当大的距离，导致我方陆战队遭遇的反抗力度远远超出了原先的预计。

第四十八突击队当晚沿岛屿边沿向符利辛根进军，两英里后便被混凝土掩体中强悍的炮火阻挡。指挥官随即调集对岸布列斯肯斯的加拿大第二军所有的大炮，朝此处发炮，飞机将火箭正对着敌军的炮眼发射过去。黄昏时分，防守敌军要么被突击队杀死，要么成了他们的俘虏。突击队翌日早上继续进军，中午攻克了索乌特兰德。在此处，第四十七突击队取代他们，继续进攻，利用敌军防御渐已减弱的机会，一鼓作气，进攻到符利辛根城郊。结束了城中激烈的挨家挨户抢夺战后，11 月 3 日，第四突击队来跟他们会合。几天后，我们占领了整座岛屿，俘虏了八千德军。

除此之外，突击队还在战争中立下了很多特别的功劳。尽管在这场非同一般的战争中，其余军队和其余军种都将自身作用百分百发挥出来，但是皇家海军陆战队是表现最好的。这一突击队战术再度取得了成功。

*　*　*

占领符利辛根后的第一时间就开始扫雷。为了清扫这条长七十英里的水路，我们在随后的三周启用了一百艘船。首支护航船队在 11 月 28 日抵达，朝英、美两国的军队开放了安特卫普。在一段时间内，敌军用飞弹、火箭继续扰乱这座城市，死伤人数众多，不过此举对战争进程的阻挠，至多就跟对伦敦的骚扰差不多。

我们之所以要将德军驱逐得更远，除了安特卫普情势危急外，还有别的原因。加拿大第二师进入西面的索乌特兰德时，还有四个德国师在默兹河南面、奈梅亨过道西面一处独立的据点中。这片凸起阵地碍手碍脚，第一军[①]、第十二军 11 月 8 日才将其荡平。奈梅亨过道的另外一头，默兹河西面、温洛附近的一处独立据点中，还有一批负隅顽抗的敌军。10 月第一周，南边的美国第一集团军就在亚琛以北打破了齐格菲防线。三面夹攻之下，该城在 10 月 21 日投降。位于第一集团军侧翼上的第三集团军，现已抵达摩泽尔河东侧二十英里处。美国第七集团军和法国第一集团军同步朝弗日高地和贝尔福山峡进发。9 月的闪电式进攻，使美军的给养消耗殆尽。眼下他们只能暂停脚步，集中供给，另外还要为 11 月的大战做准备。

*　*　*

战略空军在盟军朝法国、比利时国界进发的过程中，发挥了重要作用。该军队在秋季到来时，再度承担起一项重要任务——轰炸德国本土，特别是炼油装备和交通网络。敌军的雷达屏和警报系统都被驱逐回本土，与之相对应，我方的导航和引导投弹装备则都向前推移了。

① 当时，第一军堪称盟军协作的模范。其属下的四个师囊括了英国、加拿大、美国、波兰四个国家的军队。——原注

我方死伤减少，进攻的力度和准确度都获得提升。德国在长时间的激烈轰炸下，被逼将工厂分散部署到极大的范围内。分散得越广，对完备的交通设施就越依赖，所以德军眼下就要为此做出巨大牺牲了。因为车厢不足，大量急需的煤炭没法运输，只能堆在矿坑旁边。燃料匮乏导致每天都有上千甚至更多的货车停运。工厂、发电厂、天然气厂都开始关门。油的产量和储存量迅速降低，使军队的迅速行动力和空军的行动乃至训练都遭受了阻碍。

施佩尔曾在 8 月份提醒希特勒，合成汽油生产厂供给不足，将导致化工企业产量逐步降低。之后的情况越来越恶化。他在 11 月汇报称，若无法终止铁路运输量的下降，便会出现“关系生死存亡的大型生产灾难”。等到 12 月份，他居然开始对我们“灵活且有深远影响的计划”表示赞美[①]。我们了不起的轰炸进攻，至此总算产生效果了。

① 详见《战时空军实力》，第 118 页至 119 页，特德著。——原注

# 第十四章　访问莫斯科的前奏

**俄国的进攻进程——红军抵达波罗的海各个国家——10 月 20 日解放贝尔格莱德——我热切盼望再度跟斯大林会谈——我们对波兰和希腊前景的关注——世界组织与敦巴顿橡树园会议陷入僵持——史末资将军发来的电报——我准备对莫斯科展开访问——美国总统表示赞同——斯大林热情邀请——俄国和远东——我于 10 月 5 日启程赶赴莫斯科——意大利战争**

本书之前描述俄国在 1944 年夏的大规模进攻时，只讲到 9 月末，当时苏军在罗马尼亚革命的援助下，从多瑙河流域进发到匈牙利国界，然后停在原地，整顿休息，补充物资。我们现在继续往下说，一直说到秋季将要结束时。

我们时刻关注着这场大规模战争的走向，心中怀有浓厚的兴致和越来越热切的期待。苏军深入南方，其实已经切断了北部波罗的海各国的德国驻防军的去路。要花费很大力气，才能将其铲除。9 月份，从楚德湖两侧向他们发起了数次进攻。进攻往前扩张的速度极快，只用了不到三周，便扩张到了从里加到北面的波罗的海沿岸各处。

南方的战线 9 月 24 日再次开火。沿着多瑙河南岸，朝南斯拉夫边界进攻。在己方左翼，苏军有突然回归己方的保加利亚军队做援兵。随后，二者共同联络上了铁托的非正规军，如此一来，便能更有效地干扰德军，使其难以从希腊的苦战中灵活撤离。波兰遭受的威胁急如星火，希特勒却置之不理，将注意力都放在了匈牙利战争上，坚持要派兵支援。在罗马尼亚军队的援助下，苏联10月6日从东南直接向布达佩斯发起主攻，另外在北边的喀尔巴阡山发动突袭，从旁协助。苏军渡过多瑙河，消灭了贝尔格莱德的德国驻防军，10月20日解放了当地。

* * *

我跟总统为了分别向在军事行动中遭受影响的少数国家加以照顾，在夏季订立了协议，据此平稳地过了三个月。但东欧各地的局势在秋季将至时又变得更紧张了。我认为，再度跟斯大林会面是很有必要的。德黑兰会议后，我就没跟他见过面，“霸王”计划顺利展开后，我觉得又跟他产生了新的关联，连华沙的惨剧也无法阻止这种关联。这时候，苏军已经掌控了罗马尼亚和保加利亚，继续在巴尔干战场上猛烈进攻。胜利迟早都将属于伟大的同盟军，苏联因此野心膨胀，也在情理之中。共产主义在激烈交战的苏联战线后面发展起来，苏联能拯救世人，它带给世人的福音便是共产主义。

由始至终，我都认为我们不必因为先前跟罗马尼亚、保加利亚的关系，付出任何特别代价，然而，我们却因波兰、希腊的命运情感激荡。我们为了波兰投身大战，为了希腊奋力作战。两国政府都流亡到了伦敦，在我们看来，只要两国民众都真心盼望祖国光复，我们就有责任帮忙。整体而言，美国也应有这样的感情，但对共产主义影响加剧一事，他们的感觉却相当不敏感。过去这一影响是逐渐产生的，眼下克里姆林宫大军以不可抵挡之势冲过来，又将这一影响带过来了。我想借助跟苏联相对友好的关系，完美解决东西方最近才出现的多个问题。

我们正在思考的除了这些关系中欧整体的大问题外，还有世界组织问题。临近华盛顿的敦巴顿橡树园，8月到10月举行了一场漫长的会议。美国、英国、苏联、中国在会议中制定了维护世界和平的方案，眼下已是无人不知。四国提议，所有拥护和平的国家都要加入一个新型组织联合国。联合国包括一个大会，一个安全理事会。大会负责讨论研究怎样推进、维持世界和平，还要就具体实施向安全理事会提议。所有国家都要加入大会，成为成员国，各自拥有投票权。不过，大会没有执行权，仅能提议，通过宣言。安全理事会要负责调查联合国的所有争端，若不能和平解决争端，可以付诸武力。这完全有别于国际联盟。这一新方案规定大会能讨论、提议，行动却只有理事会才能执行。对“入侵”的定义，以及对武力、制裁使用时间的条例限定，都对理事会的自由裁决没有影响。

会议花费很长时间讨论了安全理事会理事的确认和执行重要权力的方式这两大问题。最终达成统一：应该让“三大国家”和中国做常任理事国，法国也能在合适的时机加入，大会还应为理事会另外挑选出六个加入国，任期两年。还有表决权尚未解决。大会所有成员国都有权投票，不过只可以提议并加以研究，实际价值少之又少。安理会内部表决方法更是难以确定。三大同盟国的很多矛盾都在讨论中展现出来，这一章之后的内容会提到这些。克里姆林宫不愿加入国际组织，大量小国会在其中用多数票超越他们，战争期间，这些小国发挥不了什么作用，但等到战争胜利结束后，它们必然会要求地位平等。我们要跟苏联达成统一，一定要在共有的敌人将我们变成合作伙伴时，对于这点我毫不质疑。希特勒与希特勒主义必将走向灭亡，但其后会出现什么？

*　　*　　*

在南非草原农场中的沉思，让史末资也朝着同一方向思考问题，会议进行过程中，我收到了他的电报，内容如下：

陆军元帅史末资致首相　　　　1944年9月20日

我非常关注在讨论世界组织的会议上，苏联引发的僵持造成的威胁。在战争即将终结之前最悲惨的这段时期，刚好发生了这样的事。在这件事上，我很忧心我们会在匆匆忙忙中被逼以危险系数极高的速度做出重要决断，重蹈其余事的覆辙。电报、航信等全部都在传播这种不实的言论。不管怎么样，这种僵持状态都会让此处遭受显而易见的灾祸。既然如此，我便只能鲁莽地发出这封信，提醒你们留意了。

苏联的态度起初让我觉得很荒诞，不光其余大国不会接纳他们的观点，哪怕是规模比较小的国家也完全可以拒绝他们。然而，我在思考过后，又有了不一样的想法。在我看来，莫洛托夫在很严肃地表明苏联的态度，此事得到了卡多根及克拉克·克尔的证实。苏联在同盟国中享有怎样的荣耀，占据怎样的地位，都牵涉其中。苏联在询问，自己是继续被视作无赖，应该遭受排挤，还是已经成了可信赖的对象，会被平等对待。事实上，其中的误会比矛盾的程度更深。苏联的尊严被侵犯，还引发了它的自卑，这有可能破坏欧洲的关系，产生长远的影响。在了解自身实力后，苏联的贪欲会更加膨胀。在寻求解决方法一事上，它一点力都不出，这就是它的回应与权力感的体现。将来它跟德国、日本，甚至法国等国之间会产生何种关系？更不必提那些比较小的国家。若一个世界组织建立起来，却没有让俄国加入，它便会在另外一个组织中占据核心位置。这会导致第三次世界大战爆发。而若联合国不成立这种组织，那在历史长河中，它就会成为笨拙、无能的代名词。一种严峻的左右为难的局势就此形成，不管怎么样，我们都绝不能让自身受困于这种局面，事先却毫无察觉。

小国顾及这些威胁，一定要做好准备，为维护苏联的自尊，不能希求在这方面实现理论的平等，否则便会遭受致命打击。在实力与安全问题的辩论中提出主权平等在理论方面的争议，非常不理智，美国和联合王国不会借助自身影响力帮小国争取地位，只会去支持常识与最重要的安全。

大国达成统一的原则，能产生很多裨益，最低限度，这点适用于战争结束后的一段时期。如果在具体实施时，该原则被证实不具可行性，那我们可以在树立起对彼此的信任，建立起更具可行性的基础后，重新审视形势。现在要确保关系不会破裂，为此不计任何牺牲。若几个大国达成统一的原则被接纳了，连直接关系到它们利益的表决权问题都获得解决，那美、英两国还是要动用自身全部的影响力，让苏联采取行动时懂得控制自己，避免太过鲁莽，并对世界舆论给予一定重视。美、英两国成功做到这点的概率是很高的。若俄国不肯让步，责任就在它了，联合国也许就要有所行动。在最糟糕的状况下，统一原则只拥有否决权，也就是对也许是理智的或有必要的行动加以阻挠的权力。然而，达成的效果是反面的；会对行动造成妨碍，但也使俄国无法在美、英两国都反对的情况下，实施某种行动策略。

统一这种约束方法，对刚刚得势、沉浸其中的人而言不算太糟糕。我厌恶这种统一，我不会为其辩解。但在目前这种情况下，我不觉得它会恶劣到必将葬送世界未来的和平与安全的地步。

毋庸置疑，会议要有更高级别人员参与其中，但截至到现在，还是仅限于政府顾问级别。在我看来，在最高级别明确做出决断之前，极度谨慎地重新审视整体局势所有的深层意义是很有必要的，几个大国应竭尽所能，制定一些哪怕是暂时性的条约，避开致命的灾祸。这个问题既然这么重要，跟前途密切相关，我们就要坚决避免意见分歧，达成绝对统一。

另外的电报随后到来：

陆军元帅史末资致首相　　　　1944 年 9 月 26 日

希望你在加拿大勤奋工作的结果能证实你努力的方向是对的……向你和夫人平安归国献上我最诚挚的祝福。

意大利一战的进度远远慢过预期，雨季的到来，甚至会让你对那片地区的期待变成一场空。在这样的情况下，为了维持我们在巴尔干的威望，亚历山大将继续向前进军。尽管我们给予了铁托各种各样的支援，但他的所做作为对我们并不忠心，我很忧心当他站到南斯拉夫的权力制高点时，会损伤我们的利益。

希腊的情况好像更加糟糕。掌控权正落入民族解放阵线手中。其中大多数都是我们促成的，真是悲哀。期待能以我们在地中海的巨大利益，以及受苦受难的希腊民众的利益为出发点，阻止这种趋势。我们若能积极采取行动，对我们忠诚的希腊友人而言可能会是一种激励。用不了多久，民族解放阵线势力就要把帕潘德里欧掌控在手中了。毋庸置疑，这股势力背后的靠山是苏联。期待你可以抽时间跟希腊国王商议一下，用何种方法维护我国和希腊的巨大利益才最合适。地中海的未来组织正以极快的速度成型，不过，从某种意义上来说，这对我们有弊无利。

我没有半点将苏联视为仇敌的意思。在即将到来的日子里，三个大国的密切合作是我们最大的希望所在。这点从我对敦巴顿橡树园会议的僵持局面贡献的提议中，就能获得佐证。可苏联当前在马鞍上坐得越稳固，日后就会骑得越远，我们掌控的难度就越高。我们在地中海、西欧两地的地位不能降低，只能提升。我们在这两地都无法让苏联站在我们这边，连戴高乐法国都有可能不支持我们。从这一角度看，对我们来说，对德国将来的各种处理方式，可能远比现在展现出来的更重要，或是跟现在展现出来的迥然不同。此次大战过后，德国将遭受淘汰，于是对我们而言，欧洲乃至全世界都将出现崭新的形势。为此，我们要重新深入思考将来所有的对外政策。还有一件事也非常重要，就是我们的联邦与帝国应该在对世界组织的需求出现时，让世人看到我们战胜了此次巨大的考验，拥有了强大的实力和影响力，无论从那个角度看，都能跟其余两个大国平起平坐，做他们的拍档。

正因为这样，你们各个政党之间的公约越来越四分五裂让我很是惋惜。战争期间，该公约一度获得了极度傲人的成果。期待你巨大的影响力能够避免这种四分五裂出现得太早，或是出现在欧洲和全世界找到新的解决方法之前。请保重身体，一切尚未走到终点。

陆军元帅史末资致首相　　　　　　　　1944年9月27日

非常感激你发来的全部四封电报。你返回英国途中，我发电报给你之后，才收到了你的电报。开始的两封电报提及敦巴顿橡树园会议的僵持局面，你的建议以及为此后的会议贡献的策略，我都留意到了。这些提议从很多角度来看，都相当令人赞叹。你在第三封电报中谈及跟欧洲、亚洲相关的作战计划，你为意大利、巴尔干战争做出的安排，我非常赞赏。目前看来，敌军正从希腊撤退，那么理智的应对策略应该就是马上派兵赶赴希腊，这样希腊就不会被民族解放阵线掌控，我们也不会遭到他们的谴责，说我们遗弃了他们。在之前的一封电报中，我已说过此事，因为对大英帝国，我怀有一份特殊的关怀。

太平洋战争方面应该忧心的是，美国人在战胜德国后，会将兴趣转移到贸易与工业生产上，而不再关注战争。因此，你倾尽全力参与其中，他们必然会很感激。在遭遇不公待遇后，蒙巴顿终于又能在缅甸、马来西亚大展拳脚了，这个消息让我也觉得很欣慰。根据目前中国的局势发展，日军在被赶出占据的岛屿后，很有可能会长期霸占中国内地，要驱逐他们绝非易事。如果日后斯大林能投入当地的战争，会发挥很大的作用。跟日本的战争持续时间会超出我们当前的想象，除非斯大林派出军队参与其中。

联合王国与美国切分的德国占领区好像很公正，但被苏联占据的普鲁士很有可能会变成布尔什维克苏联的一个省份或是受保护国。这样的结局符合希特勒的期望。可这表示德国延续两千年的旧问题，依旧没有得到半分解决。

* * *

在尚未达成统一的情况下，敦巴顿橡树园会议就落下了帷幕，但我急切想要跟斯大林会面。一直以来，我都觉得我可以跟他交流，就跟两个最平凡的人交流没什么两样。

首相致空军参谋长（请勿让他人看这封信） 1944 年 9 月 27 日

我跟艾登先生可能要去莫斯科走一趟。当然，搭乘新的专机是很舒适的，不过我们启程的时间可能会提前，而依照规定，专机要等到 10 月 15 日才能拿到。搭乘新专机能直接飞到开罗，但搭乘约克式飞机，途中要找个地方停下来加油，我的意见是在那不勒斯、马耳他中任选一处加油。在开罗一定要非常留意天气。美国总统能在晴朗的天气中，飞过高达五千至六千英尺的山，我在八千甚至一万英尺的高空飞行很短的一段时间，一定不会有问题。我们在 1942 年 8 月搭乘 C46 型运输飞机越过高加索山时，飞行高度到底达到了多少？在我的印象中，我们飞越了一万一千英尺，但只持续了很短的时间。越过整座山应该花不了三小时。之后就到了里海与俄罗斯平原的范围内，方便进行低空飞行。像上次一样绕行，就没有必要了。要等到开罗或是德黑兰出现百分百晴朗的天气，才是最根源的问题。

请将报告和清楚的计划都交一份给我。

当天，我发了一封电报给斯大林：

首相致斯大林元帅 1944 年 9 月 27 日

1. 从克拉克·克尔大使处，我得知你很欣赏英、美两国军队在法国的作战表现，我很高兴。能得到英勇的苏军领袖的表扬，我们相当珍惜。

明天到下议院，我会乘机强调是苏军毁掉了德军作战机器的脏腑，直到现在还将数目庞大的德军困在自己的战线上，脱身不得。这些话我之前就说过了。

2. 在跟总统长谈过后，我刚刚回国。我们坚信英国、美国、苏联的统一，是全世界的希望所在，这点我能向你做出承诺。听说最近你身体不好，医生不允许你长途飞行，真是件憾事。总统一度觉得，我们会谈的最佳地点是海牙。但直到现在，我们也没能攻占海牙，不过，波罗的海沿岸的局势可能在圣诞到来之前就会因战争发展出现大的改观，这样你的行程便不至于疲倦或是困难了。只是我们还要经历多场艰辛的战争，才能将这一计划变为现实。

3. 有件事绝对要保密：总统准备在大选过后马上到英国访问，之后再到法国及低地国家访问。不管他有没有当选，这一行程都不会改变。我根据现有的情报，断定他会当选。

4. 我极度期待（根据我的了解，总统也是相同的态度）你在德黑兰做出的承诺能被履行，及德军战败后，苏联会在第一时间加入对日本的战争。苏联开辟出一片对日作战的战场，特别是开辟出空中战场，会让日军难以应对，更加迅速地走向失败。根据我对日本国内状况和日本人内心绝望的全部了解，我有信心，纳粹解体后，我们三个大国联合起来号召日本投降，能够左右最后的结局。但我们一定要共同对这些计划展开深入探讨，这是毋庸置疑的。我很愿意 10 月去莫斯科走一趟，只要我能抽出时间。若我没有时间，艾登会代我过去。最真诚地祝福你和莫洛托夫。

* * *

罗斯福对史末资的意见记忆深刻。

罗斯福总统致首相　　1944 年 9 月 28 日

看过你〔9 月 20 号〕转寄过来的史末资陆军元帅的电报，我产生了浓厚的兴致。他提议，在几个大国为预防世界大战成立的任意一种联合组织中，一定要将苏联当成一个地位平等的成员，给予其足够的认同。我认为，对于这一提议，我们都不会有异议。

利用所有相关方面的让步来协调矛盾是有可能的，这样应该能在这个婴孩学会走路之前的几年，实现平稳过渡。

此处的“婴孩”是指世界组织。

我是这样回复他的：

首相致罗斯福总统　　1944 年 9 月 29 日

……乔大叔〔斯大林〕在几天之前的一天晚上跟克拉克·克尔及哈里曼交谈，滔滔不绝，态度友善。但“对于自身健康”，他“发出抱怨”。他说，他只有在莫斯科才觉得舒服一点，就算是到前线考察，都会伤及他的身体。他的医生都不建议他乘坐飞机。他从德黑兰归来后，歇息了两周，身体才恢复，诸如此类。

我和安东尼据此郑重思考了一番，准备搭乘飞机到那儿去，越快越好。目前航程已不像之前那么长了。截止到现在，斯大林都没有回复我们的意见。在我们心里，有两个最重要的目标：一是坚决要求他对日本开战；二是尽量和平解决波兰问题。我们还要讨论一些跟南斯拉夫、希腊相关的问题。我们将持续告知你所有细枝末节。我们自然很欢迎艾夫里尔·哈里曼从旁帮助我们，若他可以的话，但你派过来的可能会是斯退丁纽斯或是马歇尔。我的确觉得，一定要进行个人之间的交流。

我非常明白，打败德国不会是今年的事。在一封电报上，我看见了奥马尔·布雷德利的一个战争计划。他想在11月中旬横渡莱茵河，我也发现了一些不太明显的证据，证明德国人的反抗增强。

我饶有兴致地看过你的演讲稿，看到你的精神这么好，我非常欣慰，这是题外话。

希望你诸事顺遂。

当天，我又收到了斯大林的电报，内容如下：

首相致斯大林元帅　　　　1944年9月29日

你和罗斯福先生发过来的跟魁北克会议相关的电报，我已收到，里面说到你们更加深入的作战计划。你们在电报中将英、美两国军队务必完成的重要任务说得一清二楚。预祝你们及你们的军队诸事顺遂。

苏军现在正为消灭波罗的海沿岸对苏军右翼造成威胁的德军而忙碌。苏军要想进入德国东部腹地，一定要先消灭这些军队。苏军另外还有两项紧急任务：一是让匈牙利从战场上撤退出去，二是发动一次进攻，借机清楚了解东战场上的德军防御状况。若条件允许，便将其防线打破。

我们去莫斯科访问的计划，得到了总统的认同。他在9月30日发来这样一封电报：

一旦你收到乔大叔给你的回复，确定了你跟安东尼抵达莫斯科的日期，就请通知我一声。我认为，当前一切质疑斯大林是出于何种目的才在东方支援我们的问题，都会引起他的额外注意。

我会满足你的要求，让哈里曼给你一切你所需要的帮助。而让斯退丁纽斯或是马歇尔作为我的代表，出席会议，好像不够妥当，也不会带来什么裨益。

此时，我收到了斯大林的热情邀约。

斯大林元帅致首相　　　　　　　　　　　　1944 年 9 月 30 日

你在 9 月 27 日发出的电报，我已收到。

跟你一样，我也坚信三大国坚定不移的统一，能真正确保将来的和平，且能满足所有拥护和平的民众最美好的期待。我认为，战争结束后，我国政府若能继续实施在这场了不起的大战中实施的策略，产生的影响力将能左右全局。我非常期待能跟你和总统会面，这是毋庸置疑的。我觉得此次会面，对我们的共同事业有着极其重要的意义。可是由于医生都劝我不要进行长途旅行，在很长的时间内，我都一定要对此加以留意，所以我本人便只能留在原地了。

你想 10 月访问莫斯科，我非常欢迎。我们需要研究很多极其关键的军事问题及其余问题。若你因为什么事，让艾登先生代替你来莫斯科，我们自然也会做好准备接待他。你将总统准备到访欧洲一事转告我，让我产生了浓厚的兴致。我也相信在此次大选中，他一定能获胜。而苏联在日本的事情上始终坚持在德黑兰会议上的立场。

我和莫洛托夫向你致意。

我就这样安排好了一切。

首相致克拉克·克尔爵士（莫斯科）　　　　　1944 年 10 月 1 日

1. 斯大林元帅 9 月 30 日的电报，你应该已经看到了，内容非常友善。我跟安东尼准备周六晚上启程，若天气允许的话。途中可以不必绕行大西洋、西班牙，不用从高山地带和德黑兰经过，行程大幅缩减。用不了三天就能完成这次旅行，甚至只用两天就可以。相应的部署应该由空军部和莫斯科方面负责。

2. 俄国人待客极为热情，有助于我们处理事务，据此我觉得此行我们的最佳身份是苏联政府的客人。但我们还是要在大使馆设宴，这是自然的。要不要打探一下他们在这方面的意见呢？

3. 我正在犹豫此行是否让太太随行。她现在成立了一个红十字会，而且她在旁边照料我，英国民众会很欣慰。这样做是不是合适，我不清楚。只有男士才能参与克里姆林宫宴会，所以她自然不会想去参加。但我觉得，她应该去了解红十字会之外的一些事。由于斯大林的太太已经去世，这样做会不会让俄国人觉得难以应对？请你坦诚地说出自己的看法。

期待你能马上回复我。

大使翌日回复称，他跟苏联都很欣慰，我已决定去莫斯科，安东尼也将随行。“俄国人盼望你能来作客，且很欢迎丘吉尔夫人随行，机不可失。”

可我太太却不想在这时启程。我请罗斯福跟斯大林说，他对我们此行没有异议，还让哈里曼先生加入讨论。我还问，我可以对美国的远东作战计划发表什么意见。

首相致罗斯福总统　　　　1944 年 10 月 4 日

……我们希望他们能回复，占据有利地位的苏军，在德国溃败后多久，才能到满洲国边界处集合，跟日本对峙，同时了解对此次交战的问题，他们有何看法。因为近来交通路线很容易受到进攻，这些问题愈发突显。

我们的绝大多数问题，自然都跟波兰人相关。可在这件事上，我跟你的观念相近到不必你再额外提点我。

敦巴顿橡树园会议的问题必然还会被拿出来讨论，因此，我要让你知道，几个大国的认同（也就是意见统一），是我们仅有的指望，这点我们都心知肚明。我居然得到了这样的结论，这跟我一开始的观点迥然不同，真是件憾事。请明确告诉我，你想我在这一问题上做些什么，同时请根据实际需要向艾夫里尔发号施令。

总统很快发来电报，表示自己完全认同，并展现了亲和的友善。

罗斯福总统致首相　　1944 年 10 月 4 日

你觉得在我们三个见面前，你有必要马上跟乔大叔会谈一次，你产生这种想法的原因，我百分百理解。在那里，你们要讨论的问题自然也都是美国真正关注的，依我的了解，你会表示赞同，所以我已经吩咐哈里曼在一旁辅助，若你和乔大叔没有意见，我还会让他作为我的观察员，参与其中。我已将此事告诉了斯大林。但以艾夫里尔的身份，他无法作为美国的代言人，负起任何责任，这是自然的——无论什么人事先作为我的代表，负起任何责任，都是我不容许的——但他会向我汇报详细的最新状况。我同时还跟他说，开完会后，他要在第一时间赶回来，向我报告。

我很抱歉，不能跟你们共同会晤。但我期待此次大选过后，我们三个能选在任意时间再度进行会谈。我已跟乔大叔说过，对于将来的会谈，你跟他的此次会面会是一个很有裨益的前奏。

跟你一样，我也觉得我们三国维持原先的凝聚力非常重要。但你想在此时将表决权问题拿出来讨论，我却不能赞同，对不起。我确定那件事是我们三个能一起解决的，所以在我们三个会晤前，请你不要谈论这一问题。它跟美国、英国等全体联合国成员国的舆论直接相关，说到底，它可以等一段时间再解决。

我正吩咐身处莫斯科的英国军事工作人员，送给你一份我们的参谋长联席会议送给斯大林的建议书方便你使用。

预祝你能成功，我热切盼望得知事情的最新进展。

首相致罗斯福总统　　　　　　　　　　　　1944 年 10 月 5 日

1. 你的建议和祝福，让我非常感激。得知艾夫里尔会列席一切重要会议，我十分欣喜，但我很确定你不想让这样的安排对我跟乔大叔，或是安东尼跟莫洛托夫私底下进行的会晤造成阻碍，毕竟通常只有在无阻碍的前提下，事情才能最快速地发展。我保证会在艾夫里尔准备呈交给你的报告之外，把跟我们的共同利益相关的所有状况随时告知你，你不必担心。

2. 我从你倒数第二句话中了解到，你已经把你对整个太平洋计划的阐述寄给了莫斯科的英国工作人员，还呈交给了乔大叔，我一到那里就能看到了，对我来说，这真是再方便不过了。

3. 乔大叔若将表决权问题拿出来讨论（他这么做的概率很高），我会跟他说，不用心急讨论这一问题。我有信心，我们能在三方会晤时解决这一问题。

就这样，所有最重要的问题都解决了，接下来要做的只是规划旅程。

首相致斯大林元帅　　　　　　　　　　　　1944 年 10 月 4 日

1. 我在别人的提议下选择的航线，让你的属下十分担忧。虽然在没有其他选择的情况下，我能在八千英尺以上的高空飞行一两个小时，但这样做对我来说毕竟是很不合适的。在我看来，从爱琴海、黑海上飞行，危险系数比较低。简而言之，我已经查清楚，这是最佳航线，一切不稳定的风险都不存在。

2. 我希望你能提供给我们的便利是准许我们在有需要的时候，安全降落在辛菲罗波尔或你们选择的其余任意沿海作战机场加油，这样我便非常满足了。我要用到的东西，会带在我坐的飞机上。为了指引我们的指挥站领航和降落，我要事先安排一架飞机到你们那边去，与你们合作建立一座联合通讯站，这是仅有的一个重要事项。

3. 目前的环境远比 1942 年 8 月优越，能在这时到莫斯科故地重游，我很是期待。

斯大林元帅致首相　　　　1944 年 10 月 5 日

请命令你们的信号飞机飞到邻近辛菲罗波尔的萨拉布兹机场来，我们已经安排你们的飞机在这里降落。

* * *

5 日夜里，我跟艾登、布鲁克跟伊斯梅分别乘坐两架飞机启程。我们抵达那不勒斯后，接连四个小时，都在跟两位将军威尔逊和亚历山大讨论。我为他们的汇报头痛。8 月末尾的几天，亚历山大开始进攻，从那时算起，我已经离开意大利五周了。我会将继续讲述所有情况，直至一切在秋季终结，这样比较省事。

有一段时间，第八集团军的进攻表现很不错，9 月 1 日就在一条长二十英里的战线上，穿过了哥特防线。德军非常惊讶。没过多久，凯塞林就跟之前一样清醒过来，着手从中央战区调动军队支援。他们在科里亚诺山脊上安排了兵力，把跟里米尼之间的道路封锁起来，此举的时机很是恰当。最近一周的攻势都没能使他们屈服，可之后此地还是被我们攻陷了。

首相致亚历山大将军　　　　1944 年 9 月 15 日

这次你的军队成功攻克科里亚诺山脊和马拉诺河过道，向你表示诚挚的祝贺。我很清楚，这一傲人的战绩要归功于全体参战将士。请把我的祝福转达给他们。期待你能以此次胜利为基础，

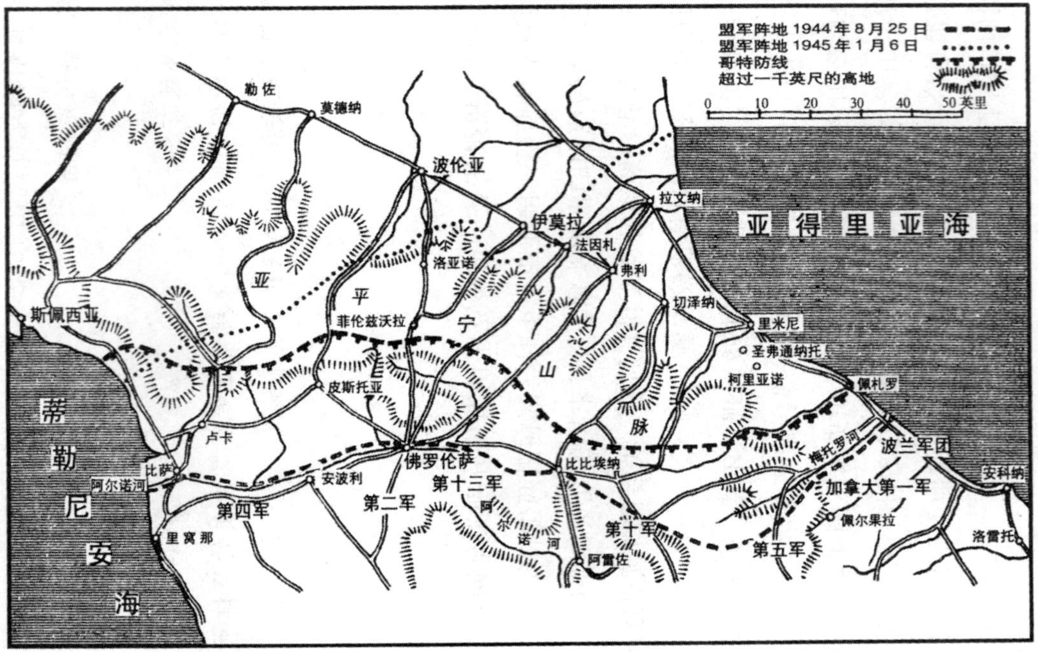
盟军阵地 1944年8月25日
盟军阵地 1945年1月6日
哥特防线
超过一千英尺的高地
0 10 20 30 40 50 英里
亚得里亚海
蒂勒尼安海
勒佐
莫德纳
波伦亚
拉文纳
伊莫拉
法因札
弗利
切泽纳
里米尼
圣弗通纳托
柯里亚诺
佩札罗
波兰军团
安科纳
加拿大第一军
佩尔果拉
洛雷托
第五军
第十军
阿雷佐
阿尔诺河
第十三军
第二军
第四军
比比埃纳
佛罗伦萨
安波利
比萨
阿尔诺河
里窝那
卢卡
皮斯托亚
菲伦兹沃拉
洛亚诺
斯佩西亚
亚
平
宁
山
脉
梅托罗河

哥特防线　　（照原图译制）

取得更傲人的战绩。

借助从德军中央战区和右翼调过来的七个师，凯塞林在圣福通纳托激烈交战了三天。我方的地面进攻和空中进攻配合巧妙，攻克了当地，之后，敌军马上撤离，到了9月20日，里米尼也落入我方手中。

亚历山大的第五集团军因凯塞林的中央战区实力减弱，得到了期待许久的良机。为了节省兵力，敌军从前线撤出来，我们却能将军队调集到敌方最重要的阵地上去，而事先不必开展预备性进攻。第五集团军于9月13日发起进攻。第八印度师两天后带着我方的第十三军，从无路可走的山地中穿过，往前方进军，在跟法恩札相连的路上，还打破了哥特防线。英军及其左侧的美国第二军，10日就在分水岭山顶上现身了。第八集团军向哥特防线最东面发起迂回进攻，目前已击破其中央地带。

虽然我们死伤惨重，却取得了极大的成功，且前景好像很光明。但是凯塞林也获得了更多的援军，到了最后，他的德国师增加到二十八个。在从尚未开战的战区中调来两个师后，他发起了激烈反攻。这一反攻跟我们在山路上遭遇的补给难题，共同阻碍了我方第十三军向伊莫拉进军。克拉克将军据此转而朝通向波伦亚的道路发起激烈进攻。10月1日，美国第二军和四个师共同向前进军，几天后抵达罗亚诺。敌军防守坚固，加上地势险峻，又下着大雨，美军在抵达波伦亚东南部与伊莫拉路仅有四公里之遥的一处据点时，战争达到了最高潮，从10月20日一直持续到24日。我们几乎能轻而易举地从跟第八军面对面的敌军背后插入。可正如亚历山大所言："德军利用大雨、大风和第五集团军的体力透支，牢牢守住了己方的防线。"

对第八集团军而言，10月一整个月同样饱受挫败。不久之前，李斯将军才被调到东南亚担当更高职位，指挥权由迈克里里将军接掌。迈克里里将军10月7日开始沿里米尼－波伦亚公路的中轴线向前进军，英国第五军及之后的加拿大军从旁协助。而第十军这段时间正在南边的山区战斗。天气非常糟糕，数不清的河流、灌溉渠道还有开垦出来的农田都被淹没了，恢复了没开垦时的沼泽模样。若不走公路，很多时候寸步难行，但军队却在这种无比艰难的环境中继续向波伦亚进发。

10月19日，军队抵达切泽纳，取代南翼第十军的波兰军团，朝弗里–佛罗伦萨公路英勇前行，这条公路为马克·克拉克的集团军横向联络提供了方便，这便是其重要意义所在。该集团军正在向波伦亚逼近，德军司令却在如此紧急关头，大胆调派了东线的三个精锐之师到他的中央战线上来。毋庸置疑，这三个师刚好能在他的防线中央适时解除危机。第八集团军的人数又缩减了。第四印度师和希腊旅还被调去解除希腊的危难，之后的一章会详述此事。

* * *

10月10日，莫斯科，我将迄今为止所有事件的发展状况告诉了总统，还添加了一些内容，如下：

1. 荷兰突击军队承受的压力好像在不断加剧，我能感受得到，军队行进缓慢，死伤惨重。我们一度据此十分惋惜地提议："吸血鬼"计划务必要从3月延迟至11月。在将英国第三师留在法国的同时，将第五十二师也调过去，该师共有大约两万两千人，是我们最优秀的师之一。另外还要调第六空降师到荷兰去。艾森豪威尔正等着在将要开始的莱茵河一战中，让这些军队派上用场。要往法国运送援军，这毋庸置疑是最便捷的方法。

2. 你能不能往意大利战线调派两个美国师，最好是三个，跟马克·克拉克的第五集团军会合，满足亚历山大对援军的需求。他们若能在三四周内抵达当地，就再好不过了。我认为，你可以大方地考虑一下我们将另外调派两个师给艾森豪威尔一事。

3. 威尔逊将军正向联合参谋部提交自己对伊斯特利亚、的里雅斯特等问题的计划。该计划会跟战略目标完全统一，也就是要么将凯塞林的军队赶出意大利，要么将其原地毁灭。

总统在几天后这样回复我：

罗斯福总统致首相（莫斯科） 1944年10月16日

谢谢你把意大利战争的报告给我。截止到目前，我们两国在意大利的联合作战，已经死伤了接近二十万人，有九万是美国人。威尔逊估测我们无法在今年冬天击溃凯塞林的军队。波河流域的地形和天气，让我们不可能在今年取得关键进展，对此我的诸位参谋长都表示赞同。他们更深入地想到，一旦德军觉得从意大利调派五六个师到西战场，比利用这些师拖住我们在波河以南的兵力更有好处，德军完全可以这么做。另外派美国师去支援，不会对意大利今年的战局发挥作用。当前我们都遇到了兵力短缺的问题，这是我们事先没有想到的，而在所有军事问题中，最紧急的是务必调派新的援军，援助艾森豪威尔打进德国，终结欧洲的战事。意大利的师从8月25日就开始打这场仗，一直打到现在，真的已经筋疲力尽了。眼下，艾森豪威尔正在跟德国进行事关生死的一战。从6月伊始，他的师登陆诺曼底后，就一直在作战，没有停下来过。当前最紧急的是要从瑞士到北海之间漫长的战线上调集支援的师。但更紧急的要给艾森豪威尔提供新的援军，给从诺曼底登陆之后就没停止过战斗的前线战士休息的机会。为了让艾森豪威尔将军将前线部分疲惫至极的战士换下来休息，我们正根据马歇尔将军对当前形势所做的报告，紧急从马歇尔的军队派出步兵团前去支援。

往意大利调军，只会让这些军队在无关紧要的意大利北部地区的冬季作战中大量耗损，法国对新军队的紧急需求却得不到满足。我很清楚，身处意大利的我方军队正在承担和将要承担的任务有多艰巨。但我们不能扣押此次关系到对德战争成败的关键一战中所需的军队。

马歇尔将军在报告中谈及当前艾森豪威尔将军遇到的困难，我据此判定，我坚持不调动派去法国的所有师，他们两个不会有异议。

用不了多久，就要说到之后的事情了。虽然已经失去了取得关键胜利的可能，但意大利的我方军队最重要的任务依然是维持压力，让敌军无法调派援军，将受困于莱茵河的敌军解救出来。所以一遇上稍微晴朗的天气，第八集团军就会勇猛地向前进军，在 11 月 9 日攻克了弗里，很快又将通向佛罗伦萨的道路全部快速荡平了。之后再无可能发起比较大规模的进攻，不过小型进攻只要有机会就会发动，然而，最终获胜却是第二年春天的事了，这得来不易的胜利原本在当年秋天就险些实现了。

# 第十五章　十月对莫斯科的访问

**我在10月9日抵达莫斯科——在克里姆林宫我们首次会面——半张纸——我在10月11日发给总统的电报——斯大林参加英国大使馆举办的宴会——我发给哈利·霍普金斯的电报——巴尔干纠纷——我在10月11日针对东欧问题起草的信——我在10月12日向内阁汇报——苏联和罗马尼亚——大不列颠和希腊——我在10月13日跟波兰人会晤——莫斯科大剧院进行招待演出——苏联的对日作战计划——克里姆林宫10月15日举行第二次军事会议——寇松线——我在10月16日发给英国国王的电报——波兰国庆日——我在10月22日给总统发电报——德国的将来——跟苏联更密切的往来**

10月9日下午，我们乘飞机抵达莫斯科，莫洛托夫及多位苏联高级官员用一整套礼节热情招待了我们。这一回，我们在莫斯科市区居住，环境很好，受到了很多照顾。我住在一座精挑细选出来的小屋里，设施很完备，安东尼住在旁边的另外一座小屋。我们的用餐、住宿都是分开的，这让我们很满意。我们于当晚十点在克里姆林宫召开了首次重要会议。只有斯大林、莫洛托夫、艾登、我，以及担当翻译的伯尔斯少校、巴甫洛夫出席了此次会议。我们一致赞同邀请以下几人马上赶来莫斯科：波兰总理、外交部长罗默先生、格拉布斯基先生，以及一名胡须花白、很有吸引力、才华出众的老院士。我因此给米科莱齐柯先生发了电报，告诉他我们想让他和他的朋友过来，跟苏联政府、跟我们、跟卢布林波兰委员会会谈。我向他们清楚点明，若他们不愿过来，就等于坚决拒绝了我们的提议，如此一来，我们对伦敦的波兰政府就不会再负责了。

彼时正是讨论问题的好时候，于是我说："我们一起来解决巴尔干问题吧。你们在罗马尼亚、保加利亚都派驻了军队，而在这些地区，我们也派驻了各类组织和代理机构，当地有属于我们的利益。大家为了细枝末节产生分歧，是不可取的。要想让俄国在罗马尼亚占据九成的优势，英国在希腊占有九成的发言权，而在南斯拉夫两国不分高低，英国和俄国应该做些什么？"翻译在翻译这些话时，我借机在半张纸上写道：

罗马尼亚

俄　国……………………………90%

其他国家…………………………10%

希腊

英　国……………………………90%

（与美国一致）

俄　国……………………………10%

南斯拉夫…………………………50—50%

匈牙利……………………………50—50%

保加利亚

俄　国……………………………75%

其他国家…………………………25%

斯大林还在听翻译，我将这半张纸交给他。他看了一会儿，用蓝色铅笔在纸上打了个勾，表示赞同，随后把纸交还给我们。就这样，问题解决了，所用的时间甚至短于我在纸上写字的时间。

我方的意见我们自然思考良久，此时仅仅是对目前的战争部署做一下处理。我们期待战争胜利结束后，双方能开展一次和平会晤，将所有比较难解决的问题都留到那时解决。

此后是一段时间的静默。桌子中间摆放着被铅笔打过勾的字条。最终，我说："在解决这些跟成百上千万人的性命息息相关的问题时，我们的态度好像很轻率，这样怕是会被评价成不负责任吧？不如烧了这张纸条。"斯大林说："不行，还是交给你保存吧。"

我还谈及了德国问题，与会人员达成一致，让我们的两名外长和哈里曼先生深入探讨此事。我跟斯大林说，美国人会在之后我们展开商讨时，向他概述他们1945年在太平洋上作战的计划。

* * *

为了告知罗斯福首次会晤的状况，我们联名给他寄了一封信。

首相、斯大林元帅致罗斯福总统　　　　　　1944年10月10日

我们赞同，敦巴顿橡树园会议的问题等我们三方会晤时再讨论，此次我们两方的会晤中不牵涉此事。我们务必要思考借助最佳方式，制定一项统一的政策，在包括匈牙利、土耳其在内的巴尔干诸国实施。我们已经安排好，让哈里曼先生作为观察员，出席所有商讨处理重要事务的会议，另外让狄恩将军参与所有跟军事相关的会议。我们已经做好部署，我们的高级军官跟狄恩将军如何开展军事上的技术交往，以后如有必要，我们两个以及两名外长怎样跟哈里曼先生会谈。无论有何种进展，我们都会亲自告诉你详情。

在此诚挚地祝福你，同时祝贺骁勇善战的美军和艾森豪威尔将军在西线指挥战斗取得的成果。

随后，我私底下汇报总统。

首相致罗斯福总统　　1944年10月11日

1.此处的氛围相当诚挚，我们能感觉得到，我们两个已经联名寄信给你了。不管处理什么事，我们都不会让你缚手缚脚，这点你大可放心。我觉得，我们为艾夫里尔做出的安排不会让他有任何不满，不会对必不可少的私人往来造成阻碍，毕竟我们要获得预期的效果，这是不可或缺的。我会把相关的真实状况汇报给你。

2.有一点我们非做到不可，就是竭尽所能，在巴尔干半岛诸国的问题上达成一致，这样才有可能避免部分国家爆发内战，避免内战期间，你我跟乔大叔分别支持对立双方。我会持续转告你这边发生的所有情况，在没有跟你商讨、跟你统一意见之前，英、俄两国初步达成的一切协定都不会最终确定。所以我认为你不会介怀我们尝试跟俄国人坦诚会晤。

3.我不清楚我们能跟斯大林和他属下的军官谈论你们太平洋作战计划中的哪些内容，我还没有收到你的说明。我有可能会在跟他的交流中，逾越你觉得能讨论的范畴——我自然会非常小心——我期待在这方面能有明确的界定。我们依照你的要求，将敦巴顿橡胶树园会议的事情暂时搁置，没有讨论。但在今天的午宴上，斯大林赞扬了此次会晤和业已取得的巨大的意见统一。在午宴上，斯大林还愤怒地指责日本入侵别国。我依照我们会晤的状况判断，他在打败德国后，应该会马上跟日本开战。有件事能够确定，艾夫里尔跟狄恩能在要求斯大林做一些事情之余，就你想做的和我们想帮你做的那些事，向他做出简要说明，这是最低限度。

* * *

斯大林10月11日晚来到英国大使馆赴宴。这还是英国大使第一次成功地举办宴会。警察负责所有警卫工作。维辛斯基先生、我的一名客人在从楼梯上的俄国秘密警察的武装卫兵身旁经过时说：“很明显，红军占据了英国大使馆，获得了一场新的胜利。”在自由的氛围中，我们展开了全方位商讨，凌晨两三点才结束。我们另外还就下届英国大选展开了讨论。斯大林表示，他认为保守党一定能在大选中获胜。在政界了解自己很难，了解他人更难。

* * *

我还给哈利·霍普金斯发了电报，告诉他一些问题。

首相致哈利·霍普金斯　　　　1944 年 10 月 12 日

1. 此处到处都非常友善，巴尔干半岛诸国却一片混乱，真是悲哀。之前在我们的保护下，铁托在维斯岛居住了三四个月，后来没留下新地址，忽然就逃跑了，还让卫兵继续留在原处，给人一种他还没走的假象。之后，他跑来莫斯科商议问题。莫洛托夫先生昨天已跟艾登先生坦承了这件事。俄国人表示，铁托只有农民的涵养，疑心重，所以才会做出这种没有礼貌的行为，而他们应他的要求为他保守秘密，因此没知会我们。保加利亚人抓捕了希腊、南斯拉夫的部分我方军官，对我们十分不友善。我读过一篇报告，讲述他们怎样残害他们俘虏的美国军官。俄国对此持有这样一种态度：他们心甘情愿指明保加利亚有很多做的不妥当的地方，但语气却像父亲说儿子——“此事对你的伤害并不及对我的伤害。”眼下，他们向匈牙利表达了他们深切的关怀，说到匈牙利是他们的邻国，这是个谬误。他们想对罗马尼亚百分百负责，却又打算公平地对待希腊。艾登先生正在跟莫洛托夫不遗余力地协商、解决这些问题。

2. 米科莱齐柯与波兰人在我们强硬地威胁下，接受了我们硬生生从俄国人处抢来的邀约。我们想让他们明日抵达此处。

3. 我们跟艾夫里尔时常会面，他打算明晚举办一场宴会，只有几个遮掩了面目的人参加，这是德黑兰的做事风格。他正在参与军事讨论，以及跟俄国的将来相关的谈判，他自然也会参与波兰对话的初始阶段。既然现在对巴尔干半岛诸国的问题有这么多分歧，那相较于大规模会议，我们宁可选择更坦诚的交流方式，让两个人进行略有深度的会晤。在一至两天内，我会通过电报将所有相关情况告知总统。能不能麻烦你告诉他一声？他有什么建议，我都非常愿意接纳。

总统发来消息，让我们深受鼓励。

罗斯福总统致首相、斯大林元帅　　　　　　1944 年 10 月 12 日

10 月 10 日，你们联名发来信函，在此向你们道谢。

得知你们正就国际政策问题达成统一，我深感宽慰。我们都很关心这些国际政策，毕竟无论是现在还是将来，我们都一定要为避免世界大战并肩奋斗。

*　　*　　*

我在初次会晤过后，总结了我们跟俄国在东欧各地的关联。针对这一问题，我起草了一封给斯大林的信，附上一份备忘录，郑重声明我们很理解那个在桌面上被接纳的百分比，以此明确我的观点。但这封信我没有寄出去，因为事情已经处理得很好了，不用再理会。我只是想如实记录下自己的思想，才在这里将它公开。

莫斯科

1944 年 10 月 11 日

在我看来，有件事非常重要，就是在巴尔干诸国的问题上，英、

俄两国务必要制定一项相同的策略，让美国也能接纳。对英、俄两国普遍和更容易信赖的合作而言，两国订立了二十年盟约这一事实发挥了尤为重要的作用。在我看来，我们能在此处做的所有事都在奠定基础，让我们三国能在胜利的会议桌上聚首，做出最终决定。即便是这样，我还是期待我们能彼此体谅，且在某些情况下还能达成一致，这对我们解决紧急的突发问题很有帮助，还能更有力地维护世界长久的和平。

我写出百分比，只是想乘机认清我们在思想方面有多接近，然后为达成全方位协议，确立必不可少的步骤。若将它们公开，各个国家的外交部与外交家一下就会判定它们很轻率，简直于理不合，这点我已提过了。所以一切公开文件，都断然不能以它们为基础，特别是在目前的情况下。不过它们可用来指引我们处理一些事。我们若能妥当处理这些事，便有可能阻止部分相关小国的内战、流血冲突和争论。让各个国家建立跟本国民众意志相符的政府形式，是我们的整体原则。我们断然不会强迫任意一个巴尔干国家实行君主制或是共和制。说到底，我们已经跟希腊国王、南斯拉夫国王形成了一定程度的信赖关系。他们请求我们保护他们不受纳粹的侵害，等到敌军被赶走，这些国家恢复稳定，其国内民众就应得到一个机会，做出自由、公正的选择，这就是我们的观点。大选期间，为了确保民众享有真正自由的选择权，三大国可能需要往当地派驻监督员。这方面先前已经有了一些不错的例子。

这些国家除体制问题外，还有极权政府和人们口中受普选约束的自由事业之间的意识形态问题。我们非常欣慰，你们能公开表示反对借助暴力或是宣扬共产主义，改变巴尔干诸国当前的制度。准许他们在以后的日子自行掌控本国的命运吧。我们唯一绝对不能容忍的是，法西斯主义或是纳粹主义以任意一种形式存在。它们无法给人民，你们或是我们的制度提供保障。正好相反，它们会在国内实施暴政，在国外实施侵略。我认为，英、俄两国原则上可以不必忧心这些国家的政府，等到我们共同经历的这场恐怖的战争结束，社会恢复安定后，两国也不应再忧心他们，至于干预其内政，就更不可取了。

我据此竭力想描绘出我们两国对这些国家的关怀程度的概况。我们在做出这种举动时，要彻底征得对方的许可，另外，由于美国有可能会在很长的一段时间内远离此处，然后又突然迅猛折回，让人预想不到，所以我们还要征得美国的同意。

因为你有丰富的经验和智慧，所以我在写信给你时，不用跟你争辩太多。共产主义如此来势汹汹，引诱人们背离主流，西欧普遍对其心存畏惧。长时间以来，希特勒都在尝试利用它，可眼下希特勒败局已定。不过，你明白各个国家都存有这种畏惧，原因就是，虽然在社会生活、风俗、观念剧烈变化前，必然有必要采取暴力革命的手段，但不管本国制度优也好，劣也罢，所有国家都不愿采取这种手段。你们明确表示苏联政府已经做出决定，不会干预别国内政，这种做法在我们的理解中就等同于取缔了共产国际，我们认为这一理解是对的。民众越了解这点，做事的阻碍就越少。与此同时，我们的政府建立在极其广泛的基础之上（美国也是一样，对此我很确定），其中的特权和阶级不停地被监督，被纠正。在我们看来，我们各自制度之间的矛盾，不管是从纵向还是横向来看都会不断缩小，我们为使民众生活得更加富足、更加幸福的共同基础却会不断增加。这些目前可能在世界范围内引发巨大问题的矛盾，也许只需要确保五十年的和平，就能变成仅仅是学院式的辩论。

斯大林先生，请你在此基础上坚信，英国政府心中有个崇高的心愿，就是跟俄国建立持久、坚定的友情和协作，另外加上美国的力量，就能让世界的火车头进入轨道了。

我寄了一封信给国内的同僚，内容如下：

首相致国内诸位同僚　　　　　　　　　　1944年10月12日

1. 百分比的方式并不是为确定巴尔干各国委员会的参与名额，只是为了显示在面对这些国家的问题时，英、俄两国政府怀有怎样的关怀与感情。如此一来，两国就能借助一种相互都能理解的方法，坦然面对对方。这样做自然不会给美国带来半点束缚，也并非想确定严格的利益范畴体系；最多只是一种指引。但这一方法能在问题全都展现出来时，帮助美国清楚了解自己的两个主要盟国对这些地区的态度。

2. 从中能够看出，毋庸置疑，俄国在濒临黑海的一些国家拥有重要的利益，罗马尼亚便是其中之一。长久以来，俄国都在被罗马尼亚的二十六个师猛烈攻击；另外一个是跟俄国有着长久关系的保加利亚。在英国看来，应对俄国对这两国的看法，以及俄国想借助共同事业的名头，变成这两国主要指引者的想法，予以额外尊重。

3. 英国跟希腊也有长久的传统友情，且希腊地中海大国的身份，将直接关系到其未来利益。英国在此次大战中，为了对抗德军和意军侵略希腊，牺牲了三万兵力。眼下，英国依然想作为主要领头人，引领希腊脱离目前的困境，并在同一时间跟美国密切维持统一，截止到现在，这种统一还在这片地区彰显着英、美国两国政策的特色。英国会从军事角度，在尽量广泛、统一的基础上，帮现存的希腊王国政府在雅典最先建立起来，这点在此也要获得体谅。俄国会认可英国的这一地位与责任，就跟英国认可俄国跟罗马尼亚的密切关系一样。如此一来，就能避免希腊国内的对立派别势力发展，爆发内战，英国和俄国政府也就不会产生意见分歧，在政策方面也就不会产生对立。

4. 南斯拉夫五十对五十的数字标识，是为当前深入干预其中的两个大国的联合行动和统一政策奠基的，这样在打击纳粹入侵势力的过程中，当地的各方力量就能实现最大可能的联合，然后再建立统一的南斯拉夫。这是为了避免，举个例子，克罗地亚人和斯洛文尼亚人联合起来，跟人数多、实力强大的塞尔维亚人发生暴力冲突，另外也方便订立一项共同、友善的策略，对付铁托元帅，并确保援助给他的武器不是用于内战，而是用于对抗我们共同的敌人纳粹。如果英、俄两国都能摒弃一切私心，共同遵循这一策略，便能对情况发展产生真正的裨益。

5. 对匈牙利最重要的影响力当然源自苏军，因为是他们正要掌控匈牙利，不过，虽然我们未曾直接到匈牙利参战，但匈牙利在英国眼中不是巴尔干国家，而是中欧国家，所以此事到底还要获得我们的认可，另外可能还要获得美国的认可。

6. 一定要着重点明，苏联和英国清楚表明对以上国家的态度，只是为即将到来的战争做出暂时性指引，所以审核的事就等战争结束后或是在和平的谈判桌上全方位解决欧洲问题时，再由三大国去处理。

* * *

10月13日下午五点，在苏联名为斯皮里多诺夫卡的国家迎宾馆中，我们召开了会议，米科莱齐柯及其同僚在会议上表明了他们的立场。为了之后的会晤，才举行了此次会谈，在会晤中，英国和美国的代表会跟卢布林的波兰人交流。我竭力游说米科莱齐柯思考以下两点：一是接纳寇松线，并同意其中交换居民的规定；二是为建立统一的波兰，跟卢布林的波兰委员会友好协商。我说很快就会有变，但最好是在眼下战争就快结束时，解决统一问题。所以我请波兰人当晚便对这一问题展开深入思考。我跟艾登先生会等他们做出决断。对他们而言，最为重要的是跟波兰委员会交流，接纳寇松线当作提交和平大会商讨的初级协定。

当晚十点，我们跟人称波兰民族解放委员会的成员会面。我们立即看穿了卢布林的荷兰人，原来他们是听命于俄国人的。他们预先将自己的台词练得太过一本正经，就算是他们的主人都明显觉察到他们的装腔作势。比如带头的贝鲁特先生说："在此，我们代表波兰，要求一定要将利沃夫划给俄国。波兰民众都希望这么做。"这些用波兰语说出来的话，在被翻译成英语和俄语时，我看见斯大林眼神丰富的眼睛在心领神会地眨动着，好像在说："我们苏联调教得挺好嘛！"卢布林另外一个带头人奥索布卡·莫拉斯基也发表了一番长而乏味的讲话。这三个卢布林的波兰人给艾登先生留下了极为糟糕的印象。

会议持续时间超过六小时，却没有什么结果。

* * *

大剧院 14 日进行招待演出，依次上演了芭蕾舞、歌剧和红军歌舞团精彩的歌舞。斯大林和我在贵宾包厢中落座，所有观众都热烈鼓掌，欢迎我们。我们看完表演后，在克里姆林宫就军事方面展开讨论，从未有一次讨论比这更有意思，更成功。莫洛托夫、安东诺夫将军陪同斯大林，狄恩将军陪同哈里曼，布鲁克、伊斯梅还有莫斯科的英国军事使团团长波罗斯将军等陪同我，参与了此次讨论。

最开始，我们就向他们表明了我们对西北欧、意大利、缅甸的想法。随后，狄恩将军针对太平洋战争发言，还大致谈到，苏联能在跟日本开战后，给出何种格外有用的援助。其后，安东诺夫将军坦承了东线的局势，点明苏军当前遇到的难题，并阐明了之后的计划。斯大林时常插入说几句话，重申尤为重要的各个点，最后又向我们承诺，苏军必将强势逼近德国，还让我们不用担心德军从东线调军。

苏联无疑是在想击败德国后，将必不可少的军队和物资都集中到远东地区,然后马上对日本开战。斯大林只表示会在击败德国后的“数月”内参战，而不愿确定具体的日期。我们觉得这“数月”，应该是指三到四个月。俄国人答应马上开始存储粮食，在本国的远东油田存储燃料，同时准许美军利用俄国沿海各个省份的机场和其余设备，满足美国战略空军的需求。这些准备工作会给日本人带来何种影响，斯大林好像并不忧心。他其实在盼着他们发起“不完善的进攻”，使俄国人受到激励，将所有精力都投入到战争中去。他表示：“俄国人一定要明白他们作战的原因是什么。”

15 日晚，第二次军事会议在克里姆林宫召开，我因为高烧没能参与。布鲁克、伊斯梅、波罗斯等，陪着代替我出席的艾登一起过去；陪同斯大林的有莫洛托夫、安东诺夫，还有舍甫琴科中将，他是远东地区的苏军参谋长。参与过上次会议的哈里曼，又跟狄恩将军一块儿参与了此次会议。会议仅就苏联跟日本开战一事展开讨论，最终达成了实际协定。

一开始，斯大林对我们应该调整我们的多项战斗计划表示赞同。他请美国帮忙，在远东地区存储足够的燃料、粮食、交通工具，可供使用两到三个月。他表示,若能做到这件事,若能搞清楚一些政治问题，那在德国战败后差不多三个月，苏联就能做好准备，跟日本开战。他同时还承诺在沿海部分省份预备好机场,供美、苏两国的战略空军使用，他还马上接纳了美军的四引擎飞机以及教官。苏联可以马上跟美国派驻到莫斯科的军事工作人员召开会议。不仅如此，首次会议他承诺会亲自出席。

* * *

随着时间的推移，唯一有所改进的是苏联和波兰事务这一脓疮。波兰人打算认可寇松线“是俄国和波兰的国界线”。苏联却执意说成“为俄国和波兰的国界线奠基”。两国都不肯退让。米科莱齐柯公开表示本国民众会将他遗弃，可在只有我跟斯大林两人参与的两小时十五分钟的交谈最后，斯大林却表示自己和莫洛托夫是同僚中仅有的赞同对米科莱齐柯稍微“友善”一些的人。在这一背景中有来自两方面的重压，分别是党和军队，这点我很确定。

在斯大林看来，要建立统一的波兰政府，必须先在国界线一事上达成统一。只要能处理好这件事，让米科莱齐柯担当新政府的领袖，他一点异议也没有。我个人觉得，这种难以解决的问题，在讨论波兰政府和卢布林的波兰人合并时必然也会遇到。这么久以来，卢布林代表给我们的印象都非常糟糕，所以我告诉斯大林，他们“仅仅是对苏联意愿的表述”。毋庸置疑，他们之所以成为了类似于吉斯林[①]的人，是因为他们也想做波兰的掌权者。在这种情况下，让这两个波兰代表团返回原处，便成了最佳解决办法。我深觉为解决苏联和波兰的问题起草一些方案，是我跟外交大臣的职责所在。就算仅仅是强迫波兰接受寇松线，也会受到指责。

其余方面取得的成果却极为突出。很明显，苏联政府已做出决定，铲除希特勒后，就对日本发起进攻。这能大大加快此次大战的结束。我很确定，我们已对巴尔干诸国做出最佳部署。当前，这些部署加上成功的军事行动，一定能卓有成效地挽救希腊。另外，我根据铁托的所作所为，以及苏联领导的苏军和保加利亚军对其东翼施以援手的状况，判定解决我们难题的最佳方法，就是我们一致决定实施的南斯拉夫五十对五十的策略。

我们两国在小范围内展开了完全自由、真诚的交流，这无疑是此前从来没有过的尝试。斯大林数次表达他私人的敬重，在我看来，这些敬重的确诚心诚意。但我更确定，他不是一个人决定了所有事。正

① 吉斯林即维德孔·吉斯林（1887年—1945年），挪威军官，在第二次世界大战期间背叛国家，成了纳粹德国的走卒。此后，“吉斯林”便成了“卖国贼”的代名词。——译注

如返回英国时，我对诸位同僚说的那句话：“总是有个深藏不露、满腹忧心的人，坐在骑士背后。”

* * *

首相致英国国王陛下　　　　　　　　　1944年10月16日

1. 陛下亲自到荷兰慰问三军，沿途通畅，慰问顺利，现在已经平安归国，在此祝贺陛下。希望此次旅途不会对陛下的身体造成任何影响。

2. 莫斯科天气晴朗，温度很低，政治氛围相当和谐。此前从来没有出现过这样的状况。在跟斯大林元帅与莫洛托夫先生的数次交流中，首相和艾登先生都能用不会对感情造成半点损伤的坦白、诚挚的态度，使部分再复杂、深奥不过的问题得到解决。首相观看了一场精彩绝伦的专业芭蕾舞表演，很多观众鼓掌多时，以示欢迎。战争进行过程中，斯大林首次进入包厢，站到我身边，全场观众马上近乎疯狂地欢迎他。不管是冗长宴会中还是宴会后，都能在充满热情的频繁碰杯中，对很多重要的事务展开轻松讨论。晚上很晚才能休息，有时要到凌晨三四点，首相也跟大家一样熬夜，中午过后，马上又开始了繁重的工作和各色会议。

3. 为全面研究军事形势，我们耗费了三个小时。先是布鲁克陆军元帅和首相对局势做出分析，另外阐述对西方、意大利、缅甸的作战计划，然后是美国的哈里曼先生和狄恩将军描述太平洋战争的过去、现在、将来的所有状况，对这件事，斯大林的兴致颇为浓厚。俄国的副总参谋长之后把很多我们闻所未闻的苏军对德作战计划的状况说给我们听，大致内容让人挑不出毛病来。返回英国之前，我先不细说他谈及的所有内容，以方便保密。我们盼望俄国能在今天晚上六点针对远东战场公开表态，这很有可能让大家获得满足，是大家关注的焦点。

4. 前天是“波兰国庆日”。一如陛下了解的，从伦敦过来的那帮人表面端庄严肃，实际懦弱昏庸。但根据我们对卢布林代表的观感，我们不能对他们心存半点幻想。他们在我眼中只是工具而已，像背台词般说话，因为事先练习得足够多，所以一点失误都没有。我非常严肃地反复询问过他们，在部分问题上，斯大林也站在我这边。今天一整天，我们都要跟我们的（伦敦）波兰人斗争，有望找到一个解决问题的法子。如若不然，我们就只能等到（美国）大选结束后再处理此事，现在先暂时保密。

5. 还有很多需要讨论的问题，如何安排德国的将来便是其中之一。

您忠诚的仆人丘吉尔

* * *

我们在10月17日晚召开了最后一次会议。刚好收到消息，匈牙利的德国战线马上就要解体了，德军抓住了霍尔蒂海军上将做防御。我说想及早抵达卢布尔雅那峡谷，还更进一步地表示我觉得在春季到来之前，这场仗还打不完。随后我们针对德国问题，首次展开会晤。我们讨论了摩根索计划的优点和不足，要求欧洲咨询委员会务必要对该问题展开细致研究。

* * *

我在回国途中，告知了总统更多会晤的详情。

首相致罗斯福总统　　1944年10月22日

1. 米科莱齐柯在我们在莫斯科的最后一天，跟贝鲁特见了面。贝鲁特表示自己确实遇到了难题。他的五十个部下都在上个月被处死。大批波兰人不想加入他的军队，宁可逃到森林里去。在苏军利用各种交通工具进军期间，因为冬天就快到了，后方战线遇到很多难题。但贝鲁特执意要求，若由米科莱齐柯担当总理，那内阁中一定要有四分之三的席位属于自己。米科莱齐柯建议，波兰的五个政党都要有属于本党的代表，这五位优秀代表中的四个都要由他选择，他会选那些品格优秀，不会让斯大林反感的人。

2. 其后，斯大林应我的要求，跟米科莱齐柯会面，双方交谈了一个半小时，氛围相当融洽。斯大林承诺会向米科莱齐柯提供帮助，米科莱齐柯承诺自己建立、领导的政府，不会对苏联有半点不友善。他阐述了自己的计划，斯大林却清楚指出，其中绝大多数一定要是卢布林的波兰人。

3. 我们在克里姆林宫宴会过后，直接向斯大林表示，西方世界不能确定米科莱齐柯是诚心想要和解，也不能确定独立的波兰政府已经成立，除非米科莱齐柯获得五十比五十的比例，另外附上他自己。斯大林一开始对这一比例表示赞同，后来又突然反悔，提出一个比例，比这更差劲。艾登也在同一时间站在同一立场上，跟好像更通情理的莫洛托夫讨论。在我看来，在解决了其余所有问题后，组建政府的问题自然也会得到解决。在此之前，米科莱齐柯已经跟我解释过，为了挽回卢布林政府的威望，也许会发一个声明，而私底下对这些波兰人也会做出另外一种部署。

4. 此外，米科莱齐柯准备极力劝说他的伦敦同僚接纳寇松线，将利沃夫划给苏联也包括在内。我期待我们能在未来的两周想出一个法子，解决问题。若真是这样，为了让你决定是应该马上发布相应的文件还是稍后再说，我会通过电报，将确定的文件内容发给你。

5. 乔大叔对主要战犯的处理策略是，不能未加审判就处决，这很让人意外，也非常值得敬重，如若不然，所有人都会觉得我们没有胆量审判这些战犯。我点明了国际法中存在的多个难题，他却说若不经过审判，就只能判处无期徒刑而非死刑。

6. 关于将来怎样切分德国，我们也做了不正式的讨论。乔大叔想将波兰、捷克斯洛伐克、匈牙利组合成一片独立的地区，反对纳粹，亲近苏联，并且可将第一、二个国家合二为一。斯大林期待奥地利、巴伐利亚、符腾堡、巴登共同组成南日耳曼联邦，维也纳作联邦首都，这跟他之前表露的想法正好相左。你知道，一直以来，我都很想将维也纳变成大多瑙河联邦的首都，虽然斯大林坚决反对，我还是想另外附加上匈牙利。

7. 乔大叔想这样解决普鲁士问题：将鲁尔和萨尔切分出来，让其无法再发挥作用，或是组成一个莱茵兰的独立国，接受国际社会管辖。与此同时，他还想将基尔运河国际化。对于这一提议，我并无异议，但在三方会谈之前，我们不会做决定，这点请你不要质疑。

8. 从乔大叔口中得知你提议 11 月末在黑海一处港口进行三方会谈，我很高兴。我觉得这个提议很不错，你若能在恰当的时机告诉我相关状况，我将不胜欢喜。不管你们想在何处举行会谈，我都心甘情愿参加。

9. 乔大叔也很正式地谈到了蒙特勒公约，说为了让苏联军舰能自由航行，期待能对公约做出一些改动。从原则上说，我们是赞同这么做的。由于日本也在上面签了字，去年 12 月，伊诺努也失去了自身地位，所以很明显，做些改动是很有必要的。我们将这件事留给苏联制定细致的方案。斯大林表示，他们会恰当处理此事。

10. 回国以后，我会跟内阁商议是否认可法国当前的行政机构为法国临时政府。联合王国非常想马上认可。戴高乐比之前更容易控制，不再妄自尊大。我依然坚持，若艾森豪威尔公开表明，要将一处面积庞大的内政区域移交法国，那我们就要尽快给出这种有局限的认可了。戴高乐毋庸置疑获得了绝大多数法国民众的支持，法国政府要应对潜伏于大范围内的无政府状态，也需要获得支持。简而言之，我会再从伦敦发电报给你。

现在我正位于阿拉曼上空，这里曾给我留下一段快乐的时光，真诚地向你致意。

他是这样回复我的：

罗斯福总统致首相　　　　1944 年 10 月 22 日

得知你在莫斯科为解决波兰问题采取的妥协方案有了进展，我很欣慰。

解决问题的时间、条件都满足时，延迟两周再公布的做法合适与否，请一定跟我商议。我在说什么，你很清楚。

此处现在没有任何异样。

你提及眼下乔大叔对战犯、德国的将来、蒙特勒协议等方面的态度，十分吸引人。在将要展开的三方会谈中，我们会共同讨论这些问题，还有在太平洋战场上，我们共同付出的努力。

*　　*　　*

我们跟苏联盟友之间的关系，在这趣味十足的两个星期过后，变得比之前，也可以说从此更亲密了，所以我在告别时，写了这样一封信给斯大林：

首相致斯大林元帅　　　　1944 年 10 月 20 日

现在我和艾登已经离开苏联，在多次跟你——斯大林元帅和你的诸位同僚讨论过后，我们获得了激励，鼓起了勇气。通过此次让人印象深刻的莫斯科会晤，我们明白到，我们彼此的问题一定能得到解决，只要我们能在友好的氛围中完全坦诚地跟对方讨论。俄国人向来以待客热情闻名，此次我们访问俄国受到了无与伦比的热情接待。我们在莫斯科和克里米亚的这段日子十分快乐，为了让我们一行人舒适生活，所有细节都用心布置过。我就此由衷地向你和所有工作人员道谢。期待用不了多久，我们就能再碰面。

# 第十六章　巴黎

**要有一个具有代表性的法国政府——戴高乐的民族委员会——我在9月28日在下议院发表的演讲——我10月14日发给罗斯福总统的电报——民族解放委员会10月20日改成法国临时政府——我在11月10日乘飞机抵达巴黎——11月11日香榭丽舍大街上的迎宾队——到弗日去——我在11月15日发给罗斯福总统和斯大林元帅的电报——法国军队与占据德国——跟戴高乐将军相互道贺——斯大林11月20日发来电报——传言称要建立西方集团——我在11月25日发给斯大林的电报——西边的冬季战争——戴高乐到莫斯科访问——12月2日、3日斯大林发给我的两封电报——我在12月5日回复的电报——跟总统的信函往来——12月10日签订法苏条约——英法条约签订的相关问题**

建立统一、具有普遍代表性的法国政府，在我方军队向东边和南边进军的过程中，变得越来越急迫。我们非常希望不要在法国之外建立一个委员会，强迫法国接受。我们想在解放事业向前推进期间，先对法国民众的心态做出估测。这件事我从很久以前就开始思考，7月10日，我写了份概要给艾登先生，如下：

首相致外交大臣　　　　1944年7月10日

若我们在罗斯福总统跟戴高乐最开始的关系协调期对外公开之前，就决定建议美国和苏联跟我们共同承认法国民族解放委员会是法国的临时政府，是非常不理智的。我们行进的步伐，很明显必须要跟美国保持同步，我们在美国的决定公开后，可以推动他们往前走一步。若罗斯福总统彻底推翻了自己的观点，跟戴高乐达成一致，我们就能以此作为极好的依据，向议会证明太早就该问题展开讨论有多愚不可及。这种做法可能早就毁坏了此次令人快乐的沟通。

从诺曼底开始的进攻在五周后获胜。我在巴顿抵达巴黎门外时，依旧不想走出关键一步，还写了另外一份概要：

首相致外交大臣　　　　　　　　　　　　　　　1944 年 8 月 18 日

我不赞同在更加明确战争导致的后果之前，对法国问题做出任何决断。若我们在战争中大获全胜，使法国西部、南部地区，包括巴黎在内都获得了解放（要做到这些好像并不困难），那么就不会仅仅是由法国民族解放委员会组建临时政府，此处也许会出现一片面积广阔的区域，一个真正意义上的临时政府。很明显，该委员会对获得全法国的代表权很有兴趣。

所以现在这一阶段，在业已达成的协议之外，对法国民族委员会做出任何承诺，我都完全不赞同。最好不要先给出约束，毕竟之后情况会如何发展，民众一无所知。我的意见是，承诺要等奠定了比较广泛的基础之后再说。

我们留意到，法国游击队集合和大众言论，在随后的几周都倾向于支持戴高乐的民族委员会。截止到现在，由于受环境束缚，民族委员会还无法作为全法国的代表组织，不过，这一情况在九月末得到了改善。我在 28 日那天，这样对下院评判时局：

毋庸置疑，那个组织出现了一批新人，其中尤以游击队和抵抗运动的组织者、巴黎光荣的武装起义的组织者最为突出。我们由此次武装起义联想到著名的法国大革命，全世界各个国家都因法国和巴黎的奋战，找到了更宽广的道路。我自然相信美国、苏联也跟我们一样热切期待能成立这样一个组织，它能代表法国全体民众发言，是真正意义上的法国民众的代表。目前好像是时候实施阿尔及尔委员会法令了，将该法令当成短暂的过渡，将咨询议会改成经选举形成的组织，为使其变得更强，而从法国国内吸纳新的元素。法国民族解放委员会要对该组织负责。走这一步应该能获得法国民众的认同，从而使法国的地位大大增强，法国临时政府获得承认，继而及早实现我们全都想要达到的各种目标。但我不会关闭大门，因为局势仍在持续变化中。

我认为最关键的是法国民族解放委员会能被游击队接纳，这对委员会获得更加正式的认可很有帮助。我为这件事给美国总统发了电报：

首相（莫斯科）致罗斯福总统　　　　1944年10月14日

1. 这么久以来，我都在考虑承认法国临时政府一事。在我看来，情况现已演变到这样一种情况：我们就该问题做出的决定，可同时契合你的策略和我近来在下议院的公开表态。

2. 你在电报中说：你的观点是，我们应该静候法国荡平敌军，也就是不管怎么样，戴高乐务必先要表示愿从艾森豪威尔处承担起将法国的部分地区当成内政区域的所有行政工作。而我向议会提议的策略是，在承认临时政府之前，应该先在拥有更加广泛的代表性基础之上，对咨询议会进行改组。

3. 我很清楚艾森豪威尔心急想将法国的大半领土划分为内政区域，法国民众已经向他提出这种要求了。最高司令部跟法国的谈判进度不错。相信用不了多久，法国75%的领土就会变成内政区域。

4. 咨询议会的扩张同样进展得相当不错。达夫·库伯汇报称：法国人根据法国交通中各类实际存在的难题，判定坚持实施原先的阿尔及尔计划，借助选举在解放区任命代表，从而使扩张的议会成员增多的方法不可行。他们为此又想到从抵抗运动和议会组织中选举更多的代表,取代原先的方法。大家想快点解决这一难题，同时下达新的法令，让咨询议会在改革后拥有比执行机构更高的职权，这些我都明白。扩张会议应该在这个月末就能举行。

5. 法国人跟最高司令部的合作从未中断过，法国民众大多都是法国临时政府的拥护者，这是毋庸置疑的。所以我提议，眼下我们大可承认戴高乐将军政府是法国临时政府，不必有任何顾忌。

6. 先马上告知法国人，等他们召开了扩大会议，在会议中投票决定支持戴高乐政府后，我们就马上承认法国临时政府，程序就是这样。

7. 还有一种程序，我们在内政区域正式成立后，马上承认法国临时政府。因为这种程序将联系起以下两点：一是对法国政府的认可，二是即将变成在对抗德国的共同事业中，法国政府与盟军让人满意的相互合作的标识。所以我觉得这种程序更好。

8. 请让我了解你的观点。以上两种方法，你若赞同其中一种，英国外交部和美国国务院便能立即针对我们承认法国临时政府的具体条件展开交流。我们不必非得说一样的话，但执行的策略应该是一样的，这件事非常重要。我们的计划自然也要让苏联政府了解。

9. 我们对法国作为欧洲咨询委员会等同类组织成员国一事的观点，自然跟我们承认法国临时政府一事没有关联。

总统的回复如下：

罗斯福总统致首相　　　　　　　　　　　　1944 年 10 月 20 日

我建议，我们先不要承认法国临时政府，直到法国人建立起真正意义上的内政区域。尽管该咨询议会规模扩张，代表性增强，但跟它的扩张相关的问题还是非常关键的。等这两样事情都真正处理好时，再去处理承认一事，这是我的观点。只是听戴高乐用嘴说自己要做的事，是无法让我满足的。

你说就算我们认可了法国临时政府，也不表示法国就不能加入欧洲咨询委员会之类，我很赞同。处理这些问题，要以之后他们的实际状况为依据。

我现在非常想跟你一个人直接解决该问题，并且我觉得，美国国务院和英国外交部现在还是不要讨论该问题的解决办法比较好。

无比期待你的体温和身体都恢复正常。

* * *

依照这样的方式，我们展开了讨论。在吸纳了抵抗德国的组织和旧议会组织的成员后，法国咨询议会规模扩张，实力增强。我们跟法国临时政府 8 月就确立了一项民政协议，将法国划分成前线和内政两个区域，前者由盟军最高司令部统辖，后者由法国政府管理。在盟军最高司令部的批准下，内政区域成立，占据了法国大半的领土，巴黎也包含其中，10 月 20 日此事对外公开。民族解放委员会就这样最终变成了法国临时政府。

此时，我正打算跟盟国一起提议，正式承认该组织是法国解放区政府。访问莫斯科时，我跟俄国人对正式承认临时政府的讨论已经到了最后一步，就在这时，在犹豫了最后一分钟过后，美国国务院公开表示承认法国临时政府。相较于我的预期，这个声明提前了，我便给总统发了电报：

首相（莫斯科）致罗斯福总统　　　　　　　1944 年 10 月 23 日

我很吃惊，美国国务院的态度改变得如此突然。我来到这儿后才得知明天就要公开。我们自然要同步行动。我觉得这也许会惹恼俄国人。莫洛托夫曾在讲话中提及：在这件事上，他估计他们会被视为其中的障碍，事实上，若非为了尊重美、英两国的意愿，他们（俄国人）一早就承认法国临时政府了。因此，我想让他们跟我们共同发表声明。

* * *

10 月 27 日，我在下院发表讲话，其中说到：

我很确定，由戴高乐将军领导的法国当前的政府，在过去几周不但从众多法国民众那里获得了足够的支持，还是有能力承担起自身重大使命的唯一一个政府，在立宪程序、议会程序完成之前，不可避免有段过渡期，期间只有它才能让法国集中力量，同时公开表示恢复议会权力是自身目标所在，也只有它才能使他们的作用恢复如常。

我们从 1940 年那段艰苦、久远的岁月就开始的工作，就这样做完了。

* * *

大家觉得，我应该选在休战日首度访问巴黎，还将此次访问对外公开。很多新闻称有些跟敌军勾结的人想刺杀我，所以警戒极度严格。

我于 11 月 10 日下午抵达奥利机场，受到戴高乐安排的仪仗队的欢迎。我们共同乘车从巴黎郊区一直驶到位于市区的法国外交部。在外交部，我跟太太、女儿玛丽被盛情招待。在很长的一段时间内，这座建筑都在德军的掌控中。我从大家口中得知我睡的床和我用的浴室，都是戈林用过的。到处都装修得十分奢华。身处这座奢华的建筑中，难以相信在之前的一卷中，我提及的我跟雷诺政府、甘默将军 1940 年 5 月在此处的最后一次会晤只是做了一场噩梦。戴高乐在 11 月 11 日上午 11 点钟，陪同我搭乘敞篷车从塞纳河和协和广场驶过，一身戎装、配有胸铠、高大强壮的共和国警卫队沿途护送我们。灿烂的阳光下，数百名警卫队员看起来格外壮丽。巴黎市民和军队在有名的香榭丽舍大街的树荫下排列得密密麻麻。所有窗户都挂着国旗，里面满是观众。从热烈高呼的人群中穿行而过，我们抵达了凯旋门。我跟戴高乐为无名战士陵墓献上花圈。举行完这项仪式后，我跟戴高乐将军在我熟悉至极的道路上走了差不多半英里，身后跟着法国政坛中地位最高的一帮人，之后我们上了一座很高的平台，检阅法、英两国英姿勃发的将士各自排成队伍，向前行进。我们的警卫团分队十分壮观！阅兵式结束后，我为克雷孟梭[①]的雕像献上花圈。克雷孟梭是这个令人振奋的场景中，我追念的一个人。

戴高乐为接待我，在陆军部举办了隆重的午宴，席间发表讲话，对我在战争期间的成就赞不绝口。但没有解决的问题还有很多。

12 日晚间在大使馆举办宴会，之后我跟戴高乐去了贝桑松。戴高乐将军非常想让我见识一下即将发起的法国反击战，这场战争规模庞大，由莱特尔 · 德 · 塔西尼将军负责领导指挥。此次旅程事先做了精心的安排，我们搭乘奢华的专列过去。抵达后还有很长一段时间，战争才开始。我们原本计划去山上的一处瞭望哨，可不得不延迟行动，因为天气太冷，积雪太厚，道路无法通行。整整一天，我跟戴高乐都

① 克雷孟梭即乔治 · 克雷孟梭（1841 年—1929 年），法国著名政治家，领导法国取得第一次世界大战的胜利，被称为“胜利之父”。——译注

在乘坐汽车。我们在疲惫的长途旅行中谈论了很多事，间或检阅军队。夜幕降临后很久，我们才完成此次参观计划。法国战士排成一队，斗志昂扬地前行，还高唱着家喻户晓的歌曲。在如此糟糕的天气中，我们待了超过十个小时，我女儿玛丽、海军副官汤米这两位我的私人随从都担心我会肺炎复发，好在没遇到任何麻烦。我们在火车上享用了快乐、有趣的一餐。有一点让我记忆深刻：戴高乐的军装上只有一颗星，但军装上有多颗星的其余六位高级将领却对他十分敬重。

我们的火车在夜里分开。戴高乐返回巴黎，我们则继续前行，于第二天早上到达目的地兰斯。我去了艾克的司令部。下午飞回诺索尔特机场。

* * *

我返回伦敦后，写了封信向总统汇报，还给斯大林送了一份复件。

首相致罗斯福总统　　　　1944年11月15日

……你祝福我去巴黎访问戴高乐一切顺利，在此向你道谢。我在香榭丽舍大街受到了五十万法国民众的盛情欢迎，在市政府又受到了一些在野党的热烈欢迎。我跟戴高乐良好的私交得以恢复。

法国报纸等谈及我们已在巴黎对所有事做出了决定，这些我都看见了。我跟戴高乐讨论要务时，依据的是所有事情都一定要经过三国做出更深入的研究这项原则，尤其是美国在法国派驻了最多的军队，由美国做出更深入的研究更是情理之中的事，这点请你相信。我和艾登在11日午餐过后，跟戴高乐及其两三名属下交流了两个钟头。戴高乐问了很多问题，给我的感觉是，对于已经做出决定或是正在进行的事，他们知之甚少。自然他急切想要得到只有美国才能提供给他们的超过八个师的现代武器装备。盟军最高司令部的意见是，他的八个师并非要用在战场上击败德军，并且为了保障他们能在冬季和春季的战争中获胜，海上运输务必要使参战军队的供给获得满足，这种意见是有依据的。对该意见我持赞同态度。

法国人期待掌管更多的战线，期待在战争中或是余下的战争中——也许还要进行多场战争——倾尽全力；他们不愿在没参战的情况下，就以战胜国的身份进入德国。我很同情他们的这些期待。在我看来，这一问题是情感领域的问题，可不管怎么样，都应加以权衡。应该有一支法国军队，承担起它在现实中务必要承担的义务，也就是先在盟军前线后方确保国内和平、稳定，然后再帮忙管理德国的部分区域，这便是他们的责任所在。这对法国而言是很重要的。

法国人在第二个问题上，坚决要求参与对德国的占领，而且是以法国司令部的名义，而非仅仅从属于英国或美国司令部。我很同情他们的这种要求，因为我很清楚，美国军队用不了几年就会返回本国，而在海外派驻大批军队，违背了英国的生活方式，也超出了英国的资源条件，所以英国在维系这些军队时也会遇到巨大的困难。于是我督促他们筹备一支军队，以满足这一目的。该军队完全有别于用师作为单位的军队，因为后者组建的目的是为打败作战经验丰富、装备先进的敌军。可惜他们固执己见，我的建议只是对他们有一定影响而已。

路透社发布了一则消息，说我答应将鲁尔、莱茵兰等地划分给法国，发出者毋庸置疑是巴黎的非官方组织。这根本是子虚乌有。在没跟你商议、得到你的赞同之前，这种事很明显是不能下决断的。我是这样跟戴高乐说这件事的：我们要将德国分成三部分，分别划给俄国、英国和美国；俄国部分大致在东边，英国在北边，美国则在南边。我跟他说的就是这些。作为英王陛下政府的代表发言时，我还表示我们希望分到的面积越小越好，让法国在自己的能力范围内掌管德国部分地区，我们自然没有异议，可是所有问题的解决，都一定要在同盟国的会议中。当然我能公开否认路透社的不实新闻，但你也许会觉得这样做很多余，因为真相已经很清楚了。我准备马上发电报，让乔大叔了解我的意思。我们根本不想最终决定任何事，也不想订立任何具体的条约。

但有些问题急需比最高司令部更高一个等级的组织来做决定，这点显而易见。能实际应用的确切策略，都建立在这些决定之上。这便是另外一个原因，解释了我们为什么要在乔大叔不参与的情况下举行三方会谈，在乔大叔参与的情况下举行四方会谈。四方会谈中有些问题法国能参与，有些问题不参与也可。法国军队在五年之内，一定会成为掌控德国的主力，这点我们必须了解。叙利亚是艾登和皮杜尔讨论的焦点。讨论这个问题十分繁琐、耗时，成果却十分有限，并且让我们很头痛，最后这点才是最重要的。

我觉得应该马上将上述状况告知你，因为有偏见的报纸新闻可能还会出现。

皮杜尔跟雷诺非常相像，特别是在说笑时，我很看重他。我们都对他有很高的评价。他手握一些大权，这点不用质疑。吉罗在宴会上现身了，很明显，他觉得心满意足。他的命运在卡萨布兰卡之后发生了太大变化！简而言之，目前这个政府在我看来有组织，有普遍的基础，实力增长迅速。在这一艰难、重要的时期，我觉得我们采取任何让法国人觉得会使其力量减弱的举动，都极度欠缺理智。对于这个政府，我非常有安全感，连共产党的胁迫都不能改变这一点。我们大可给予他们（法国人）更多的信赖，不必有什么顾虑。我并不是在帮法国人说好话，请你不要误会。请告诉我你的观点。我会另外发电报告知你会议的状况……

我跟戴高乐将军也进行了电报交流，双方都充满热忱。

首相致戴高乐将军　　　　1944 年 11 月 16 日

我回到了英国。在这里，我要向你表达我深深的谢意，我跟我的朋友在刚刚过去的那段充满纪念意义的时光，在法国受到了你和你的法国政府同僚的盛情款待，享受了无与伦比的友善和礼貌对待。法国首都解放后，英国客人第一次过去访问时，巴黎民众组织的隆重的欢迎仪式，是此生最让我骄傲、感动的场景之一，我会终生铭记。能亲自见识法国军队的热忱与崇高人格，同样令我充满感激。在英明强悍的莱特尔 · 德 · 塔西尼将军的统领下，他们为本国的解放事业而奋斗。毋庸置疑，我们受到的欢迎象征着两国的友好关系继续进步，这点让人欢喜，对欧洲日后的和平与安定来说，这份友情是相当关键的。

戴高乐将军致首相　　　　1944 年 11 月 20 日

我代表法国政府,谢谢你的电报。法兰西与其首都、武装军队，共同向你致敬。你除了是一个了不起的国家中民众所敬重的首相外，还是一名光荣的战士，在最黑暗、艰难的时期坚持联合抗战，最终获胜。我十分期待再度跟你会面。

首相致戴高乐将军（巴黎）　　　　1944 年 11 月 25 日

请向德 · 莱特尔转达电报的以下内容，若你不觉得此举有何不妥的话：

热烈庆祝你领导的年轻的队伍取得了如此骄人的战绩。太不可思议了，法国二十岁的年轻人便拿起优良的武器装备为法兰西报仇，挽救法国于危难之中！

*　*　*

斯大林11月20日就我在11月15日发出的电报做出回复，内容很友善。

斯大林元帅致首相　　1944年11月20日

多谢你告诉你跟戴高乐的会晤。我兴致勃勃地阅读了你的电报。如总统赞同你的提议，我们三方跟法国举行会谈，我也不会有异议，只是三方会谈的时间、地点一定要先行确立。

近来，戴高乐将军表示想跟莫斯科及苏联政府领导建立联络。我们已经答应了他。这个月末，法国人应该就会抵达莫斯科。法国人想讨论哪些问题，还没有定下来。不管怎么样，我肯定会在跟戴高乐将军会晤过后，告诉你相关的状况。

欧洲日后组织的问题，就这样全部呈现出来。报纸等造谣说战后要成立一个西方集团。该计划好像在外交界传播得很广，全然不理会这会导致我们在军事方面担负起多么沉重的义务。我觉得很可能用不了多久，内阁就会对该问题展开商讨，尤其是法国和俄国很快就要展开会晤了。

我在跟艾登先生商议过后，这样回复了斯大林：

首相致斯大林元帅　　1944年11月25日

1. 你在11月20日发出的电报，我已收到。戴高乐很快就会跟你会谈，这让我很是欣喜，我很期待你们能就各类问题展开商讨。报纸上出现了跟成立西方集团相关的讨论，对这件事，我还没有思考过。第一，我对我们的同盟条约充满信任，在我看来，成立世界性组织最重要的保障是密切跟美国合作，同时保证、推进受苦受难的世界走向和平。要在欧洲各个国家之间建立友好合作关系，必要前提是成立这种世界组织，然后加入其中。我们断然不会在这类事情上向你保密，而你也会向我们坦承你的观点和需求，对此我坚信不疑。

2. 西线正在激烈交战，路上到处都是泥淖。在中轴线埃克斯拉夏佩勒－科隆上，爆发了最重要的战事。很明显，我们并未占据优势，纵然艾森豪威尔拥有强大的后备军也是一样。蒙哥马利统领的各支军队，正从西北朝北方进军，逼迫德军撤退到荷兰的默兹河战线。因为默兹河，我们不必在该战线上派出那么多军队。我们在东边的交战进度迟缓，却平稳向前，跟敌军的交锋一直没有中断过。美军攻占了梅斯，还将德军驱逐回莱茵河，如此骄人的战绩一定要加以颂扬。法军在南边战绩显赫，尤其是在一条宽广的战线上直逼莱茵河，拿下了斯特拉斯堡。法国这些十八岁至二十一岁的年轻战士证实了自己完全有能力担负起这项至高无上的使命：为法国领土报仇雪耻。我对莱特尔·德·塔西尼将军满怀敬重。我跟戴高乐一度亲临现场，想在一个很不错的观察点中观察这一战会如何开始。然而所有行动都在当晚下了厚达一英尺的雪后，被迫推迟。

3. 要预测德军会否在莱茵河西侧遭受关键一击，只需再等七天或是十天。若德军遭受了关键一击，那无论天气怎么样，我们都将继续前进。如若不然，就有可能在寒冷的冬天暂停进攻，等冬季结束后再大规模击败西部地区的德军有组织的反抗。

4. 你是不是觉得今年的冬天很冷？跟你的战略是不是契合？近来你所做的演讲，我们都非常欢迎。为了便于我们消除阻碍，继续严密包围纳粹的领土，不管遇到任何困难，都请悄悄告知我。

戴高乐此时已经抵达莫斯科，开始跟俄国人会晤。斯大林将会晤的重点适时告知我。

斯大林元帅致首相　　1944年12月2日

戴高乐及其法国友人已抵达莫斯科，种种证据显示，他们会做出两项提议：

1. 订立法苏互助条约，跟英苏条约很相似。

我们应该会赞同，不过，你对此有何观点，我很想了解。

2. 戴高乐应该会提议更改法国东边的国界，同时扩张法国领土，将国界划到莱茵河左岸。人人都知道建立国际共管的莱茵兰－威斯特伐利亚省的计划。我们也考虑过，法国或许也会参与国际共管。而这会导致法国变更国界的意见，跟国际共管的莱茵省成立计划产生分歧。

你对此事有何见解，请告知我。

我给总统也发了电报，内容一模一样。

斯大林第二天又发来电报：

斯大林元帅致首相　　1944年12月3日

跟戴高乐将军会谈，正好可以让双方针对法国和苏联的关系展开友好交流。一如我的预期，戴高乐将军在会晤期间执着于两大方面：一是法国在莱茵河的国界；二是订立跟英苏条约类似的法苏互助条约。

我对法国在莱茵河的国界一事发表了意见，大致意思是：主要同盟国的军队为了解放事业，正在法国的领土上跟敌军交战，要解决这件事，一定要先获得他们的理解与赞同。我着重点明，这件事的解决有多繁琐。

我针对订立法苏互助条约的建议，点明要从各个角度对这件事展开研究，并要将该条约的相关法律问题搞清楚，而最重要的是搞清楚在当前这种情况下，法国国内谁人有资格在该条约上签字。

所以法国人还有必要做出相应的解释，可这些解释直到现在也没出现。

这就是我要告诉你的状况。你若能将你对这些问题的看法写成电报，回复我，我会非常感激。

我给总统也发了电报，内容一模一样。

谨祝安好！

内阁12月4日召开会议，研究西方集团有没有组建的可能，研究戴高乐在莫斯科的会晤。我将近来我跟斯大林的往来电报读给诸位同僚听。我在12月5日早上给斯大林发了电报，将我们思考的结果写在电报中。

首相致斯大林元帅　　1944年12月5日

1. 谢谢你发来电报，把戴高乐访问莫斯科和他提出的两大问题都告知我们。订立跟英苏条约类似的法苏互助条约，我们并无异议。英王陛下政府还觉得，该条约让我们彼此多了一种关系，符合大家的愿望。我们其实还想我们三国共同订立三国条约，既能展现当前的英苏条约，又能对其做出改善，这样再好不过。我们各国的义务，将因此完全一致且相连。对于这一提议，你是不是像我期待的一样兴致浓厚，烦请你告知我。另外，我们还要告诉美国，这是理所应当的。

2. 和平会议将负责决定，是将法国东部的国界线扩展到莱茵河左岸，还是采用成立莱茵兰－威斯特伐利亚省，交由国际管制等方案。三国首脑会议召开时，我们要对所有这些下定论，该定论比当前所有定论都更接近最终决定。总统不想让戴高乐参与三方会议，这点你已了解。我期待情况会在我们讨论到对法国意义格外重大的决定时发生转变，法国可参与其中。

3. 不用让各国首脑讨论该问题，将它交由同一时期在伦敦举行的欧洲咨询委员会（法国也是其中一个成员）讨论，难道不是个好主意吗？

4. 我会告知总统上述所有状况。

罗斯福先生同样跟我往来密切。

罗斯福总统致首相　　　　1944 年 12 月 6 日

我今天给乔大叔发了电报，内容如下：

“你在 12 月 2 日、3 日给我发了两封电报，告知我相关情况，我很感激。

“若你和戴高乐将军都觉得参照英苏互助条约的精神，订立法苏条约，对法、苏两国乃至全欧洲的安全有好处，那原则上美国政府是没有异议的。

“你针对战争结束后法国的国界问题，向戴高乐将军做出的回复，我非常赞同。在我看来，最好是在德国溃败之后再去解决该问题，尝试在当前这个阶段解决并不能帮助我们共同作战。”

之后，又有一封电报发过来：

罗斯福总统致首相　　　　1944 年 12 月 6 日

你肯定能从我给斯大林回复的电报中看出，在戴高乐在跟斯大林的会晤中提出的两大问题上，我们持有完全相同的观点。

我依然坚持认为，试图让戴高乐加入我们的三方会谈，只会让状况更加繁琐，引起大家的不快。

你提议乔大叔，让欧洲咨询委员会来商讨战争结束后法国的国界问题，我却觉得目前不应该这样做，因为委员会正为讨论德国投降等相关问题忙得不可开交。我认为还是等过段时间，我们内部再深入讨论这一特殊问题吧。

我完全理解你为什么会觉得可能订立的英法苏三国条约会使我受益。不过，这种做法会对国际安全组织产生怎样的影响，我有些不确定！我对该组织相当看重，你是了解的。我很忧心，此处的大众言论会将该三国条约看成是跟日后的世界组织对抗的，而跟英苏条约相类似的苏法互助协议，反倒更容易被接纳。不管怎么样，这个问题都主要牵涉到三个国家，这是我的观点。

斯大林的电报第二天送到：

斯大林元帅致首相　　　　　　　　1944 年 12 月 7 日

你在回复给我的电报中，针对法苏条约及法国在莱茵河的国界问题提出建议，我已收到，谢谢你。

我们跟法国人就条约展开讨论后，才收到你回复的电报。你想将英苏条约往前推进成英法苏三国条约，我跟诸位同僚都很赞同。我们已经跟戴高乐提议订立三国条约，不过他还没有回复我们。

你发来的其余电报，我还来不及回复。我想抓紧时间回复你。

结果情况出现了一点小的变动。因为法国国内的各种缘由，法国决定带着一个仅限于法、苏两国的条约从莫斯科离开。条约于 12 月 10 日签订。斯大林于同一日发来电报：

斯大林元帅致首相　　　　　　　　1944 年 12 月 10 日

我把你期待订立英法苏三国条约的建议告知了戴高乐将军，还说我对你的建议没有异议。然而，戴高乐将军觉得订立三国条约要事先做好准备，所以应该留待下个阶段再说，现在他执意订立法苏条约。我在同一时间收到了总统的电报，得知他对法苏条约持赞成态度。所以我们便协商一致，订立该条约，今天正式签约。

戴高乐将军返回巴黎后，条约将对外公开。

在我看来，戴高乐将军的来访巩固了法国和苏联的友好关系，也推动了盟国共同事业的发展，效果很好。

眼下轮到法国人跟我们签订这种协议了，若他们没有异议的话。我幽默地告知斯大林，我们有可能签订这种协议。

首相致斯大林元帅　　1944 年 12 月 19 日

1. 昨天晚上，我把你送给我的电影《库图佐夫》看了第二遍。我第一次看时就很喜欢，但各个场景的准确意思，我并不能完全看懂，毕竟里面说的是俄语。昨天晚上我看的电影加上了英文字幕，我才准确领会了整部电影的意思。我觉得这是我看过最优秀的电影之一，这点一定要让你了解。如此入木三分地展现出两种意愿的分歧，我还是头一回看到。如此强劲地利用电影影像教育指挥官和战士为国尽忠有多重要，我也是头一回见识。这般璀璨的俄国士兵和民族形象，英国民众此前从未在电影中领略过！比这部影片的摄影更巧妙的艺术作品，我也从来没有发现过！

2. 如果你能私底下向这部斗志昂扬的作品的创作者转达我对他们的欣赏和谢意，我会非常感谢你。另外也要向你表达我的祝福。

3. 我很愿意回忆在那场激烈的战争中，我们并肩作战的经历，一如电影中展现的为期三十年的这场战争。我认为，你应该不会让戴高乐看这部影片！若他到我这里来，跟我订立了类似于你跟他、我跟你订立的条约，我同样不会让他看《汉密尔顿夫人》！

向你致敬！

斯大林 12 月 25 日回复称，他“对订立英法条约自然持支持态度”。我觉得应该等法国人提出这种要求时，再谈论这件事，现在先不用急。我在 12 月 31 日交给艾登先生一份概要：

英法条约订立之前，谈判桌上相关提议的形成过程，你或许有兴趣了解。你告诉我，若戴高乐说订立英法条约要等叙利亚的问题全部解决后再说，便由得他等下去吧！该提议的提出者不应该是我们，而应该是他。

而我们在安全方面也基本没有损失，毕竟法国军队其实寥寥无几，其余相关国家全都已经战败，或是继续听人使唤。我们无法履行的义务，不要揽上身，没有平等回报的条约，也不要跟别国签订，一定要小心。战争结束后，我们的财政状况如何，我并不清楚，可我很确定，就算这些无依无靠的国家全都摆出架势要重新建立本国的军队，我们也没能力养活足够多的军队，向他们提供庇护。简而言之，所有事情都要依赖一个世界组织，第一步就是要成立该组织。

# 第十七章　阿登的回击

**陆军元帅蒂尔去世——美国的悼念——朝莱茵河进军——鲁尔河坝——巴顿的大批军队在齐格菲防线受到阻挠——斯特拉斯堡在11月23日获得解放——我在12月3日告诉史末资战争形势——西线在战略方面的失败——我在12月6日发给总统的电报——他在12月10日态度积极的回复——阿登高地12月6日陷入困境——德军突围——艾森豪威尔快速行动——布雷德利将军指挥的战线被斩断，蒙哥马利陆军元帅收到命令，担当北线的指挥——我在12月22日发给史末资的电报——玛尔什的殊死一战——天气在12月23日变好——巴斯托尼抢夺战——我方军队1月3日开始从北部发起反击——我在1月6日发给总统的电报——美国人的勇猛表现——我在1月6日用私人名义召唤斯大林——他在1月7日发出打动人心的回复——盟军1月16日占据乌法利兹——斯特拉斯堡面临的危机——蒙哥马利表扬美国战士——我1月18日在下议院发表的演讲**

11月，盟国的事业遭受损失，英国驻华盛顿的三军代表团团长、陆军元帅约翰·蒂尔爵士离世。从南非战争开始，约翰·蒂尔参军四十年整，1940年5月出任帝国总参谋长。他担当要职的这段时期，品性坚毅，处事公正，在这段危急的时期，给了我们强大的支持。他在珍珠港事变过后，被调去华盛顿向美国参谋长联席会议阐释我方意见。没过多久，他就跟那边的人打成一片，还跟马歇尔将军建立了稳固的私交，在解决同盟国之间必然会产生的小矛盾时，这种私交显得极其珍贵。他的事业在这时达到巅峰。他本应比现在更加高寿，却因鞠躬尽瘁，尽忠职守，只活到了六十三岁。病重期间，他还是不肯屈从于病患。他被葬到了阿灵顿国家公墓，这里安葬的都是美国的伟大人物，以此向他本人和他贡献一生的事业做出最后的褒奖。为了纪念他，美军还为他塑造了一座骑马的铜像。

总统给我发来电报："美国有很多人都十分敬佩你那位出色的战士，跟英国一样，美国也在悼念他。"我非常感激。我告诉马歇尔将军："美国参谋长联席会议把我们的朋友约翰·蒂尔去世的讣闻发给了他们的英国同僚，我看见后心潮澎湃。向你们的一番好意致谢。他在世时，为了做好工作倾尽全力，而他做得也的确非常好。"

我们要在一些指挥机构内部做出重要调动，以弥补他留下的职位空缺。

首相致威尔逊将军（驻意大利）　　1944年11月21日

1.有件相当重要的事，就是找个人来接替陆军元帅蒂尔的位子，此人要能经常接近总统和马歇尔将军。最佳人选不必说肯定是这样一名军官，他既能跟美国人很好地合作，又能完全了解整体战局的总趋势。我认为，拥有这些必不可少的条件与品格的只有你一个。所以我已建议总统，让你在蒂尔之后出任英国军事代表团团长，兼任正式的我私人驻华盛顿的军事代表。总统已经答应了，态度很友善，还承诺华盛顿一定会欢迎你。期待你能立即跟我说，这项极其重要的任命，你欣然接受。

2.我已建议总统，让亚历山大将军接任同盟军驻地中海最高司令，麦克纳尼将军接任副司令。至于意大利前线的集团军群，则交由马克·克拉克将军掌管。

3.总统回复我，上述建议他跟美国参谋长联席会议全盘接纳。

4.为了展开初级商讨，请你下周回来待一到两天。这对你来说应该没问题。期待你能带麦克米伦回来，我的“约克”将立即赶去接你。

总统在此之前发来电报：“你如此褒扬克拉克将军，还提议他继亚历山大将军之后掌管意大利集团军群，我非常感谢。”

* * *

西线这段时间为了向莱茵河进发做了大量准备。这么多年来，从未像这年的 11 月一样下这么多雨，河流泛滥成灾，沼泽遍地，步兵通行的难度极高。英军战区中由邓普希指挥的第二集团军将原本在温洛西面广阔、凸起阵地上的敌军驱逐到了默兹河对岸。英国位于更南边的第三十军则进军到马宰克跟盖伦基尔亨中间的战线，跟美国的第九集团军会师。11 月 19 日，这两支军队由激烈的炮火在前面开道，攻占了格伦吉尔亨，然后在乡间泥泞的道路上进军鲁尔河。12 月 3 日，第九集团军右翼军抵达邻近于利赫的一条河边，一侧的第一集团军则在休特根森林艰苦作战。此次激烈交战，盟军投入了十七个师，敌军也投入了相近的兵力。

由于掌控河流水位的是南边距离此处二十英里的几座大规模的拦河坝，它们依旧被敌军掌握。闸门一开，就能将我军困在距离遥远的河对岸，所以选择在这时渡河是相当不智的。我们尝试用重型轰炸机把拦河坝炸毁，把水放出来，可接连数次都没能炸开一个豁口。美国第一集团军被逼在 12 月 13 日再度前去抢夺大坝。

阿登高地南边的巴顿第三集团军同一时间已从蒂翁维尔两边横渡摩泽尔河，往东进军，抵达德国国界处。尽管德军一直坚守梅斯四周的堡垒群，12 月 13 日才将其全部弃守，但早在 11 月 20 日，第三集团军就已开进梅斯。他们从梅斯和南锡转而朝萨尔河进军，将河边宽广的阵线据为己有，继而在萨尔劳顿周边地区渡河，此时是 12 月 4 日，

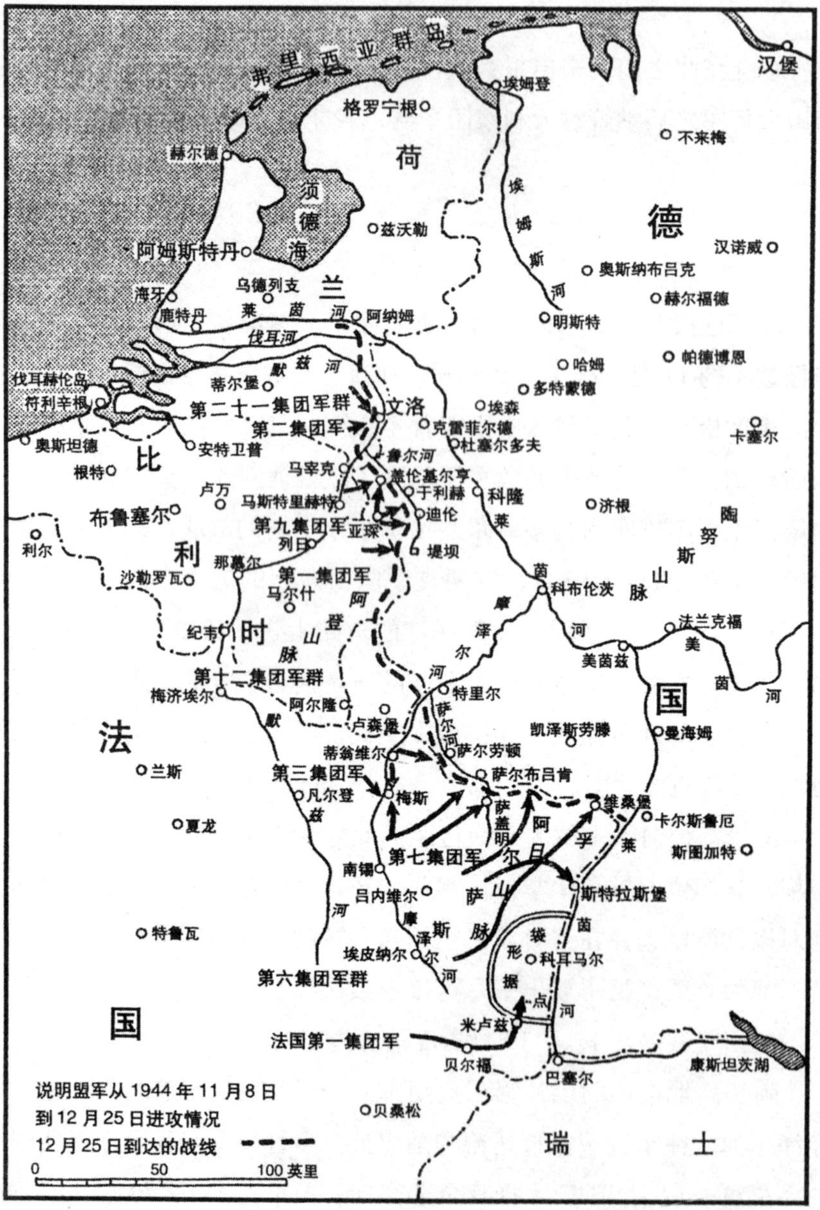
弗里西亚群岛
汉堡
埃姆登
格罗宁根
不来梅
赫尔德
荷
须德海
兹沃勒
德
阿姆斯特丹
埃姆斯河
汉诺威
奥斯纳布吕克
海牙
乌德列支
兰
赫尔福德
鹿特丹
莱茵河
阿纳姆
明斯特
伐耳河
帕德博恩
哈姆
蒂尔堡
默兹河
伐耳赫伦岛
多特蒙德
符利辛根
第二十一集团军群
文洛
埃森
第二集团军
克雷菲尔德
卡塞尔
奥斯坦德
安特卫普
杜塞尔多夫
比
鲁尔河
根特
马宰克
盖伦基尔亨
卢万
于利赫
科隆
马斯特里赫特
济根
布鲁塞尔
第九集团军
亚琛
迪伦
陶努斯山脉
利尔
列日
堤坝
利
那慕尔
第一集团军
沙勒罗瓦
马尔什
阿登山脉
科布伦茨
摩泽尔河
纪韦
时
法兰克福
美茵河
美茵兹
第十二集团军群
特里尔
国
梅济埃尔
阿尔隆
萨尔河
卢森堡
凯泽斯劳滕
曼海姆
法
蒂翁维尔
萨尔劳顿
兰斯
第三集团军
萨尔布吕肯
凡尔登
梅斯
萨盖明
维桑堡
卡尔斯鲁厄
默兹河
阿尔萨斯
孚日山脉
夏龙
莱
斯图加特
第七集团军
南锡
吕内维尔
斯特拉斯堡
河
茵
摩泽尔河
袋形据点
特鲁瓦
埃皮纳尔
科耳马尔
第六集团军群
国
法国第一集团军
米卢兹
贝尔福
巴塞尔
康斯坦茨湖
说明盟军从1944年11月8日
到12月25日进攻情况
12月25日到达的战线
贝桑松
瑞
士
0
50
100英里

边境地区　　　　（照原图译制）

随后又很快建立了桥头阵地。此处河流北岸是前线，后边建造了彼此支持的钢筋水泥工程，纵向深度达两英里，是齐格菲防线最牢固的组成部分。第三集团军面对据险固守的敌军，寸步难行。

德弗斯将军指挥的第六集团军在战线右侧，强势从吕内维尔、埃皮纳尔穿过弗日山区、贝尔福缺口。为争抢山头，美国第七集团军跟敌军展开了殊死搏斗。而在作战一周（这便是先前我想见识一下如何开始的那场仗）后，11 月 22 日，法国第一集团军攻占了贝尔福，抵达了巴塞尔北面的莱茵河。他们从那边掉头，顺流而下进军克尔马尔，包抄了德军在弗日的侧翼，使德军退兵。我们在 11 月 23 日开进斯特拉斯堡。第七集集团军在随后几周荡平了北阿尔萨斯各地，随后进军到第三集团军右侧广阔的阵线上，穿越德国国界，以及邻近维桑堡的齐格菲防线。然而，法军并未歼灭分布在法国克尔马尔三十英里范围内的大批孤立无援的德军。这在几周后酿成大患。

* * *

我就整体战局写了份评论，寄给史末资：

首相致史末资陆军元帅　　　　　　1944 年 12 月 3 日

……2. 我们在西线的战略受挫，即便是梅斯、斯特拉斯堡等地的胜利也不能改变这点。我们在发起此次进攻前，写下了相关的意见：不能开展全线进攻，应调集远超过敌军的所有兵力，进攻预期的个别地区。蒙哥马利事先做出的评论与预测都被证明与事实相符。我估计会重新做出部署，将蒙哥马利在诺曼底凯旋后被切分出去的部分地区返还给他。英军兵力仅相当于美军的二分之一，很快会变成比三分之一稍多，这点你一定要铭记。尽管将士们在战事中遭遇挫败，但彼此都很友善、忠心不二。为了来年的春季进攻，我们一定要对军队做出调整、增强。要进军到前进途中至关紧要的地点——北边的莱茵河，最少还要打一场大战，我还想清缴后面残留在荷兰的敌军，可眼下做事的难度已大大提高了。

3. 由于“铁砧”行动，我们在意大利的军队行动延期，实力大为削减。这导致在荡平了亚平宁山脉后，我们却身陷波河流域的沼泽中。我们巨大的装甲设备优势，因此无法展现出来，无论在山间还是平原都是如此。而且意大利目前的天气跟西线一般糟糕，让我们异常出众的空军战术力量都大幅减弱。我们的所作所为任谁都挑不出毛病来，因为截止到目前，我们已经在意大利牵制住了德国二十八个师的兵力。我们的表现如此优秀，反倒让马歇尔将军大吃一惊。但这只是因为德军途经伯伦纳、卢布尔雅那的撤退，因德军或许要从巴尔干诸国撤退延迟了。现在尽管我们还在意大利北部地区进攻……但我们要想获得无可挑剔的战绩，是根本不可能的。

4. 我们在缅甸的进军，也只能从北向南，途经丛林——我原本是想避开此处的。这么久以来，蒙巴顿都表现良好。但战火现已烧到中国昆明，也许很快就会烧到重庆。为了保卫首都和空运终点站，我估计也是为了保卫他自己的性命与政权，蒋委员长正在将他在缅甸向南进军的最优秀的军队调回。我不可以指责他，可蒙巴顿指挥得当、但已丧失兴趣的战争的胜利，却因此受到巨大影响。我们要想穿越整片丛林，只能用如此缓慢的速度勉力作战，并且截止到目前，我都无法征得许可，在孟加拉湾对岸发起大范围的两栖战斗，而这场战斗将具有战略意义。无论什么计划，都要经由联合参谋长委员会反复斟酌。而且所有计划都要遵从“安全至上”。目前，美军在莱特湾战斗得异常艰辛，然而，今年他们却在太平洋取得了让人佩服的战绩。期待英国舰队能在来年跟他们并肩战斗，使自身力量持续增强。就像老费希尔说的那样：“皇家海军的作战水平无与伦比！”海军部会欢快地提出一大堆物资请求，涉及兵力、辅助船舰等等，这点你完全能够想象。

5. 又快要举行大选了，迄今为止，英国业已组成的或可能要组成的最有能力的政府，用不了几个月就要被分裂了。明年整体而言是快乐的一年。英国财政并非前景一片黑暗。虽然我们未曾着重指出情况极度险恶，但无论危险是单独降临还成群出现，我都坚信我们能全部战胜。

6. 我忠心不二的老友啊！你给我的生日贺电，是所有贺电中最让我动容、最使我受激励的。

我在三天后给总统发去电报。

首相致罗斯福总统　　　　1944 年 12 月 6 日

1. 我觉得，现在就应告诉你我们在今年年末遭遇的让人失望的恶劣战局，因为我们要想面对面交流是不可能的。尽管我们在西线夺得了梅斯、斯特拉斯堡等战果，取得了多次战术性胜利，但五周前给我军订立的战略目标，我们实际并未实现。战线中的最关键战区莱茵河北段，我们尚未抵达。我们还要苦战几周才有可能抵达莱茵河，建造桥头堡，之后才能深入进军到德国。

2. 我们的意大利战场上还有二十六个德国师——兵力等同于十六个完整的师，或者比这更多一点。他们可在任意时间途经伯伦纳、卢布尔雅那撤军，占据加尔达湖到阿迪杰河口之类的地区附近，在那里防守，从而使战线大为缩减。如此一来，他们就能为保卫本土节省下二分之一的兵力。更有甚者，他们之后还能退守阿尔卑斯山，又能省下一些兵力。我认为，他们应该是为了帮巴尔干半岛等地的十二个师逃跑，才在意大利停留那么长时间，这十二个师眼下正在逃往匈牙利与奥地利。要阻挡他们，只能动用空军、游击队及少数突击队。我觉得他们大多数都能成功脱身。差不多二分之一会加入从意大利闲置下来的军队。如此一来，他们便成了一支实力雄厚的援军，用于支援德国本土，可以自由地用在东线或是西线，视具体情况而定。

3. 我们在主战线的作战中，从“龙骑兵”行动（登陆法国南部地区）中获益不俗。然而，正是因为“龙骑兵”减弱了我们的实力，耽误了战机，所以第十五集团军群无法给凯塞林致命一击。波河流域在我们从亚平宁山脉经过时，已是一片泥泞。所以我们的装甲军队优势，不管是在山地还是平原，都没有施展的机会。

4. 我们没能从欧洲调派五个英国师和英印师，协助蒙巴顿三月份向仰光发起进攻，因为各条战线上的德军都在拼死抵抗，这项进攻最终因为这个原因和其余一些原因落空了。蒙巴顿于是开始在缅甸国内从北边、西边顺流而下，发起全面进攻，取得了让人满意的成果，而此举正是我们在魁北克时全体通过的。两个甚至更多个中国师被逼回国，保卫祖国。眼下日军在中国的进军，已经对昆明乃至重庆，对大元帅及其政府造成了巨大的威胁。这样做很正确，而且必须要这样做，我没有异议。但是这会给蒙巴顿带来非常恶劣的影响，直到现在他都没能做出决断，应该如何应对这场新灾祸。中国、你的航运终点站、缅甸北部的交战，都因这场新灾祸身陷险境。原本我打算渡过亚得里亚海或是孟加拉湾，猛烈打击敌军，结果都不成功。

5. 迄今为止，我们的战争中仅有的未曾遭遇挫败的部分，就是你们正在开展的规模庞大的太平洋战争。

6. 好在我们还有俄国人协助。斯大林承诺会发起冬季战争，我预计时间应该是在1月份。尽管仅有三四个德国师来进攻艾森豪威尔，但这么久以来，在自己宽广战线上的大半地区，斯大林所做的就是整顿、预备。近来，他向布达佩斯西南地区发起进攻，目前我不方便对此做出评判。但我觉得我们可以期待从此次交战及俄国其余的行动中获得超过近期的援助。德国已耗光了所有精力，一旦大军进入他们的大后方，他们就算不全线崩溃，也会部分解体。

7. 我一度尝试从范围和比例着手，仔细观察整体战局。显然，我们也许会被迫面对以下状况，只是程度有深有浅：

(1) 我们抵达能最直接通向柏林路上的莱茵河段的时间将大幅延迟，强行渡河就更不必说了。

(2) 我们在意大利会遭遇显而易见的失败。

(3) 巴尔干半岛上的大半德军会逃回本土。

(4) 在缅甸的战争失利。

(5) 中国从参战国中退出。

跟这些真实状况比起来，我方的期望太理想化了，虽然为了让他们保持冷静，我们共同努力过，但是问题依旧极其明显地显现出来："我们应该如何是好？"我们无法尽早举行三方会谈。而更让我忧心的是，我们两人跟我方参谋员会见的时间也无限拖延下去。你们是英国计划的依靠。最低限度，在思考英、美两国的问题时，要将问题看作一体。我的观点是，若是你不能在2月前亲自来这边，请及早派你的诸位参谋长过来，电报、电话太多，只会让局势更乱。参谋长来到这边后，就能接近你们的主力军队和艾森豪威尔将军，我们就能为实现我们已在1944年的各场交战中实现的密切合作，心平气和地研究整场激战的局势。

罗斯福先生不像我这般忧心，不过他还是表达了自己的同情。

罗斯福总统致首相　　　　1944年12月10日

我对战局的观点并不像你那般悲观，可能是因为我相对远离战场，也可能是因为我在半年前对时间的估测比你保守。

我一直觉得，一定要在欧洲战场上进行一次殊死搏斗才能进军到莱茵河左岸，占据德国。我相对悲观，我年轻时曾经骑自行车走过这些地区的大半，很多指挥官觉得我们的联合军队能轻易横渡莱茵河，但我从未有过这样的想法。

但我们正依照计划，执行我们订立的普遍战略。你我这两个统帅已定好作战计划，颁布指令，还将物资依照这些计划与指令送到了战场上。即使短时间内可能战争进度会滞后于预期，但我认为，具体的战争该怎样打，将迎来何种结果，依旧由前线指挥官负责，而对于他们，我怀有百分百信任。冬天正在为我们制造大难题，而我们的陆军和空军则在将敌军越来越少的兵力与物资逐渐吞噬，这些我们不能忘记。我们的供给转运，因安特卫普港的开放得到极大改进。艾森豪威尔将军估测自己在西线消灭的敌军数量，已经不是敌军通过组建新军能补得上的。尽管眼下我还不确定,有利于我们的关键突破何时才能出现，但肯定不必等太久。

亚历山大的军队正倾尽全力，将德国那些师困在意大利战场上。但只要他们愿意，那些德军完全有能力撤退到阿尔卑斯山战线上去，这点我们不能忽略。

巴尔干诸国的德军也是同样的状况。若没有苏军从旁协助，我根本无法想象我们能在巴尔干诸国生擒大批德军。

我们也要对苏联战场的糟糕天气有充足的预计。眼下，苏军也在尽力而为。自然你对这件事的了解超过我。

而远东又是另外一番局面，我一点都不敢懈怠。

长远看来，唯一能让中国有效反抗的法子，就是魏德迈目前采用的那种。但是日本人也没办法在太平洋地区继续维持下去，他们在当地损失的兵力、物资、船舰是我们的几倍。就连上帝都站在我们这边，如若不然，不会爆发如此大规模的地震与海啸。

等到春天冰雪融化后，会发生许多事。许多状况届时都会明朗起来。

我的参谋长联席会议正为指挥自己的组织实施我们订立的计划，援助我们在世界各地的军队拼尽全力。这时候，差不多全部军队都派上了用场。在我看来，我的诸位参谋长应该继续坚守岗位，因为眼下根本没必要做出重要的战略决策，让英国战地指挥官照做……

*　*　*

一次巨大的挫败越来越近。我们在不到六天之后，忽然陷入困境。盟军决定从北部的亚琛经过南部的阿尔萨斯，向敌军发起猛攻，我们的中央地带因此兵力匮乏。总共包括四个师的美国第八军独自守卫着阿登战区一条长达七十五英里的战线。尽管知道有危险，我们还是心甘情愿冒险；不过结果相当糟糕，原本甚至可能更糟糕。很出人预料，敌军在己方的西线调集了大约七十个师，包括十五个装甲师，其中很多要进行整顿，重新武装，以弥补兵力的短缺。然而，第六装甲集团军是众人一致承认的精锐之师，并且斗志昂扬。我们在这支有潜质成为前锋的军队作为后备军驻扎在亚琛东边时，就开始密切留意他们了。12 月伊始，那条战线战事停止，我们的情报部门也暂停了对该军队的监控。飞机因恶劣的天气无法飞行，我们的监控因此受阻。艾森豪威尔疑心敌军正在为进攻做准备，想不到其进攻速度这么快，规模这么大。

果然，德军有个庞大的计划。龙德施泰特调集了第五装甲集团军、第六装甲集团军和第七集团军，总共包括十个装甲师，十四个步兵师。这支庞大的军队让装甲军做前锋，尝试从我方的阿登地区直抵默兹河的弱势环节打开缺口，然后调转方向，朝北部和西北进军，切断盟军战线，攻克安特卫普港，截断北方盟军的供给路线。希特勒筹划了这个冒险的步骤，且不愿为属下的质疑做出更改。他们集中德国空军的残余力量做最后一搏，以实践这一冒险的计划。同时开始行动的有伞兵、破坏势力，还有身穿盟军军装的特务分子。

12 月 16 日，进攻在激烈炮轰的掩护下爆发。在朝鲁尔河大坝进军时，第六装甲集团军的北翼攻进了美国第一集团军的右翼。多次激烈交锋过后，阻挡住了敌军。再往南边，德军在一条很窄的战线上打开缺口，猛攻进去。然而，在那情势危急的几天内，美国第七装甲师表现出众，死守圣维特，阻挡了敌军的进攻。德国第六装甲集团军又向西边发起进攻，随后直逼北边列日前边的默兹河段。德国第五集团军也在同一时间攻入美国第八军防线的中央地带，从圣维特、巴斯托尼旁边绕行，深入玛尔什，直接朝迪南内部的默兹河段逼近。

盟军最高统帅部事先没有料到此次进攻会在这时爆发，会有这么大的规模，可没过多久，进攻的重要程度及目的他们就了然于胸了。他们决定巩固突破口“双肩”的防御，坚守默兹河位于那慕尔以东、以南的渡口，调集机动军队，对敌方的突击军展开南北夹击。艾森豪威尔马上开始行动。他命令盟军暂停所有进攻，将美国的四个后备师调过来，又从南边调了六个师，还从英国调来包括英国第六师在内的两个空降师。总共包括四个师的英国第三十军刚刚离开鲁尔河战线，开到敌军的突出阵地北面，在美国第一集团军、第九集团军后边的列日、卢万中间集合。其后，这两个集团军跟全部后备军共同组成了马尔梅迪西边的侧翼防线。

布雷德利将军指挥的第十二集团军群的阵地被德军截断，以后他要想继续在卢森堡司令部卓有成效地指挥他那两个在突击队北边的集团军，根本是不可能的。所以艾森豪威尔将军让蒙哥马利先代为指挥北边的全部盟军，布雷德利继续指挥美国第三集团军，从南边困住敌军，然后发起反击，这些决定都相当英明。另外还对战术空军做出了部署。

我给史末资发去电报。

首相致史末资陆军元帅　　　　1944 年 12 月 22 日

1．这几个月，蒙哥马利和英国这边我们的人不断重申要向鲁尔北部地区发起进攻。再三指明以我们的实力，根本不足以像目前这样，分别对科隆和萨尔河对岸发起两大主要进攻，这些你是清楚的。我们的朋友在恶劣的天气中却满怀信心，向前进军。敌军的反攻开始时，他们的实力分散在北部到南部中间各处。我在20日午后给艾森豪威尔打电话，向他提出建议，将突破区北边的军队交由蒙哥马利指挥，南边的军队交由奥马尔·布雷德利指挥，他本人负责从中协调。他的回应是，上午他已发布命令，很巧，命令内容跟我所说的一模一样。眼下，蒙哥马利真正拥有十八个美国师的指挥权，另外还有他自己的第二十一集团军，包括差不多十六个师。他正忙于组建强大的后备军，而他负责指挥的地区所有的战斗目标，都要由他来完成。他应该可以抵挡住敌军，让敌军束手无策。直到现在还没有证据表明，德军的实力足以大举进攻第二十一集团军群的正面阵地。

2. 相较于这边，突破口南边的状况就比较模糊了。美军正坚持反抗，不过情况非常混乱。巴顿领导的一支军队已经从梅斯集中起来，朝北面进军。在我看来，德军的处境同样糟糕。跟以往一样，我还是很有信心。这只乌龟的脖子已经伸得很长了。

*　　*　　*

我们赶过去支援的三个师都在那慕尔南边的默兹河沿岸做防御。布雷德利将一个师集合到阿尔隆，派出美国的第一百零一空降师到巴斯托尼的关键交叉口处防守。德国装甲军派步兵留下进攻巴斯托尼，其余朝巴斯托尼北部进军，试图在西北方打开缺口。第一百零一空降师跟部分装甲军被切分开，在无法跟外界联络的一周内，他们将进攻全部击退。

德国第五装甲集团军和第六装甲集团军的圆周运动，导致我们跟敌军在乌尔什周边地区一直猛烈对抗到12月26日。此时的德军已耗光了所有气力，即便他们曾进攻到距离默兹河仅四英里处，而且进军到内部超过六十英里。第一周，我们的空军没能参与战争，因为天气很糟糕，近地面还有雾。他们在12月23日飞行条件改善后参战，立下大功。重型轰炸机进攻敌军战线后方的铁路和作战中心，战术空军切断了敌军前线的援兵和燃料、粮食、武器供应，使其蒙受巨大的损失。向德国炼油厂发动的战略性空袭，令其汽油匮乏，进军延时。

在攻击最重要的目标默兹河失败后，德国装甲军朝巴斯托尼发起猛攻。美国装甲师在12月26日派出部分军队，支援美国第一百零一师。他们在兵力远少于敌军的情况下，继续固守了巴斯托尼一周。22日，巴顿从阿尔隆发起反攻，进军速度很慢，却稳步向前，穿越了冰雪遍布的乡间，进军乌法利兹。正因为这样，德军最高司令部在12月末之前，再心不甘情不愿，都很清楚自己输定了。敌军发动了一场空袭，这是它们最后的抗争。1月1日，敌军向我方前线的全部机场发起激烈的低空突袭。尽管事后没多久就复原了，我们当时的损失依旧是巨大的。反观德国空军，在此次战争最后一场集中进攻中，他们承受了无可挽回的损失。

* * *

蒙哥马利1月3日从北边协助巴顿从南边反攻乌法利兹。我在同一时间来到前线考察工作，还给总统发了电报。

首相致罗斯福总统　　　　1945年1月6日

1.最近两天，我跟帝国参谋长和艾森豪威尔、蒙哥马利待在一块儿。他们两个觉得军情紧张，不过他们有信心，最后获胜的必然是我们。报纸杂志或许会引发问题，英国政府对艾森豪威尔将军百分百信任，所有对他的进攻都会触动我们的神经，这点希望你能了解。

2.艾森豪威尔跟蒙哥马利，布雷德利跟巴顿都保持着良好的合作关系。若将这种共同战斗的关系打破，会引发灾祸。正是这种共同战斗，让我们在1944年取得了最大的军事战果，那是我们事先完全没有想到的。蒙哥马利今天跟我说，敌军此次突破战原本会对前线各处造成极度恶劣的影响，好在英国和美国军队紧密团结。

3. 尽管我们仅仅拥有十七个再加上三分之二个师，让我觉得非常惋惜，但是这些师的人数肯定都是足够的。在法国，我们另外还有七到八千援兵，他们已经做好准备，听候差遣。另有二十五万大军，也被我们调到前线或是邻近前线的地区。我因此满怀自信，在将要开始的残酷战斗中，我可以说最低限度，我们能一直维持当前的实力不变。

4. 有三分之二的损失都落在了步兵身上，而对他们的补足通常却要等到最后，我由衷觉得要给他们激励。相较于调派新的大批步兵过去，更重要的是维持业已参战的师的步兵力量。所以我们正筹备大批步兵旅，从海军八万兵力的陆战队中抽调出来的也包含在内。借助这些步兵旅，能从半平息的战区中调出多个机动师，有些特别的任务要交给他们，他们必须执行。蒙哥马利非常欢迎对第二十一集团军群采取这一做法。从艾森豪威尔将军处，我得知他也怀有相同的观点，为了适当保有美国师的编制，他迫切想获得更多的步兵分遣队，由步枪兵和刺刀冲锋兵组成。

5. 向你致以最热烈的祝贺。在这一战中，你的军队表现异常勇猛，尤其是在巴斯托尼与蒙哥马利阵线中的两处（他是这样跟我说的）——其一是敌军突破阵地的最高处，在此处，美国第一师与第九师坚持作战，损失惨重，最终获胜；其二是美国第七装甲师的相关地区，军人最重要的牺牲精神在该师身上得到了展现。而第一集团军的很多军队也都死守敌军来犯的十字路口，用巨大的自我牺牲换来了北部全体军队的安全。

6. 美国的报纸曾经批判此次战争中，英国军队没有参与。借这个时机，我要向你做出承诺，英国军队已做好充足的准备，艾森豪威尔将军什么时候想做我们的指挥都可以。他跟他的下属陆军元帅蒙哥马利一定是严格依照军事需求来安排反攻，安排在复杂的交通路线侧翼作战的，对此我很有信心。我没有发觉英美司令部有半点摩擦。但总统先生，我们要用更多的军队来促进战争发展，才是残酷的真相。

7. 我觉得眼下要有从心而发的友情与毫无保留的努力，作为一股强大的新动力。请在第一时间告诉我们，你觉得有什么任务能交给我们去执行。

* * *

艾森豪威尔及其参谋部此时自然心急想要了解，苏军可以为减少我们在西边的压力，在什么地方做出努力。经过各种各样的尝试，英国驻莫斯科的众联络官依旧没能从跟他们处于同等地位的对手处得到半点解答。艾森豪威尔为了用最卓有成效的方式，向苏联总参谋部提出该问题，命令自己的副司令空军上将特德带领一个特殊使团赶赴苏联。一行人因天气原因，耽搁良久。得知此事后，我立即跟艾森豪威尔说："在参谋部级别也许会耽搁更多时间。我认为，若是由我去问斯大林，也许能问出答案。你想让我试一下吗？"他说好，我便发出了这样一封电报：

首相致斯大林元帅　　　　1945 年 1 月 6 日

西线的战事异常激烈。不管在什么时间，最高统帅部都要做出众多决策。短时间内丧失主动权，被迫在一条漫长的战线上防御有多让人心焦，你应该有切身体会。很明显，你的大致作战计划牵涉到艾森豪威尔跟我们的所有重要决断，因此他迫切想了解你的计划，而且他也不得不这么做。昨天晚上，我们收到报告，称恶劣的天气把我们的特使特德空军上将困在了开罗。并不是因为你，他才耽搁了这么长时间。若他尚未抵达你那边，我想你回答我一个问题：1月苏联能不能在维斯杜拉河战线等地发动一场大规模进攻？如果你能解答我这个疑问，并附上你想解释的细小环节，我将不胜感激。这个机密至极的消息，我只会告诉布鲁克陆军元帅和艾森豪威尔将军，并且是在极端保密的环境中。此事在我看来相当紧急。

彼时大家都知道，我们在请求他做出一个极其重要的决定，关系到很多人，但很不可思议，翌日我就收到了他回复的电报。

斯大林元帅致首相　　1945年1月7日

1月7日黄昏，我收到了你在1月6日发出的电报。

特德空军上将还没有到莫斯科，真是不巧。

对我们胜过德军的炮兵和空军力量加以利用是非常重要的。前提条件是天气晴朗，适宜飞行，地上没有雾，不会影响瞄准。我们正在筹备发动一场进攻，只是现在的天气还不合适。但最高统帅部念及盟军在西线的战况，决定快速做好准备，最晚在1月下半月，沿整条中央战线大举进攻德军。无论届时天气如何，这一决定都不会改变。为了支援我们光荣的盟军，我们必将竭尽所能，这点你不必担心。

首相致斯大林元帅　　1945年1月9日

1.你那封打动人心的电报，让我不胜感激。我已给艾森豪威尔将军看过了，仅限他一个人。预祝你们伟大的行动一帆风顺！

2.西线的战争打得还算不错。从突出阵地上击败德军令他们损失惨重的可能性很大。美军是此次战争的主力，表现出众的他们也蒙受了巨大的损失。英、美两国都倾注了全力。你给我的消息将迫使德国的援军分别在两条战况激烈的战线上交战。这样艾森豪威尔将军就不用担心了，他会因此受到巨大的鼓励。西线的战争还将持续，这是指挥战争的诸位将军说的。

引述这种电报往来，是为证实同盟国首脑解决问题的效率极高，同时也是为表明苏联人及其领导人很明显是为了正义，宁愿做出极大的牺牲也要提前发起大规模进攻。收到我转发给他的信息，艾森豪威尔自然十分欣喜。不过，他请求将一些能够调动出来的援兵调过去给他。我们在三周前向英国所有地区发表声明，为了援助在前线抗敌的军队，政府要另外招募二十五万人负责军队物资供给。此外，英国政府在我国参战这么久以来，首次利用自身职权，强制性要求英国各个军种的女性去海外工作。事实上，所有人都热情高涨，根本用不着强制。只是这种非常规的举措要走向完备，尚需时间。军队秋季作战造成的损耗，我们可以补足，军队供给也不会出现短缺，可我们剩余的物资已经不多了。至于美军，他们有包括六万步兵的援军，另外还打算从美国调派九个师。

* * *

北边的两个美国军团加上西边的英国第三十军开始朝敌方进军。1月7日，他们将德军用于逃跑的关键路线拉罗什－维尔萨尔姆公路斩断了。盟军的两翼在狂风暴雪中缓慢进军，1月16日会合于乌法利兹。这逼得德军接连往东撤退，一路上不断遭受我军进攻。他们在月末撤退到国界线以后，拼尽全力奋战，结果却只收获了致命的物资损耗，以及十二万兵力的死伤。

此次交战中出现了一个很难解决的问题，尽管我们很幸运，并没让该问题打乱整体战局，不过，在此还是一定要说一说。为从第三集团军抽调几个师，艾森豪威尔下令，将巴顿的部分战线交由德弗斯的第六集团军群负责，另外准许后者从莱茵河撤退到弗日山脉，前提是非这样做不可的话。他们若真这样撤退了，便相当于向敌军打开了斯特拉斯堡的大门，准许他们随便出入。法国政坛和军界必然会产生恐慌，这是人之常情。敌军将如何报复热情拥戴自己救星的斯特拉斯堡民众呀！我当时刚好在艾森豪威尔在日耳曼的总部。我发出的号召，他跟比德尔·史密斯都听到了。敌军确实在该集团军群的正面，尤其是在克尔马尔独立的据点，出人预料地发动了突袭，不过没有成功。艾森豪威尔将自己的命令收回，避免了迫切要求舍弃斯特拉斯堡的状况发生。对于这件事，戴高乐心存谢意。

此次交战中，德军发起的最后一次进攻就是这样。彼时，我们一度为此十分忧心。我们被迫延迟了进攻，不过，最终还是占据了优势地位。德军损失惨重，难以弥补。此后敌我双方在莱茵河段的交战依旧激烈，可对我们来说，却远不像之前那么紧张，这是毋庸置疑的。德国最高司令部乃至希特勒的妄想，现在必然都幻灭了。先前，艾森豪威尔及其属下的诸位指挥官一度不知该如何应对，结果还是很快找到了应对方法。但这并非此战成功的主要原因，对此他们不会有异议。就像蒙哥马利说的："美国战士忠诚坚毅的作战素质，才是阿登一战胜利的主要原因"。[①]

而我 1 月 18 日在下院发表的演讲中的一段内容，可以用来阐述我的观点：

> 12 月 16 日开始的美军战线上的激战，在我看来，是英、美两国的联合作战。尽管参战的基本都是美军，战争损失也基本都由他们承担……但是若有人漠视、忽略或是否认英军的战绩（这类事件频频出现），我会立即站出来，反驳他们……可是我们要记住，上个月是一个又一个美国家庭收到了其家人死伤的令人忧心的电报……依照我现已收集的军事资料评判，对冯·龙德施泰

① 出自《诺曼底到波罗的海》一书的第 181 页，陆军元帅蒙哥马利著。——原注

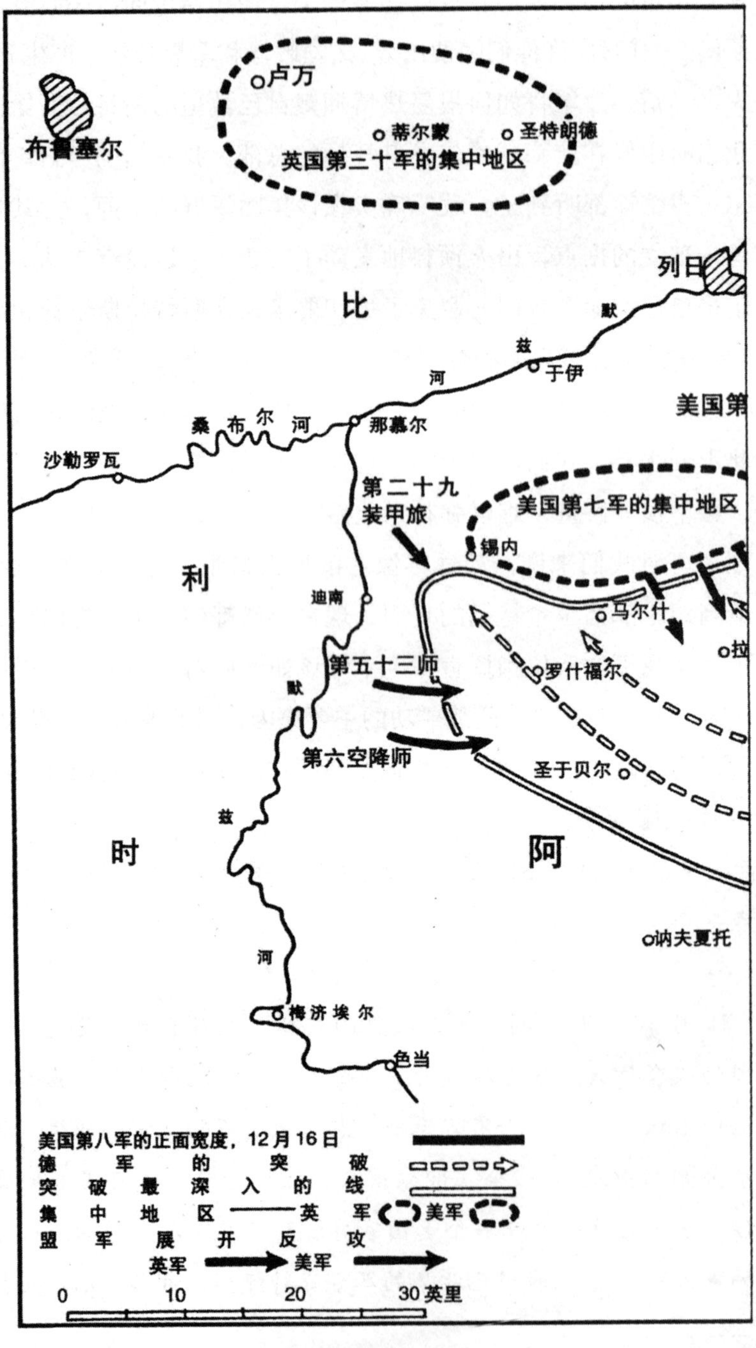
卢万
布鲁塞尔
蒂尔蒙
圣特朗德
英国第三十军的集中地区
列日
比
默
兹
河
于伊
美国第
桑布尔河
那慕尔
沙勒罗瓦
第二十九
装甲旅
美国第七军的集中地区
锡内
利
迪南
马尔什
拉
罗什福尔
第五十三师
默
第六空降师
圣于贝尔
兹
时
阿
纳夫夏托
河
梅济埃尔
色当
美国第八军的正面宽度，12月16日
德军的突破
突破最深入的线
集中地区——英军 美军
盟军展开反攻
英军 美军
0 10 20 30英里

龙德施泰特的反攻

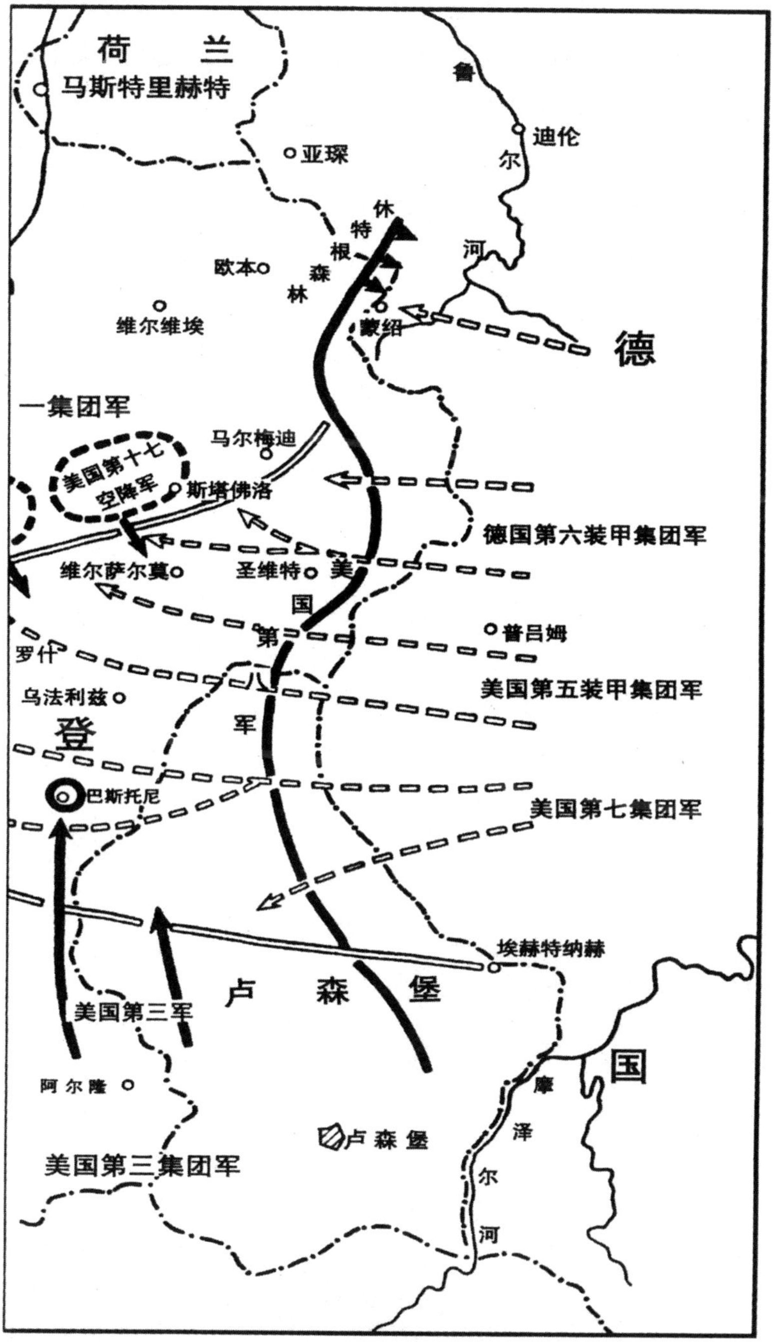
荷　兰
马斯特里赫特
亚琛
鲁
迪伦
尔
休
特
根
森
林
河
欧本
维尔维埃
蒙绍
德
一集团军
马尔梅迪
美国第十七
空降军
斯塔佛洛
德国第六装甲集团军
维尔萨尔莫
圣维特
美
国
第
八
军
普吕姆
罗什
乌法利兹
美国第五装甲集团军
登
巴斯托尼
美国第七集团军
埃赫特纳赫
卢　森　堡
美国第三军
国
阿尔隆
摩
泽
尔
河
卢森堡
美国第三集团军

（照原图译制）

特采取的反击举措，是很坚定、理智、正确的。不管怎么样，都能在长数百英里的战线上打开一个豁口。之后，艾森豪威尔立即下令，蒙哥马利元帅和奥马尔·布雷德利将军分别在豁口北面和南面担当指挥。在指挥上百万的兵力时，这两名才智出众的司令都表现得游刃有余，这点已在战争结果中被证实。他们指挥部署的策略完全可以作为后世的范本，这种说法一点也不夸张。

# 第十八章　英国干预希腊

**“灵粮”作战计划——德军从雅典撤退延时——卡塞塔协议——10 月 14 日解放雅典——希腊一片断壁残垣——艾登先生对雅典的访问——混乱局势的形成与扩展——斯科比将军收到命令，准备反攻“希腊民族解放阵线”——解散游击队——“民族解放阵线”诸位部长辞职——内战在 12 月 3 日爆发——我下令斯科比将军武力压制叛变——雅典的激战，国内与美国发起激烈进攻——我 12 月 8 日在下院发表的讲话——美国人的见解——提议在希腊成立摄政机构——哈罗德·麦克米伦先生与亚历山大元帅抵达雅典——亚历山大收到命令，行动不必有任何顾忌——令人震惊的泄密——英国工会代表大会忠心不二——美国总统 12 月 13 日发来电报——史末资元帅 12 月 14 日发来电报——我在 12 月 17 日回复罗斯福总统——发电报给加拿大总理——英语世界支持我们的政策**

8 月末，我即将离开意大利时，请帝国总参谋长起草了一份详细的英军远征希腊的计划。万一在希腊的德军溃败，我们便能马上执行该计划[①]。我们在密电码中，以“灵粮”作为该计划的代号。起草该计划是件很繁琐的事。原因有二：一是我们的供给不足，二是德国在巴尔干诸国的战略地位时有变动。可我下令，9 月 11 日之前，我方军

① 详见第七章。——原注

队一定要做好作战的准备，希腊首相与政府在意大利的诸位代表也要准备好重返雅典，不要有任何拖延。他们在9月的首个周末，搬到了邻近卡塞塔的一座别墅中。此处成了帕潘德里欧及其希腊“民族解放阵线”诸位新同事的办公地点。希腊不该出现政治真空，这点很关键。就像8月29日我写在备忘录中的话：“要在跟‘民族解放阵线’的对抗中抢占先机，最佳举措是掠过最开始的紧急动乱，以迅雷不及掩耳之势发动突袭。”该计划的主要内容包括，派出一个伞兵旅，占据雅典及其机场，为了从埃及支援，同时确保希腊诸位部长及早抵达，调动四个战斗机中队铲除比雷埃夫斯港口的阻碍。之后我们会加快往此处运输救援物资的速度，另外将希腊旅从意大利运送过来。

我们因德军从雅典撤退延时，被逼对计划做出修改。驻守当地的一万德军并无撤退的意思，我为此在9月13日给威尔逊将军发去电报，由于伯罗奔尼撒半岛的德军正朝北面的科林斯撤退，他可以做好准备，先降落到伯罗奔尼撒半岛去。负责执行“灵粮”计划的军队在9月13日深夜收到命令，在四十八小时内采取行动。斯科比将军是他们的指挥。从意大利抽调的第二伞兵旅，被当作步兵军队的第二十三装甲旅，从埃及过去的后勤军队，还有已经获得承认的希腊政府在力所能及的范围内调派过去的所有希腊军队，共同组成了最早的一批军队。该远征军的援军包括设有扫雷小舰队的第十五巡洋舰中队，四个英国飞机中队，三个希腊飞机中队和美国运输机队。

我们却因德军从希腊撤退延时，得以在决战之前增强对希腊政务的指引。目前，希腊政府正在距离很近的意大利，让我十分欣喜。威尔逊将军9月末将“人民民族解放军”[①]将军萨拉费斯及其对手民族主义人士泽尔瓦斯叫到卡塞塔，跟帕潘德里欧会晤。为了给这一重要的会议提供政治上的参考意见，麦克米伦先生和英国驻希腊大使利珀先生也参与其中，而前者的与会身份是驻地中海国务大臣。此次会议

① 跟“民族解放阵线”一样，“人民民族解放军”的操控者也是共产党。——原注

务必要组建一个组织，统一指挥意大利与希腊国内所有能利用的希腊军队，还有正等候登陆的英国军队。

一个普遍性协议在9月26日签订。协议规定，希腊政府下达的命令，国内所有游击队都要服从，并且所有游击队都要听从希腊政府的安排，接受斯科比将军作为他们的指挥。希腊游击队的领导者公开表示，其所有成员都不会私自行使执法权。由英国司令负责对雅典的一切行动发出指令。该文件被称为卡塞塔协议，之后我们的行动都受其约束。

希腊解放终于在10月开始。彼时部分突击队收到指令，赶赴希腊南部地区，英军在10月4日早上占据了帕特雷。这是我们在1941年悲惨的撤退后占据的首个据点。之后，该军队努力沿科林斯湾南岸向前进军。威尔逊将军10月12日收到消息，德军正从雅典撤退，所以英国伞兵翌日便降落到了梅加拉机场。此处往东大约八英里便是首都。余下的伞兵在14日抵达，德军刚撤离，他们就占据了雅典。英国海军跟斯科比将军的主力军队，同时来到比雷埃夫斯。希腊政府及我方大使也都在两天后赶到。

*　*　*

我们的协议这时就要接受考验了。我曾在莫斯科会议中，用巨大的牺牲换来了俄国置身事外。我们承诺会站在帕潘德里欧的临时政府这边。“民族解放阵线”在该政府中拥有足够多的代表。卡塞塔协议适用于所有党派，能赶得及让一个稳定的希腊政府掌权，是我们所期待的。然而，希腊已是一片断壁残垣。往北撤军时，德军毁掉了公路和铁路。我国空军曾在他们撤退时发起干扰，可我们没有能力在陆地上干扰他们。入侵者的撤离造成的空缺由“人民民族解放军”的武装军队补上，可是他们郑重立下的誓言并未被他们的指挥中心当回事。贫穷、纠纷随处可见。财政混乱，粮食短缺。英军内部的供给同样短缺到极致。

艾登先生10月末从莫斯科返回本国，途中到访雅典。当地人为感谢他在1941年为希腊做出的贡献，盛情接待了他。驻开罗的国务大臣默因勋爵及麦克米伦先生与他同行。彼时对救济问题做过全面讨论，力所能及的事一样不落地做了。为了增加食物供给，英军主动将定量食物减至原先的二分之一，英国工兵也着手建设紧急交通路线。德军截止到11月1日已从萨洛尼卡、弗洛里纳两地撤离。他们的最后一批军队在十天后穿越了北部国界。希腊全境解放，只有少量孤岛上还有德军驻扎。

可雅典的政府兵力不足，无法掌控全国，并强制“人民民族解放军”遵从卡塞塔协议。情况越来越混乱。我在11月7日给外交大臣写了这样一份备忘录：

首相致外交大臣　　　　　　　　　　　　1944年11月7日

1. 既然我们已经用对俄国的牺牲，换来了在希腊自主行动的权利，那我们就应直接派出军队支持帕潘德里欧先生领导的希腊王国政府，不必有任何犹豫，这是我的看法。

2. 这一看法的内涵在于，面对违法乱纪的行为，英军自然有权加以阻止。若“民族解放阵线”呼吁报界集体罢工，帕潘德里欧先生自然有权封禁他们的报纸。

3. 我期待希腊旅可以及早抵达，如有需要，直接开枪镇压，不必有半分迟疑。只派了印度师的一个旅去那里，是什么原因？我们另外需要八千至一万步兵，以帮助现任政府守卫首都及萨洛尼卡。之后我们一定要尝试增加希腊政权的力量。我事先就想到会跟希腊“民族解放阵线”交锋，我们根本不应该逃避，只要我们能找到充足的依据。

翌日，我又发了一封电报，内容如下：

首相致威尔逊将军（意大利）、利珀先生（雅典）

1944 年 11 月 8 日

我想让你们考虑一下，马上派第四印度师的第三旅或是其余编制的军队，向雅典的我军提供支援，因为希腊的共产党造成的威胁正不断加剧，并且有各种证据显示，他们正准备用暴力抢夺政权……

* * *

“民族解放阵线”马上就要开始武装叛变了，斯科比收到命令，在 11 月 15 日实施了紧急应对举措。雅典被公开称为军事区，我赋予他权力，强制命令希腊“人民民族解放军”全体军队从雅典撤退。意大利的第四印度师被调到萨洛尼卡、雅典、帕特雷。意大利的希腊旅也被调过来，帕潘德里欧及其“民族解放阵线”的同僚，为该旅争论得不可开交。双方协议，将游击队和其余军队的武装解除，建立一支直接归雅典政府统领的新的国家军队和警察军队是仅有的避免内战方法。另外还协商决定招募、武装“国民警卫大队”。每个大队的人数都在五百到六百之间。我们最终组织了三十支警卫大队。在抓捕跟我们对抗的武装民众，守卫已被我们荡平的地区时，这些大队发挥的作用不可小觑。

“民族解放阵线”的部长们应帕潘德里欧先生的要求，亲自起草了解散游击队的草案，提交给一片凌乱的内阁。正规军队希腊山地旅和神圣中队依据该草案得以保留。希腊“人民民族解放军”能保留一个旅，希腊“民族民主军”能保留一支人数不多的军队。可“民族解放阵线”的诸位部长竟在最后的时刻推翻了他们花费宝贵的一周时间制定的草案，要遣散山地旅。共产党正为执行自己的方针政策竭尽所能。“民族解放阵线”的六位部长在 12 月 1 日辞职，宣称雅典翌日要进行总罢工。余下的内阁成员批准了一道命令，将游击队遣散，共产党便把自己的总部从首都搬到了别处。斯科比将军向希腊民众发布演讲，表示坚决拥护目前这个以宪法为依据成立的政府，“直至一个拥有合法军队的希腊国成立，实施自由选举”。在伦敦，我也用私人的名义发表了相似的演讲。

共产党的拥趸在12月3日周日，罔顾禁令发动了游行示威，跟警察发生冲突，内战由此开始。斯科比将军翌日下令“人民民族解放军”马上从雅典和比雷埃夫斯撤走，结果这些军队和武装民众非但没撤走，还尝试用暴力抢夺雅典。

我在这时更加直接地参与了此事的指挥。在得知共产党占据了雅典绝大多数警察局，杀死了大半已经表示放弃反抗的工作人员，并推进到距离政府机构仅半英里开外时，我向斯科比将军下令，让他带着自己的五千英国士兵（他们在十天前解救了当地民众，受到热情欢迎）前去镇压，朝那些叛变的进攻者开枪。这种事一定要做到底才有价值。共产党企图用武力夺取雅典，同时告知全世界只有他们才能组建希腊民众想要的政府，我们只能用枪来应对这些暴力分子的暴动。时间紧迫，没办法在内阁中商讨此事。

我跟安东尼讨论到差不多凌晨两点，我们一致认为一定要用武力解决。见他非常疲倦，我便说：“这件事由我来做吧，你去休息。”他就去睡觉了。差不多三点，我起草完成了以下电报：

首相致斯科比将军（雅典），抄送给威尔逊将军（意大利）①

1944年12月5日

1.我已向威尔逊将军下达命令，让他一定要将全部军队以及全部可能的援军都交到你手上。

2.你的职责包括维护雅典的秩序，将“民族解放阵线”、“人民民族解放军”进逼雅典的所有军队驱逐出去或是消灭。你可以

① 彼时尚未移交指挥大权。——原注

依据自身意愿随意订立规定，严格管理街区，抓捕一切暴力分子。“人民民族解放军”在所有可能发生枪击的地方，都一定会将女人和孩子放在最前面。所以为了避免犯错，你一定要保持头脑灵活。不过，所有在雅典进攻英国政府或是跟我们合作的希腊政府的武装分子，你都要毫不犹豫地击毙。你的指挥部如能由希腊政府授予更多权力，自然再好不过，而帕潘德里欧此时也从利珀那里收到消息，要求他从旁支援，平息叛乱，其余工作可暂时停止。不管怎么样，你一定要马上行动，不能有半点犹疑，就好像在一座已被征服的城市中，其内部部分地区正在发生叛变[①]。

3. 你务必要用你的装甲军，给从外部逼近的“人民民族解放军”军队的部分队伍一些打击，这样其余人才没有勇气步他们的后尘。在此基础上，只要你的行动是合理的、理智的，我都会坚定地站在你这边。我们一定要守住雅典，将其掌控在手中。当然最好的方式是不流血而解决此事，可若是非流血不可，也是很正确的。

我在5日凌晨4时50分发出这封电报。电报的语气有些刻薄，我绝不能否认。我是故意选用最刻薄的言辞，因为我认为必须要给作战指挥者以坚定的指引。除了能激励他毫不犹豫地行动外，这道命令还能给他某种程度的保障：不管他的行动产生了何种后果，只要他在行动之前做过深入细致的思考，我必然会站在他这边。整体的形势让我深觉忐忑，可我不能有半分迟疑或是闪避，对于这点我坚信不疑。八十年代，阿瑟·鲍尔弗曾给爱尔兰的不列颠政府写了一封电报，很有名，我对其中一句话还有印象：“马上开枪，不用犹豫。”电报发自公开的电报局。彼时在下院闹得沸沸扬扬，但很多人因此保住了性命却是任何人都无法否认的。鲍尔弗在政界的地位因此大大提升，之后

① 这段和下段的着重号都是我之后加上的。——原注

更是达到了大多数人难以企及的高度。当然眼下完全是另外一种政治背景，但从那时开始，“马上开枪，不用犹豫”这句话就开始给我鼓励，让我一直铭记于心。

我在同一日，又给英国大使发了一封电报：

首相致利珀先生（雅典）　　1944年12月5日

1. 不管是对希腊政府展开表面化的研究，还是推断希腊政界各类人士能对形势产生何种影响，眼下都不是恰当的时机。希腊政府的结构，你不用忧心。情况已发展到极其关键的时刻。

2. 你一定要劝说帕潘德里欧坚守自己的职位，承诺只要他这么做了，我们就会竭尽所能支持他。现在不管是希腊哪个政治集团都无法对这种武装叛变产生决定性影响了。一直追随我们到最后一刻，是他仅有的选择。

3. 我已下令由斯科比将军肩负起保卫雅典，维护法律秩序的所有工作，还向他承诺，他实施的一切不可或缺的暴力举措，都将得到我们的支持。从现在开始，在所有公共秩序与安全事务上，你跟帕潘德里欧都要遵从他的指令。你们应竭尽全力，给他支持，若你们有何提议，能增强他的举措的力度，都应告诉他。

希望你一帆风顺。

* * *

希腊“人民民族解放军”快速掌控了雅典城内除中心的大多数地区。我方军队应该先去中心地区，将他们控制起来，之后再进行反击。斯科比的报告如下：

1944年12月8日

昨天全天的战斗都没有取得理想的进展，这一方面是因为叛军行动增多，另一方面也是因为全面狙击开始。截止到中午，我方总共俘虏了三十名叛军军官和五百二十四名士兵。由于警察抓捕的叛军很难获得精准的数字，所以并未包含在以上统计之中。

第二十三旅花费一下午的时间，挨家挨户清缴叛军，有少许成果。伞兵旅则负责荡平市中心余下的地区。

部分叛军潜入里昂托斯港以南，对比雷埃夫斯海军大厦发起强势狙击，我们被迫命令“猎户座”号军舰上的海军陆战队登陆，加以支援。我方军队在另外一处地方遭遇强有力的反抗，不得不撤退。

希腊山地旅奉命荡平的地区，有叛军发起进攻。山地旅击退了进攻，自身的进军也因此延迟。

彼时我们战斗的规模，由此可见一斑。

首相致威尔逊将军（意大利） 1944年12月9日

1. 你应马上往希腊派出增援的军队。战事拖得久了，会引发大量危机。此次冲突有着极其重要的政治地位，这点我要提醒你。最低限度，应马上再往那边调派两个旅。

2. 另外，海军只在危难时刻才派出少量军队登陆，而非经常性地进行支援，这是什么原因？先前你信誓旦旦称你调派过去的兵力已经足够多了。

首相致斯科比将军 1944年12月8日

今天晚上的报纸大肆宣传，希腊“人民民族解放军”提议和解。这个问题若能解决，当然是件值得庆贺的事，可你一定要打醒十二万分精神，尽可能避免我们因善良失去业已取得或是可以取得的成果。

我认为，若目前的条件还不及叛变之前的协议让人满意，便不应该接纳。"民族解放阵线"的领导人手上还满是希腊、英国两国人的血便要在内阁恢复原职，同样很难服众。但也有可能不妨任由其成为过去。小心做事，在确定条件之前先问我们的意见，才是最重要的。打败"民族解放阵线"是我们清楚订立的目标。战争要在遵从该目标的基础上，宣告完结。我正在往雅典调动大量援兵，也许过不了几天，你就能见到亚历山大了。实际矛盾现在尚未解决，我们应该做的不是热情拥抱，而是坚定信念，保持理智。

不管是你还是利珀，都要在签订协议之前问问我们的意见。

在伦敦，共产党跟他们的同伙造谣称英军对"民族解放阵线"怀有同情。根本是子虚乌有。

下面是对和平提议的回复：

斯科比将军致首相　　　　　　　　1944 年 12 月 10 日

我们保证会在"人民民族解放军"做出任意一种和平提议的第一时间向你汇报，可无论是大使还是我，都不曾听说他们做过这种尝试。

你点明的最重要的目标，我心知肚明。不管是哪个政党，用自己的军队在背后支撑自己的政治主张，和平与安稳对希腊而言都将一直是种妄想。我想将战争的范围限制在雅典和比雷埃夫斯之间。可只要有需要，我们就会在希腊其余地区跟他们抗争到最后一刻，我已做好了准备。原本能在这类巷战中发挥巨大作用的催泪性毒气被禁用，真是件憾事。

你承诺正往这边运送大量援兵，我欢迎备至。从盟军总部那里我收到消息，第四师是第一批被调过来的。

*　*　*

相较于彼时，现在的自由世界更加清楚共产党在希腊以及其余地区的所作所为。很多人肯定惊讶于彼时的英王陛下政府受到了那么激烈的指责，身为领头人的我更是如此。彼时美国的大部分报纸都斥责我们的做法是对他们奋战的事业的背弃，对我们提出强烈谴责。这些报社的编辑都是一番好心，但他们若能回忆一下彼时他们所写的内容，再跟他们目前的想法做一下对比，一定会大吃一惊。斯退丁纽斯先生执掌的美国国务院发出一份声明，带有明显的指责性。他们在之后的岁月中，最终对这份声明生出悔意，最低限度也有了截然不同的观点。英国国内也乱成一片。《泰晤士报》与《曼彻斯特卫报》都觉得我们实施了相反的策略，对我们进行指责。反观斯大林，他谨守我们 10 月订立的协约，《真理报》与《消息报》在我们在雅典跟共产党为期数周的城市战中，没有出现半点对我们的指责。

下院也因此大乱。理查德 · 埃克兰爵士（联邦党在议会中仅有的一名议员，该党领袖）提议在修正案中挑衅我们，获得了欣维尔先生与安奈林 · 比万先生的赞同，而我非常愉快地接受了。彼时有种激烈的大众言论，建立在不清晰的观点基础之上，严重者变成了一种激愤，发泄出来；这几个人和其余同类都觉得自己代表了这种言论。缺少了稳固如联合政府的基石，不管什么样的政府，此次都很有可能在动乱中解体。可战时内阁稳如泰山，所有打击对它都没有作用。

回想波兰、匈牙利、捷克斯洛伐克在之后几年的经历，我们可能要多谢掌控命运的神灵在如此危急的时刻，将不可或缺的镇定自若与团结的力量，赋予我们各个政党颇具决断力的领导人。12 月 8 日，为了抗议修正案，请大家投我们信任的一票，我发表了一篇演讲。为了控制篇幅，在此只引用部分内容：

请准许我先将一项对我们的指控提交给议会。该指控称我们正利用英王的军队，将希腊及欧洲其余地区的民主友人的武装解除，而先前曾奋勇支援我们击败敌军的平民运动，也被我们用武力压制。这个问题非常直接，今天晚上在我们结束这场会议之前，议会一定要对该问题阐明意见。英王陛下政府若真在利用国家的军队解除民主友人的武装，那它不值得被信任，就是理所应当的。

可民主友人到底是什么人，这才是问题的关键（我们可以考虑考虑）。到底该如何解释“民主”这一词语？在我看来，民主的基础是由那些质朴、渺小、结婚生子的平民组成的。他们在国家有难时，为国参军奋战；在选举时，到投票站给自己认可的议会成员候选人投上一票。做这些事情时，这些人（不管性别如何）都应没有任何畏怯，他们不会受到任何人、任何方式的胁迫或是残害。对民主的基础而言，这点同样关键至极。他们投票是在极端保密的环境中。成功当选的代表会随后召开会议，确定在国内组建何种政府，危难关头甚至要确定实施哪种政权形式。若民主是这样的，我会向其表达我的敬意。我会拥戴它，为它甘愿倾尽所有……建立在普选基础上的自由选举，是我一直坚持的，我们眼中的民主基础就是这样。可对于假的民主，我的感受截然不同。这种假民主就是由于自身是左翼，而自我标榜的民主。想要建立民主，只有左翼甚或只有共产党都是不够的，一定要满足各种各样的条件。如果有政党或团体逐渐偏离初衷，走到利用最极端的方式进行革命的地步，在我看来，它们并不具备说自己是民主党派的资格。如果有哪个政党行动越来越激烈，人数却日益减少，我不觉得这样的政党能成为民主的代表。

对于民主，我们一定要怀有一些敬重，不能随意乱用这个词语。暴民政治和民主最缺乏关联。大批手握凶器的凶徒凭借武力冲进大城市，将警察局和主要的政府机构强行据为己有，极力想要建立一种极权政治，对国家实施强有力的统治，同时宣扬掌权后自

己会效仿当前的做法……〔过程中有人打断〕

这种烦扰的局势是我造成的，我非常抱歉。若敬爱的反对党议员因此不满、吵闹，我会觉得很可惜，但我有很多时间可以重复解释我说的话。暴民政治与尝试建立极权统治，都是最不能代表民主的政治，而后者宣扬要枪杀所有在政治方面阻碍他们的人，把这些人当成本国沦陷期间亲近德军的卖国贼，对其做出相应的处理，这些便是我说过的话。不要如此贬低民主，不要将民主看成是窃取政权，枪杀异类，仅此而已。它们全都背离了民主。

民主的基础是理智、公平竞争、自由及尊重别人的权利，而非武力或是恐吓政策。民主不会随随便便就跟拿着手提冲锋枪的人达成一致，它不是街上的淫荡女子。我基本信任所有国家的民众，可前提我要确定他们真是民众，而非凶徒。在凶徒看来，只要借助武力就能将合法政权或是有着长久历史的议会、政府、国家推翻……

我们前行的这条路充满艰辛、苦痛。领头的英国真是悲惨！（也许说“领导的不列颠真是悲惨！”更恰当。）这一沉重的任务最无法引起人们的感激，我们却被逼将其承担起来，还要在承担的过程中忍受各方的讽刺、批判、抗议。可最低限度，我们前行的方向、目的地和目标，我们都很清楚。它们便是应将这些国家从德军手中解救出来，然后在常规、平稳的情况下举行自由普选，确定其国家的政府组成（不是法西斯制度就行）与左右倾向。

有人宣称我们的目的在于解除民主友人的武装。有些人说我们叛变了民主，依据是我们禁止人数众多、全副武装的游击队下山，到大城市抢夺政权，而抢夺的方式就是他们擅用的残酷的武力手段。我同样要反驳这种说法。请下院驳斥以上虚伪言辞，给其应有的轻视，以显示对英王陛下政府，对我们的勇猛气势（我们接连战胜危机，走到今天这一步，胜券在握，依赖的就是这种气势）的信任。

若我这么做理应遭受职责，那么请下院撤除我的职位，我不会有半句怨言。可若我没有因为这件事被撤职——一定不要理解错误了——我们会将荡平雅典以及当地所有跟希腊立宪政府法令对抗的叛乱分子的这一策略执行到底，要将违背地中海最高统帅军令的叛徒（游击队全体成员曾心甘情愿听从这位统帅的指令）全部消灭。但愿我已明确表达出了我们的立场——该立场对整个世界和整体战局的影响，对英国政府的影响，也都包含在内。

仅有三十名议员给我们投了反对票。接近三百人投了信任票。下院坚毅的力量与威望，在这件事上再度得到展现。

我在翌日发出一封电报，内容如下：

首相致利珀先生（雅典） 1944 年 12 月 9 日

下院各方都在批判我们，你千万不要因此心生忐忑。我对你不得不应对的难题，有着最深刻的理解。我会一直站在勇敢、正确执行命令的人那边，不会向暂时的喧闹示弱。我们无论是在雅典，还是在其余任意地区，都坚持一句箴言："想得到和平，先要赢得胜利。"

* * *

彼时美国的社会言论被感情迷失了理智，国务院也出现了暂时的反常情绪，这些无疑都对罗斯福总统及其心腹造成了影响。到了现在，我在下院阐述的见解在美国的政策与政治理论中已相当常见，联合国也表示赞同。可彼时在人们眼中，我这种见解却是奇特的。有些人沉溺于往日的想法，根本感受不到社会上全新的反动潮流的进击，所以吃惊于我会有这样的见解。整体而言，总统是支持我的，霍普金斯还针对我的演讲发来一封电报，态度很是友善。

哈利法克斯伯爵致首相　　　　　　　　　1944年12月8日

刚刚哈利和吉姆·福雷斯特尔打电话过来，对你针对希腊所做的演讲赞不绝口，觉得这个演讲带来了很大裨益。他们是正确的，我对他们有信心。

首相致哈利·霍普金斯先生　　　　　　　1944年12月9日

得知你喜欢我的演讲，我十分欣喜。斯退丁纽斯新闻公报的末尾一句话，让我觉得苦恼[①]。那句话好像跟我们在比利时实施的所有外交政策都有关联，而在比利时，我们的所作所为依据的都是你们的指令；而我们对希腊的所有外交政策，都是各国在魁北克会议上全体通过的。我当然在为雅典与“人民民族解放军”作战的时间拉长与激烈战况忧心。

希望你诸事顺利。

当天，我又发了一封电报，内容如下：

1. 期待你能告知我们的好友，日后不管要向希腊实施哪种宽容、安抚的举措，有一点非常重要，就是在雅典和雅典周边地区建立法律与秩序。之后才能有时间谈判。“想得到和平，先要赢得胜利”，这就是我做事的原则。我非常失望，我们带着丰盛的礼物过去，热切期待想要建立一个统一的希腊，将其本国的命运掌控

① 讲话是12月5日发表的：

很多记者问国务院在现任政府对意大利近日的内阁危机一事中，持有何种态度。

“一直以来，现任政府都坚持完全由意大利人自行决定他们本国的政府结构，唯一的例外是跟关键的军事要素相关的委任。现任政府从未在意大利政府面前表达过对斯福尔札伯爵的抗议。因为意大利由各国共同负责，所以我们已再度向意大利政府公开表态，我们期待意大利人可以不受外界影响，自行利用民主方式，解决本国政府的问题。对于参与联合国的各国政府解放区，该策略明显更合适。”——原注

在他们自己手中，结果却被“人民民族解放军”如此进攻。然而，受到进攻的我们只能自卫。在我看来，我们完全可以要求总统支持我们的政策，我们有提出这种要求的权利。若连美国都不支持我们，传到了雅典的大街上，英军会牺牲更大，而希腊人的牺牲更要超过英军。危机解除后，各个派系发展起来，团结一致变得分外重要，而我们却无意识地走向了不同的道路，这样的情况让我深感焦虑。

2. 以下内容都是说给你一个人听的。昨天我们赢得了多数票，都只是假象。若我发出的不是仅有两条线的普通出席指令，而是有三条线的紧急出席指令，那我得到的支持票还会多八十张。此处的交通眼下诸多不便，因此一到周五，诸位议员就想到别处过周末。有哪个不愿意呢?

谨祝安好。

不列颠军队深陷敌军包围圈，且人数不及敌军多，在这种情况下，他们继续在雅典市中心激战。我军挨家挨户展开城市战，敌军中着便装的至少占了八成。有别于很多同盟国在雅典的记者，我军很容易找到问题的关键。

帕潘德里欧及其留下的诸位部长大权尽失。希腊国王已经否决了之前建立一个由扎马斯吉诺斯大主教统领的摄政机构的提议。可利珀先生在12月10日再度提出该提议，乔治国王再次否决，并且彼时我们并不想逼迫他。

亚历山大元帅和麦克米伦先生在纷争不断的情况下抵达雅典。12月11日，他们一行的首批报告送到我们手上。相较于我们的预期，我们的实际境遇更加糟糕。亚历山大在电报中表示：“事实上，不列颠军队是在城市的中心处陷入了包围。”那条通向机场的道路其实很危险。我们的船无法在比雷埃夫斯港口卸载，因为那里并不在我们的掌控范围内。城中作战军队的食物只能维持六天，武器弹药只能维持三天。

亚历山大提议，马上将港口以及通往雅典路上的阻碍清除，立即从意大利调集军队前来支援，成立供给站，另外还要“将哑铃两端[1]紧紧相连，然后实施必不可少的举措，将雅典与比雷埃夫斯各地全部荡平”。他还竭尽所能，想将利珀的提议付诸实践，让大主教代为处理国政，严惩叛军，允许对希腊市区展开轰炸。

战时内阁在12月12日将自由作战的权力全部赋予了亚历山大。英国第四军在从意大利赶赴埃及途中收到命令，改去希腊，所以要等下半个月他们抵达希腊时，当地的危机方能解除。摄政计划在希腊国王那里是通不过的，我这样跟亚历山大说。任何人都不会接受请大主教组建政府的提议。在这些事上，国内的政治反应展现出的观点更加清晰，也更加理智。

* * *

此时出现了一件泄露公文的事件，让人十分震惊。12月5日凌晨4时50分，我曾给斯科比将军发了封电报。不必说，这是一封密码电报，上面更标注了“机密文件，亲启。首相致斯科比将军。抄送威尔逊将军”的字样。而美国一位新闻专栏作者居然在几天后刊登出了跟电报内容一模一样的文章。这说明我们所有的电报往来都十分危险。

我在调查过后得知，一切经由威尔逊将军在意大利的最高指挥部发出的电报，都会转给美国驻罗马大使在内的几人，除非电报上标记了特殊限定。读完我在5日天还未明时发给斯科比将军的电报，美国大使将其中的内容上报了国务院。这是他的权利。而他参照我的电报写出来的报告，在呈交国务院后经历了什么，就难以查探了。但最低限度，这报告并未对外公开，可那名美国新闻专栏作者在11日将其发表出来后，确实在美国引起了巨大反响，情况十分棘手。刚

① 哑铃两端即雅典和比雷埃夫斯。——译注

好伦敦翌日要举行工会代表大会。我们对希腊实施的政策，自然引发了很多忐忑的情绪，并且左翼也在准备采取行动。人们可能会因为我给斯科比将军电报中的尖锐用词，感到不适。但工会代表大会并未谈及此事，议会中也无人留意，真让人意外。作为战时内阁的代表，贝文先生出席了大会，用自己独有的忠实与英勇，支持我们对希腊实施的政策。所有与会者都被他打动了，工会因此取得了压倒性的多数票，站在了政府这边。这再度证实在重大事件上，他们是坚毅的，负责任的。

*　　*　　*

我在同一时间收到了总统发来的一封电报，用词相当诚恳。

罗斯福总统致首相　　　　　　　　　　1944 年 12 月 13 日

跟你一样，我也在密切关注你在希腊面临的困境。我对你的痛苦抉择感同身受。在这件事上，我觉得自己是一个忠诚的朋友，一个盟友，竭力帮助你是我仅有的心愿。在向你表述我的观点时，我一直谨记，在我们正在为之努力的了不起的事业中，我们两国的团结与友情，是任何事都无法撼动的，这点请你不必质疑。

尽管在这种危难关头，我急切想要尽最大的努力援助你，可惜美国的传统政策和美国越来越高涨的反对之声，在一定程度上困住了我。不管我是身为个人，还是一国的总统，都不能对大众的情绪视而不见，你对此也深有体会。所以美国政府面对希腊目前的形势，尚无法跟英国站到同一边。就算我们试着这样做了，也只能在短时间内使英国受益，从长远角度看，会损害两国的基本关系。对于存在于我们之间的这些状况，我有多反感，就不必向你细说了。将这些状况拉回正途，让我们可以像在其余所有事情中一样共同奋斗，是我仅有的期待。你背负着这个沉重的任务，一心想要找到一个令人满意的办法，解决希腊问题，特别是要使惨遭折磨的希腊获得和平，这点我很清楚。只要能顾及以上要素，无论你要采取什么样的方法，我都会真诚地支持你。我怀着这种念头，同时急切想要帮你一把，眼下，我便将自己的建议说给你听，想到什么说什么。

我已得知，你授予麦克米伦大权，派他到希腊去，求取一个解决的方法，可能他在这封电报发到你手上之前已经成功了。具体情况我自然不清楚，而我跟那边的距离也相当遥远。可我认为，“民族解放阵线”是因为——也可能仅仅是托辞——他们对乔治二世国王的目的缺乏信任，才会表现出这样的态度。若国王亲自赞同在希腊成立摄政组织，另外公开表态自己不会再回来，除非全体公民投票赞同他回来，这样能否大大降低麦克米伦的工作难度？若想增强其效果，或许可以附加一种承诺：只要民众能够充分表达自身意愿，他们就会确定选举的时间，不管那天有多遥遥无期。

另外能不能让所有人达成一致，将希腊国内的所有武装军队——山地旅和神圣中队也包含在内——解除武装并解散，将法律与秩序的维护工作全部交由英军负责，直到希腊国内所有的武装军队能在不存在党派的情况下，重新完整地组建起来？

我会一遍遍考虑该问题的全部内容，另外我期待你能告知我你的见解与顾忌。

可这封电报给我的帮助都停留在纸面上。我是这样回复的：

首相致罗斯福总统　　　　1944 年 12 月 14 日

1. 谢谢你发来的用词诚恳的电报。我会在周末过后，将我经过思考得出的结论发给你。眼下平稳进军到阿提卡的英国援军若能改善雅典的状况就好了。我们可以轻而易举地撤军，这点你很清楚。可是可以想见，这样会造成多么恶劣的后果：恐怖的大屠杀，雅典建立由共产党操纵的极左政权。这类会使我们的经历与名誉受损的事情，我们内阁中的所有政党都不会做。在工会代表大会上，欧内斯特·贝文发表的演讲赢得了广泛的尊重。恶战即将到来，更有甚者，雅典市中心的英军还会面对生死考验。有些人根据斯退丁纽斯新闻公报的末尾一句话判断，你站在了我们的对立面，我们因此承担了更多的难题与负荷（正如我的预期）。也许周日晚间，我要向全球广播声明，我们怀有绝对干净、无私的目的，另外还要表明我们坚定的信念。

2. 我随信给你寄去希腊国王写给我们的一封信。我们向他提议过，让雅典大主教出任摄政。他坚决不肯答应。所以我们若执意如此，便一定会对宪法造成破坏。对于大主教，我唯一了解的是，希腊的英国工作人员都觉得他可能在过渡期间守卫希腊，或是帮助两个派别沟通意见。

* * *

另外，对这些事件的判定与直接反应都让我看重并信赖的一个人也给我发来了电报，这让我非常欣喜。

史末资元帅致首相　　　　1944 年 12 月 14 日

你跟内阁因为希腊的形势深感忧虑，处境艰难，让我非常痛苦。昨天，我在伊丽莎白港口发表演说，对联合王国政府接下来要实施的政策予以全力支持。但愿我的见解要点已通过电报发到你那边。若各个党派继续拥有军队，继续进行秘密活动，只怕希腊的和平就会转变为社会的混乱与无政府状态了，而且这种情况还会蔓延至欧洲其余地区……要是大主教处理事务时能更果断，更有威慑力就好了。目前这个阶段，不管怎么样，都要有坚强的意念，若在那些一门心思追求本党派利益的人面前表现得太懦弱，只会在之后更糟糕的阶段中引发真正意义上的内战。

在希腊政府的动荡中，英国大使发挥着如此重要的作用，说实话我觉得并不合适，日后可能会有人借此谴责你过分干预希腊政务。在我看来，“民族解放阵线”的叛变被压制下去以后，英王陛下政府就应放弃掌管希腊的责任，而希腊国王则应返回本国，行使宪法规定的正当权利，这就是我的观点，是对是错另说。

始终对我们忠心不二、跟我们并肩作战的希腊第三山地旅，再次给我发来电报。他们向我们为保卫希腊做出的努力致谢，同时为流血牺牲的不列颠人心痛。他们邀请我担当他们的名誉司令。

然而，霍普金斯又发来了一则警报。

霍普金斯致首相　　1944年12月16日

希腊的形势跟你在议会发表的关于美国、波兰的演说，导致此处的大众言论迅速恶化。

欧洲和亚洲的战争现在已经连为一体，所有人都要为打败敌军倾注所有精力，但外交形势的改变却让众人在我们面临的难题上投入了太多精力，这让我觉得非常忐忑，这点我得承认。

在公开场合，总统和斯退丁纽斯会发表怎样的言论，我不清楚，但他们两个或是两个中的一个，很有可能会清楚表明，我们已经做出决定，要为追求一个自由、安全的世界，倾尽所有。在该目标上，我们所有人都持相同的见解，可最重要的是，若雅典的大权全都落到了共产党手中，我们还能不能实现该目标。这个问题是最关键的。

首相致霍普金斯先生　　1944年12月17日

1. 你的电报让我既烦恼又困惑。就算某些情况下，我看问题的角度跟你不同，但对于你的判定与友情，我信赖至极，所以我想请你马上发来电报，点明我们或是我在什么问题上犯了错，你有什么建议。一直以来，总统发给我的电报都非常诚恳，振奋人心。也许他发给乔大叔的电报也能使对方获益良多。

2. 只要你的电报中最后谈及的目标在美国的公开声明中出现，无论声明中其他内容是什么，我自然都会欢迎。我们也有相同的目标。我们并非为了给自己谋利，才投身于此次战争。

之前，我应承要发给总统的电报，也发过去了。

首相致罗斯福总统　　1944 年 12 月 17 日

1. 希腊问题。麦克米伦、利珀这两位英国在希腊的代表都极力提议让大主教摄政，这便是目前的状况。帕潘德里欧政府很不愿意这么做，要是游说他们让大主教、普拉斯蒂拉将军和德拉古密斯三人共同组建摄政机构，他们倒有可能答应。有些人疑心大主教想要独掌大权，一旦获得了“民族解放阵线”的支持，他就会利用大权处置目前的诸位部长，手段残酷至极。我不清楚这是不是实情。很多事都在不断变化。我根本不确定，安排一个人摄政是否就相当于强行在希腊建立一个独裁政权。

2. 另外，国王拒绝委任摄政者，也是个需要考虑的问题。这在我看来，根本无法逆转。他不信赖大主教，对其心存畏惧，自然更加不会让其独自摄政。国王还表示，帕潘德里欧内阁的所有部长都反对这件事，他身为立宪君王，也无法承担这样的责任。

3. 战时内阁打定主意，先观察战争进程，等三四天以后再说。我方援兵正以很快的速度，不断涌入希腊，而根据英国总参谋部情报处的资料，雅典和比雷埃夫斯的“人民民族解放军”只有不足一万两千兵力。希腊国王估测的数字是一万五千至两万两千。不管怎么样，我们的兵力都会在未来一周远远超出他们。依据目前的情报，我不准备在该情况下，向背离了宪法的暴力示弱。

4. 夺取雅典和比雷埃夫斯的掌控权，是我们现在的任务。近日的报告显示，“人民民族解放军”或许会答应撤兵。若真是如此，我们就能为跟希腊各个参战党派谈判打下坚实的基础，在谈判中找到最佳解决方法。解除游击队的武装，自然非写进我们的规定不可。而夺取了里米尼的希腊山地旅，以及在跟英军、美军合作作战中表现优异的神圣中队，若是也被解除了武装，就会使我们的实力大大折损，不管怎么样，我们都不能抛弃他们，任由他们被杀死。为了全面解决问题，我们不妨将他们调到别的地方。

5. 若在这一刻，我们放弃了这项又费劲又得不到认同的工作，一定不是你想看到的。我们承担起这项沉重的工作，是在你百分百同意的基础上。我们只是想为共同事业出一份力，无意想从希腊获得任何好处。在运送食物、物资，帮助一个没有军队的政府维持初期秩序期间，我们虽然没有多少流血牺牲，却已被裹挟进一场激战。我们这么做，你没有为我们说过半句话，我因此感慨良多，可你所处的困境，我是明白的。

6. 此外，战时内阁团结一致，贝文先生在工会代表大会上的演说得到了社会主义派的诸位部长的支持，大会投票选择支持政府，投票结果是两百四十五万五千票同意，十三万七千票反对。我在下院中，不管怎么样都能获得十比一的多数票，对此我有信心。

我坚信你会为帮助我们倾尽全力。我保证一有新消息，会马上告诉你。

* * *

听说美国不断有人将我们跟希腊政策相关的言论对外公布，身处加拿大的麦肯齐·金觉得有些忐忑。他的这种忐忑在几封电报中都有流露。

首相致加拿大总理　　　　　　　　　　1944 年 12 月 15 日

在议会中，我已经竭尽全力阐明了我们的立场。在我看来，希腊首相在获得各个党派，包括“民族解放阵线”在内的书面许可后，向英军发出邀约，请他们到希腊境内维持秩序，确保物资供应，是最重要的。我们答应了，还一定要为完成这种又费劲又得不到认同的工作拼尽全力。可这是我们的责任，无法推脱，否则就会对我们的名誉有损。两方在雅典烧起了怒火，在这种情况下，困境是无法避免的。然而，亚历山大的到访价值极高，近日送过来的报告，整体而言也更具振奋人心的力量。

我给麦肯齐 · 金发送了我跟总统在 8 月份往来的电报①，另外让他留意现已对外公开的卡塞塔协议。我跟他说，我们是在经过斯大林的口头许可后，才进军希腊，解放雅典的。我最后说：“尽管共产党是造成此事的根本原因，但斯大林迄今为止，并未公然对我们的行为做出任何谴责。”

出于对这些事实、缘由、号召的尊重，麦肯齐 · 金没有再公开表示半点不同见解。

回忆这些几年前发生的事，我跟诸位同僚坚持抗争的那些政策，现在已被彻底证实是对的，真让人惊讶。而我对此事从未有过半分质疑，因为我看得一清二楚，共产主义必将会在纳粹主义和法西斯主义被打败后，成为人类文明的新威胁。希腊的任务不需要我们去承担。可我在 1944 年末未曾想到，过了两年稍多一点，为了达成我们的心愿，美国国务院获得了国内占绝对优势的大众言论的支持，采用了我们最初的行动策略，付出了热烈的、代价甚高的，甚至是军事方面的力量。有新闻报道称，1947 年 3 月 21 日，美国代理国务卿艾奇逊先生在向

① 详见第七章，第 112 页至 113 页。——原注

众议院外交委员会提供证据时说：“我们觉得，希腊若建立了由共产党掌控的政府，便会对美国的安全造成威胁。”

英国在 1944 年采取的军事行动，以及之后英语世界很快团结起来，坚持奋战，共同帮助希腊免于捷克斯洛伐克的命运，以自由国家的身份存活到现在。

# 第十九章　在雅典过圣诞

**雅典城市战——和陆军元帅亚历山大的重要信函往来——我在12月22日发给史末资的电报——我质疑摄政——我与艾登先生12月24日乘飞机前往雅典——在英国“埃阿斯”号军舰上过圣诞夜——给艾德礼先生的报告——给总统的报告——我们和共产党人12月26日在希腊外交部会面——发给丘吉尔太太的电报——我们赞同让希腊国王委任扎马斯吉诺斯大主教担当摄政——12月28日乘飞机回国——发给总统的电报——一份艰难的工作——希腊国王的公开声明——雷金纳德·利珀爵士的评论——普拉斯蒂拉斯将军1月3日出任首相——陆军元帅史末资的劝告——1月11日签订停战协议——将希腊“人民民解放军”赶出雅典——战事完结**

在规模日渐扩张的基础上，雅典的城市战进退不定。亚历山大陆军元帅12月15日提醒我，快速找到一个解决的方法是最关键的，而借助大主教是最佳渠道。在电报中，他这样写道：“若叛军继续目前这种激烈的反抗，那我要想确保荡平包括五十平方英里住宅区在内的比雷埃夫斯－雅典各地的叛军，就一定要更进一步，从意大利战线上调集大批军队前来支援。”

首相致亚历山大陆军元帅（意大利）　　1944年12月17日

1.“人民民族解放军”朝雅典市中心进军，在我看来是一件相当严重、引人注目的事。所以我想听听你的看法，我们能否借助目前先后抵达的援兵牢牢守住市中心的阵地，打败敌军。你认为除第四师、坦克团、第四十六师余下的两支旅外，还有哪些军队适合过来支援，目前受困于雅典城中的英军会不会大量投降，之后支持我们的希腊人会不会惨遭杀害。战时内阁想让你上报相关的军事情况。

2. 我们根本不打算征服希腊，或是将其据为己有。为各个阶级普遍参与的希腊政府奠定发挥作用的基础，同时令该政府能在阿提卡长久维持，组建一支全国性的军队，才是我们的目的。我们会在该目的实现后离开，因为我们对希腊的兴趣仅限于情感与荣耀。

3. 在一封很有逻辑的长信中，希腊国王坚决拒绝委任摄政者，由于他不信任大主教，因此对委任大主教格外反感。有人说大主教跟“民族解放阵线”关联紧密，其本人也是野心勃勃，这些传言我都听说过。直到现在，我们尚未有定论要不要去改变国王的态度。若答案是肯定的，该如何改变。若改变不了，那在宪法中就找不到任何依据，只能采取暴力。可这样就将我们卷进了两方的矛盾之中。若国王的首相与政府劝说其委任不止一个摄政者，会让情况更加复杂化（这件事在之后发生的状况中获得证实，国王的判断也没有错）。这样就等同于我们因国王遵从宪法中的誓言，向他做出惩处，另外由我们自行选择一个独裁者。所以内阁打算先看看战争的进展，过段时间再最终做出重要决断。

4. 我本人认为，我们一定要在谈判开始之前，牢牢占据军事方面的优势地位。不管怎么样，在谈判时，我都要是强势而非弱势的一方。你要是说我们不可能在一定时间内掌控阿提卡，那很明显，我们将遇到难关。可我们不应屈服于这一难关，毕竟我们已经战胜了其余所有难关。

我在两天后又发出一封电报：

首相致亚历山大陆军元帅（意大利）　　　　1944 年 12 月 19 日

内阁的看法是，先继续荡平雅典与阿提卡，这比我们将所有政治资本都投注在大主教身上更可靠。你有没有调查过他的详细档案？我很难为了支持一个很有可能会偏袒左翼势力的独裁者，放弃一个坚持在英国的压力下遵照诸位部长的正确提议做事、即位完全符合宪法规定的国王。我们会在此处继续等候，直到形势更加清楚，之后再发布所有必不可少的指令。

此时已接替威尔逊将军，出任最高司令的亚历山大，做出了严肃的回复。

亚历山大陆军元帅致首相　　　　1944 年 12 月 21 日

我在回复你 12 月 19 日发来的电报时，最关注的是我自身的权责，让你准确了解真正的形势，了解哪些是我们能做的，哪些是不能做的。你想了解希腊的英军有多大的力量，还想了解若当地战局要求务必要从意大利前线调派军队支援，我可以调派多少。

若“人民民族解放军”继续作战，我预测我们无法打败“人民民族解放军”，逼迫他们投降，只能消灭雅典－比雷埃夫斯的所有敌军，并在之后坚守这两地。若要到希腊大陆上战斗，我们的力量是不够的。德军占据大陆期间，在大陆上一直保留着六七个师，而在希腊的几座岛屿上，他们还有四个师的军队。在这种情况下，德军要想让交通线路一直保持通畅，还是心有余而力不足。我疑心跟德国的敌人比起来，我们的敌人力量与信念都相对弱一些。

要随时关注德军在意大利战线上的行动。一定要密切防备两件出乎我们预料的事。一件是近日西线的局势发展，另一件是与美国第五集团军对抗的纳粹第十六党卫军音讯全无。我说这些是为了让你清楚知道战争局势，同时着重指出不能借助军事渠道解决希腊问题，这是我的观点。解决方法务必要从政治范畴内寻觅。

除此之外，我会竭尽所能达成你的心愿，这点你永远不必质疑，想必你本人也很清楚，然而，我坚信雅典－比雷埃夫斯的叛军被全歼后，接下来的军事行动会超出我们的能力范围，所以我真诚地期待你能找到一个政治方法，解决希腊问题。

我是这样回复他的：

首相致亚历山大陆军元帅（意大利）　　　　1944 年 12 月 22 日

1. 我们不会到雅典－比雷埃夫斯之外的地区战斗，但是为了让希腊政府能找到履行自身职权的依据，我们务必要在那些地区打下军事方面的基础。大主教是一名被左翼势力拥戴的独裁者的可能性很大，我本人对他存有极大的质疑。但也许过几天，这些质疑就会烟消云散。我认为这是很有可能的，在这几天的时间内，我们会掌控阿提卡，荡平雅典。

2. 此后再帮希腊政府（不管是何种政府）获得足够的能力，组建一支全国性的军队或是民兵，在进行选举和全民投票等事项时从旁引导，我们就能毫无留恋地从希腊撤离了。谈判时，我们若站在懦弱与失败的基石上，便无法解决政治问题。在当前这种局势下，要想步入政治领域，先要取得胜利。

我跟史末资说了我对希腊问题的观点。

首相致史末资元帅　　　　1944 年 12 月 22 日

希腊已被证实是让我陷入无尽苦恼的源头，在这个朋友家中，我们确实受到了伤害。借助这个全新的机会，世界各地的共产党与左翼分子都在博取民众的同情，但美国新闻工作者在本国发布的新闻，却在一定程度上破坏了我们在希腊的声望。不能将希腊国王回国当成英国政策的基石。为了避免让人错以为是我们把刀架在希腊民众脖子上，才迫使他们接受了国王，我们一定要不计任何牺牲。

我很怀疑摄政会采用独裁方式。我对大主教了解不够多，所以无法判断其会不会变成左翼独裁政权。全体左翼分子及当地的英国工作人员都赞同摄政。亚历山大对希腊所有的政务都反感至极，北线吸引了他所有的注意力。然而，若左翼势力在希腊占据了有利地位（可能性很大），巴尔干半岛就会有一半布尔什维克的性质，接受苏联的统领。不仅如此，意大利、匈牙利也有可能受到影响，变成这样。我据此推断这片地区会给世界带来巨大威胁，可惜我没能力采取任意一种行之有效的举措，唯一的出路是给希腊政府施以重压，跟美国争吵。期待阿提卡的战斗能在几天后有所发展，让氛围趋于正常。我方援兵也快赶过来了，人数自然远在“人民民族解放军”之上。但不要对形势太有信心。

* * *

我在两天后打定主意，亲临现场查看情况。

当天是12月24日，圣诞节前夕，我们举办了家庭儿童晚宴。美国总统送给我们一棵圣诞树，所有人都在盼望一个欢快的夜晚，它在四周一片黑暗的情况下，愈发显得光明。可我读完了电报，断定自己应乘飞机去一趟雅典，查看那边的形势，尤其是要了解很多事务的中心人物大主教。我打电话命人当晚便在诺索尔特机场备好一架飞机。

我请艾登先生跟我一起，他马上应承了，他的圣诞节也因此泡了汤。家人们因为我的临阵脱逃诸多怨言，之后我便坐车到了诺索尔特机场，我跟艾登先生约好在那里碰头。一架空中霸王式飞机正等候在那里，那是阿诺德将军近日拨调给我的，飞机上的服务周到、高效。我们一觉睡到差不多八点，睡眠质量非常好，然后在那不勒斯降落，加油。此处的几位将军在用早餐时，或是跟我们同桌，或是在我们旁边的桌子上。这天我最美好的时间并非早餐时间。意大利前线与雅典都传来了让人深受打击的消息。我们过了一个小时，便又起飞了。天气很好。我们从伯罗奔尼撒与科林斯海峡上经过。在我们下边，雅典和比雷埃夫斯如一张巨大的地图铺展开，我们往下凝视着，哪片地区由哪股势力掌控，根本分不清。

我们在差不多中午的时候，降落在了卡拉梅基机场，差不多两千名全副武装、精神饱满的英国空军在此处担当保卫工作。亚历山大陆军元帅、利珀先生、麦克米伦先生全都过来接我们。他们上了飞机，在大约三小时内，我们热情高涨地讨论完了军事与政治的整体形势。最终，我判定我们有完全相同的见解，对马上应该实施的行动予以批准。

我跟随行人员打算在“埃阿斯”号军舰上休息，该军舰彼时正停在比雷埃夫斯港口以外。它是一艘轻巡洋舰，因参与过似乎是在很久之前发生的普拉特河口一战[①]名声大震。听说通往那里的路很宁静，在数辆装甲车的护卫下，我们走出好几英里依旧无事。夜晚到来前，我们上了“埃阿斯”号，到了这时，我才想起这天是圣诞节。船员为了庆祝节日，预先准备好了一切，我们自然要尽可能避免影响他们。

众船员计划派出十二人装扮成中国人、黑人、印第安人、伦敦人和小丑，高唱夜曲娱乐诸位军官，而最开始通常是饮宴，跟这样的场合十分契合。大主教也带着随行人员过来了，他是个相当魁梧的人，身上的长袍和高帽都是希腊教会中地位很高的人才会穿戴的。两队人

① 详见《晦暗不明的战争》第八章。——原注

碰了面。众海员围着大主教热情舞蹈，他们以为他是来跟他们一起表演的（尽管他们先前并未听说过这样的安排）。大主教则觉得这帮衣服颜色各异的小丑故意想羞辱自己。他原本可能想上岸走了，结果舰长适时赶了过来。一开始，舰长很尴尬，不过最后还是将整件事说明白了，取得了让人满意的结果。我不明白发生了什么情况，便在原地静候，最后的结果令双方都很满意，真是件幸事。

* * *

我将我们对各个问题的讨论，上报给战时内阁。

首相（雅典）致副首相、其余工作人员　　1944年12月26日

1. 外交大臣跟我抵达雅典机场后，马上跟亚历山大元帅、麦克米伦先生、利珀先生开了会。

2. 针对目前的战争局势，亚历山大陆军元帅做了一份报告，十分激励人心。两周前恶劣的局势如今已大大改观。但陆军元帅清楚指出一个共产党性质的负隅顽抗的中心，正藏在“人民民族解放军”身后。相较于我们的预期，它的实力更强，消灭的难度极高。就算我们能将“人民民族解放军”驱逐到雅典周边以外的地区，若想将其全歼，难度依旧相当高。

3. 麦克米伦先生和利珀先生表示，这么久以来，他们都在期待这样一件事，那就是将全体政治领导人，包括“人民民族解放军”在内，都请过来一起开会。在我们看来，开这个会的目的一清二楚，就是结束希腊的同室操戈。无论“人民民族解放军”是否接受邀约，这一目的必将昭告天下。另外，我们接纳了一个非常不错的方法：由大主教出任会议主席。（在飞机上）开会时，我们草拟了一份声明。麦克米伦先生和利珀先生准备将其送交希腊首相与大主教。我已将声明原样抄录在发给你的电报中。

4. 应该用不了多久，该会议就会变成属于希腊人的会议了——只要有助于会议，我们也情愿待在那儿，但这并不会影响会议的归属——这是我们的心愿，我们已经将其公开出来。在告诉大主教之前，我们得知大主教会接受我们的提议，发挥自身作用。过来跟我们会面时（在“埃阿斯”号上会面），他向我们表达了他对“人民民族解放军”的恶行与“民族解放阵线”狡诈的幕后黑手的痛恨之情。可见他一定非常害怕希腊问题有共产党（他称其为“托洛茨基派”）牵涉在内。他跟我们说，今天他发通谕指责“人民民族解放军”绑架了八千名中产阶级作为人质，很多是埃及人，每天都拉出数人枪杀。他说自己还曾公开表示除非将人质中的女士全都放出来，否则他要将这种事向世界各地的报纸公开，他觉得这场争辩过后，女士会得以释放。整体上说，我认为他是个很值得信任的人。他一表人才，收到担当此次会议主席的提议后，马上接纳。我们会向身在雅典的美、苏两国代表发出邀约，请他们作为观察员列席会议。会议召开时间定在12月26日午后4点。

5. 在我的要求下，大主教准备将此次会议的议程提案送一份给我。会议会导致何种后果，我无法预测。“人民民族解放军”自然有可能拒绝参加。这样便等同于向全世界展示了他们对权势的不知餍足。我认为，就算他们愿意参加，联合政府成功组建的可能性也很低。我感觉希腊本国非常痛恨共产党，大主教的话更加证实了这一点。我们来到此处之前，已经坚信这是事实。现在我们听说的所有情况，都证明了目前的局势就是这样。若雅典民众能得到投票的机会，他们一定会明白该如何投票。若明天“人民民族解放军”真的过来，我们在跟他们会晤后，会有新的报告产生。

自然，我也向美国总统转述了相关状况。

首相致罗斯福总统　　　　　　　　　　1944 年 12 月 26 日

为了了解我们可以为解决此次希腊的争端采取何种举措，我跟安东尼来到了希腊。我们之所以走这一趟，是因为国王不肯回国，除非全体民众都投票表明对他的信赖。而且那些人曾跟我们并肩作战，追求共同事业，我们不能将他们弃置不顾。若现实情况要求我们跟他们并肩作战到胜利一刻，我们一定会这么做。不管是在领土还是别的获益方面，我们都对希腊没有任何希求，这点我们一定要经常提醒人们留意。我们已经为之牺牲了很多，以后还要牺牲更多，只要这牺牲不超过我们的承受范围。期待你能在如此艰难的时刻帮助我们。若你能指示美国驻雅典大使跟我们保持联络，同时依据以上原则尽量帮助我们，就再好不过了。

他在翌日回复了我。

罗斯福总统致首相　　　　　　　　　　1944 年 12 月 27 日

我已通知美国大使，让他及早去跟你见面，另外我也打算在如此艰难的情况下，为帮助你们倾尽全力。

期待你抵达那里后，所有事情都能圆满解决。

*　　*　　*

“赠送日”26 日早上，我去了大使馆。三四枚炮弹在我们即将登陆时从我们左侧一英里以外的战区发射出来，在“埃阿斯”号旁边打出一片水柱。一辆装甲车和武装护卫队正在此处恭候我们。我问我的私人秘书乔克 · 科尔维尔：“你的手枪呢？”他说没带，我批评了他。因为我的手枪自然带在身上。我们在片刻过后上了我们的钢制车厢，这时他说：“我有了一支汤姆冲锋枪。”我问他：“哪来的？”他说：“问司机借来的。”我说:“那司机呢？”“他正在开车。”“只要不被逼停车，就不会有问题。但若真遇上了那种情况，他该如何是好？”我说。乔克没说话。他就这样被记过了！沿途汽车轰隆作响，最终安然抵达大使馆。

我又跟大主教见了面。我们要在他身上下重注。我们的所有提议，他都没有异议。我们把下午开会的程序规划了一下。我很确定，在希腊紊乱的政局中，他是非常关键的。我另外还了解到，在加入希腊正教教会之前，他曾是一名角力运动员。我曾说:“不管怎么样，大主教摄政后负责的一切新任务，都会对你的宗教职责造成妨碍。只要想到这件事，我就会觉得烦恼。”这话被利珀先生留意到了。从他那里，我得到了所有必不可少的承诺。

会议在12月26日晚6点前后在希腊外交部召开。我们在入夜之后，到一个宽敞、寒冷的屋子里坐好。雅典的冬季很冷，屋子里又没有设施可以取暖，会议室中，几盏风灯打出昏暗的灯光。我跟艾登先生在大主教右侧落座，他的左侧坐着亚历山大陆军元帅。美国大使迈克威先生、法国公使巴朗先生以及苏联军事代表都受邀出席了会议。共产党的三名领导人来迟了。他们在前哨争执了很长时间，并非有意迟到。我们在半小时后开始工作。我的演讲在他们来到会议室时已经开始了。他们都身穿英国式军装，相貌堂堂。除其余事务外，我的演讲还包括以下内容：

我们昨天到这边时，觉得能坐在一起交流是很好的。马上将所有精力都倾注于希腊的重建，将其变成一个胜利元素，是最佳做法。所以我们和帕潘德里欧首相说起此事……我们提议他举行一场这样的会议。我跟艾登先生在比利时与德国国界处还在激烈交战时来到此处，竭力想要拯救希腊，使其免于惨痛的命运，同时提升其地位，使其获得极好的名声。帕潘德里欧先生马上对这样的会议表示认同，所以此刻我们才能在这个时刻都能听见不远处的炮火声的城市中共聚一堂。英国接下来要做的是让大主教在这一希腊会议中担当主席。你们商议事情时，我们不愿从旁打搅。英国人及其余联合起来的胜利大国的代表，会让这个最出众、最值得敬重的希腊公民领导希腊人共同议事。若非再度获得你们的邀请，我们不会过来打搅。稍等片刻对我们来说无所谓，但我们身处这个动荡的世界中，要做的工作还有很多。不管怎么样，我都期待今天下午在雅典召开的这场会议，能恢复希腊在同盟国以及全球热爱和平的民众心目中的声望与实力，确保不会再有希腊以北的势力向希腊本国发起危险的进攻，另外还能让所有希腊民众都能在世界面前将自己和本国的实力发挥到最佳水准。眼下这张会议桌吸引了全球的目光，我们英国人坚信，希腊跟大不列颠的传统友情将继续维持，希腊独立时，这份友情将发挥非常明显的作用，不管激战过程中发生过何事，出现过何种误会，这点都不会改变。

亚历山大将军插了一句话，一语中的：希腊军队不应在希腊打英军，而应去意大利参战。

开始的困难我们已经解决了，在大主教的主持下，原本同室操戈的希腊人现在在同一张桌子旁边围坐着，开始谈判。再加上我们正式的演说已经结束了，于是我们这些英国人马上退出了会议室。

* * *

我返回了大使馆，心情很愉悦。大使馆有几个油炉，是为方便我在希腊访问期间的生活从总司令部借的。我在圣诞节前夕离开了我太太，很是内疚，便在等候会议结果与晚餐这段时间，给她发了这样一封电报：

首相致丘吉尔太太　　　　　　　　　　　　1944年12月26日

1. 今天我们取得了很多成就，并且现在依旧有望获得一些关键成就。英国的“埃阿斯”号军舰非常舒服，我们能在距离很近的地方，观察比雷埃夫斯北部的战况，由于他们发射的很多炮弹都飞到了我们周围，我们被迫挪开了一英里。我坐着防守严密的装甲车，走过比雷埃夫斯与雅典之间漫长的公路，抵达大使馆。大使馆中的女性工作人员接连几周都处在威胁与困境中，但她们依旧十分开朗，我向这些英勇的女士发表了演讲。利珀夫人也给她们打气。

2. 跟密谋炸毁大布列塔尼旅店中的司令部相关的情报可能你已经收到了。我认为这应该跟我无关。我抵达的消息传出去后，到天明之前的这段时间，有技术相当娴熟者利用德国的机器装备，将另外一吨炸药放到了沟渠中。我跟大主教已经成了朋友，我觉得让他加入我们是英明之举，至于宪法方面的问题，可以等之后再说。

3. 在希腊外交部召开的会议极其戏剧化。会议桌旁边的希腊人全都形容枯槁，大主教是个异类。我认为他的身高加上他的高帽，差不多有七英尺，我们邀请他过来做会议的主席。美国、苏联、法国的大使都接受邀请，兴高采烈地出席了会议。他们发表的演讲，无线电肯定会广播，或者在周三的报纸上登出来。“人民民族解放军”派出的三个与会者来迟了。希腊政府提议多谢我们的到访，讲了很多赞美之词，“人民民族解放军”的代表也表示赞同。在说到大不列颠时，他们用了一个称呼“我们了不起的同盟国”——这些全都跟两国在不远处向彼此展开的炮轰构成了鲜明对比。

4. 我在权衡过后，和“人民民族解放军”的代表握了手。很明显，他们因此十分欣慰。他们全都是领头者。由于希腊人才是这场戏的主角，所以眼下我们安排他们聚到一块儿。戏可能在任意时间落下帷幕。若真有这种需要的话，我们可以再等上一两天。不管怎么样，我们都已倾尽全力。

* * *

翌日一整日都是希腊不同党派间的激烈辩论。我和大主教在当天下午五点半，最后讨论了一下。他和“人民民族解放军”的诸位代表会晤了几次，他们都赞同让我去说服希腊国王，将摄政权交给他。他会成立一个全新的政府，其中不会包含共产党。在“人民民族解放军”愿意停止交战或被驱逐出雅典之前，我们要继续在战争中拼尽全力。我跟他说，除雅典、阿提卡两地的战斗外，我们不会进行其余任何军事行动。不过在希腊的国家军队成立之前，我们会尽可能地将我国军队留在希腊。

共产党的诸位代表在此次会谈之前给我发来一封信，请求跟我密谈。大主教让我不要接受。我说我不觉得他们的请求是恰当的，毕竟此次会议完全是希腊人的会议。

翌日 12 月 28 日早上，我跟艾登先生飞回了那不勒斯与伦敦。我在启程之前找不到时机跟帕潘德里欧先生告辞，他可能很快就要辞职了。他在整件事上非常失败。我让英国大使不要断了跟他的友好往来。

我给参谋长委员会发了一封电报，如下：

首相（雅典）致伊斯梅将军，转呈帝国总参谋长、参谋长委员会

1944 年 12 月 28 日

1. 我非常明白，若我们无法尽快——最近两三周——在战争中占据优势地位，就会有一场巨大的灾难降临到雅典，使我国的世界地位发生动摇。亚历山大表示，要做到这一点，需从第四十六师抽调两个业已做好出发准备的旅。而在亚平宁西面，对第十五集团军群后备军队的任意大规模削减，都将酿成危机。

2. 面前这些状况，我想你们思考一下，做好准备，等我回来后马上跟我商讨，在第四师被调去希腊之前，命令第五师的先头旅在原定日期从巴勒斯坦启程，进军意大利。若明日，周四，我们就能得到相应的回复，会很有好处。夜半前，我会一直待在卡塞塔。自然这表示不能在局势稳定之前，在巴勒斯坦实施诸如大肆搜寻武器之类的暴力举措，激起犹太人的愤怒。

由于此前收到了总统发来的电报，亲切地向我打探相关的状况，所以我在即将从雅典启程之际，又给总统发了一封电报，如下：

首相（雅典）致罗斯福总统　　　　1944 年 12 月 28 日

1. 你的电报让我在面对很多难题时受到鼓励，我十分感激。昨天，迈克威大使过来探望我，我们继续聊上次的话题。跟当地所有人一样，他坚信目前仅有的可行的方法，就是建立一个摄政机构，由大主教统领。我跟大主教见过几次，觉得他很不错，很有权威，处事果决，在政治方面感官敏锐。至于他的个人品质，由于时间不足，我真的没办法了解，所以不能告诉你。

2. 希腊会议（会议详情你将从其余文件中了解）全体通过成立摄政机构的提议。对于此事，“民族解放阵线”举双手赞同。但我判定大主教绝非共产党口中的左翼。正好相反，他这个人非常果决，为了结束希腊的内战，一门心思想成立一个规模不大，但实力很强的行政组织。

3. 所以为了尽全力说服希腊国王委任大主教为摄政，我和安东尼马上就要返回英国了。若国王被说服了，大主教自然会成立一个政府，其中包括十余名成员，个个都具备“足够的善心”。我猜测，其中并不包含帕潘德里欧，他任命的首相会是普拉斯蒂拉斯。当然，我不能猜测得太远，毕竟这些事现在仅停留在猜测阶段。

4. 回国以后，我们要马上跟倾向于该做法的诸位同僚商议，要用最强大的压力迫使希腊国王接受其首相帕潘德里欧先生的意见。这个人的意见时有变化，可他目前已应承会发出一封电报，内容由他本人起草。

5. 若迈克威大使在向你汇报这些事时，和我说的没有出入，那我非常期待你可以为了支持我们给希腊国王的提议，在随后的几天内，以私人名义给他发一份电报。我们会再度跟他谈及该提议。我提议将摄政时间定为一年，如若不然，就等到全民选举可在人们口中“正常平和”的环境中进行时，再结束摄政。

我可以用最为恰当的方式，跟国王提出该问题，因为大主教已全权委托我处理此事。当这些难题都解决后，大主教也成了摄政，这时你若能发一封电报给他，表示对他的支持，我们自然能更加顺利地开展工作。总统先生，我们牺牲的战士已超过一千人。尽管雅典大多数地区的敌军都已被消灭，巷战却继续在城市各处无规律地展开。这样的情景让人难过，市民都十分贫穷，很多人之所以能活下来，全靠我们冒死到各座仓库中向他们发放食物，他们真让人同情。一旦机会降临，你鼓励、赞同该新计划的所有话语都会非常宝贵。“人民民族解放军”或许会因为你这些话，接纳斯科比将军的停战协议。我们正在向其余方面提供支援，因为这是必不可少的，军事对抗还在继续。大部分民众都迫切希望获得一个能帮助他们脱离共产党威胁的计划。

6. 我们一定要思考一种临时部署，在我们期待良久的会面到来时进行探讨。这一天应该很快就来了。我们的提议与行动，届时就有可能建立联系。在此之前，提议建立一个更强有力的新政府，由大主教摄政，是我们唯一能做出的提议，另外，我们还要继续将那些非常危险、强悍、组织完备、指挥优良，正朝雅典逼近的势力赶出去，而这项重任并非我们自找的。热切期待你能在周五早上我回国时，给我发来电报。

*　　*　　*

12月29日返回伦敦时，我再度给罗斯福总统发去一封电报。

1. 你给希腊国王发去的电报复件，怀南特大使已经给我送过来了。我们都非常感谢你能这样快速地采取行动。我跟安东尼刚到伦敦。我们的行动请求已经获得战时内阁批准，并被赋予权力，今天晚上尽全力说服希腊国王答应让大主教担当摄政。我有更多的行动自由，因为在摄政任期这件事上，大主教全听我跟国王讨论的意见。

2. 若国王不肯答应，英国政府会提议大主教担当摄政，他及他组织的政府，便是我们眼中的希腊政府，我们这样向他承诺。

我在这天晚上又把更准确的信息说给他听。

首相致罗斯福总统　　1944年12月30日

我和安东尼跟希腊国王的交谈今天早上4点半才宣告结束，国王最终赞同了以下声明。为了让大主教马上行动，我已将声明送去给雅典的利珀大使。我们正在将其翻译成希腊文，完成后我会在第一时间给你发一份。

这项任务对我而言相当艰苦。我被迫跟国王说，此事没有他参与，也必须解决，若他不赞同，我们便不再承认他，而去承认新建立的政府。期待你能竭尽所能支持、激励大主教及其政府。

以下便是声明的内容：

我，希腊乔治二世国王，念及前所未有、无法掌控的形势，

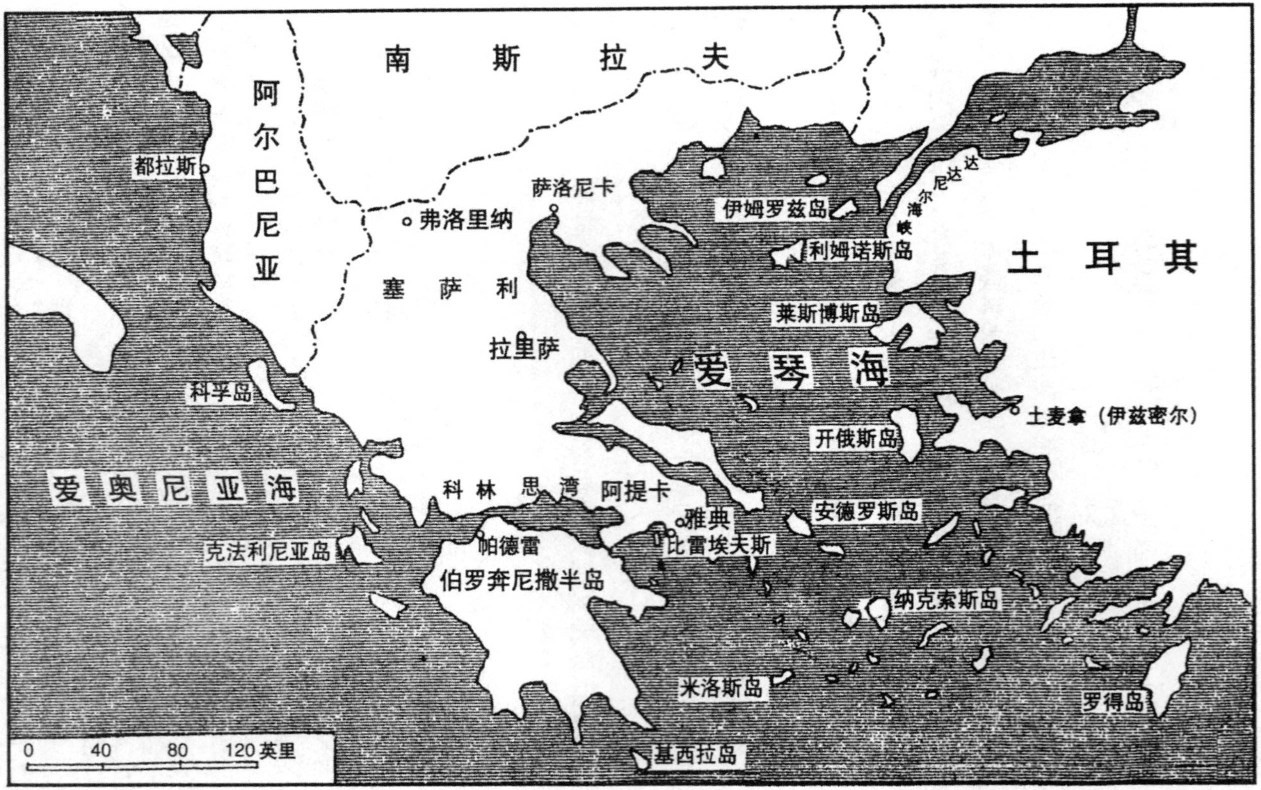
南斯拉夫
阿尔巴尼亚
都拉斯
弗洛里纳
萨洛尼卡
塞萨利
拉里萨
伊姆罗兹岛
利姆诺斯岛
达达尼尔海峡
土耳其
莱斯博斯岛
爱琴海
土麦拿（伊兹密尔）
开俄斯岛
科孚岛
爱奥尼亚海
科林思湾
阿提卡
雅典
比雷埃夫斯
安德罗斯岛
帕德雷
克法利尼亚岛
伯罗奔尼撒半岛
纳克索斯岛
米洛斯岛
罗得岛
基西拉岛
0 40 80 120 英里

希腊　　（照原图译制）

将我深爱的民众推向了恐怖的深渊，我下定决心不再返回希腊，除非整个希腊的民众向我发出自由、公平的呼唤。我完全信任你，忠心的扎马斯吉诺斯大主教，眼下借助这一声明，我委任你在这段危难时期做我的摄政。我据此赋予你权力，同时命令你恢复王国各处的秩序与安定，为此你可以实施各种必不可少的举措。另外我要更深入地表达我的心愿：这场风波平息后，为减少我深爱的国家承受的让人痛惜的苦难，应借助民主政治途径，向希腊民众打探他们自由表达的心愿。

我立即给驻雅典的利珀大使送去了这份国王声明，表示一拿到这份声明，大主教就应树立这样一种观点：自己可在职权范围内大刀阔斧地采取行动，坚信英国政府会毫不犹豫地站在自己这边。

当天，罗斯福总统就发来回复："我非常欣喜地得知你已经安然返回伦敦。你到希腊走这一趟，似乎取得了很大成果，预祝你能非常成功地解决希腊问题。"

以下是我的回复：

首相致罗斯福总统　　　　　　　　　　1944年12月31日

希腊国王做事很有风度和自尊，我坚信，你要是以私人名义发一封电报给他，必然能使他获得安慰。我会把从"人民民族解放军"处收到的公开信交由大主教处理，我本人仅仅出于礼貌，向发信人道一声谢。很明显，此事已经变成大主教的责任了。

西线战况好像正在朝有利于我们的情况平稳过渡。我依然坚持，龙德施泰特的反攻是缩短而非拉长了这场大战。

在自己的著作《当希腊人遇到希腊人》中，利珀先生（在获得大英帝国大十字勋章、圣迈克尔和圣乔治大十字勋章后，他已变成了利珀爵士）在记录这些事情时，写下了这样的评语：

丘吉尔先生访问希腊造成的直接结果是，国王发表声明，接纳会议一致通过的提议。此举总算将英国人想强迫希腊民众再度接纳国王的传言打破了。丘吉尔先生的雅典之行就算只做成了这一件事，也是非常值得的。若彼时他没有在本能的驱动下，赶赴那个存在争端的地区，那我会非常质疑，会不会有其他力量，将各方势力聚集起来，共同提议国王建立摄政机构。

12 月 30 日，“人民民族解放军”给我发了一封电报，说斯科比将军提出的所有停战要求，他们都做到了。事实并非如此，所以英国司令官执意要求正式接纳自己的条件。

大主教向国王表示，自己将应他的命令出任摄政。希腊建立了新的政府，内部充满生机。1 月 3 日，坚决拥护共和主义的普拉斯蒂拉斯出任首相，他曾在 1922 年率军反抗康斯坦丁国王。

* * *

从史末资将军处，我又获得了一些英明的提议。

史末资元帅致首相、外交大臣　　1944 年 12 月 30 日

我们密切留意你们对雅典的访问，兴致勃勃，又满怀忐忑。此事会深切而有利地影响全世界的舆论。很遗憾，各国的报纸都将希腊的实际状况描摹成一幅彻底扭曲的画。“人民民族解放军”、“民族解放阵线”因此被视为民主战士，在跟支持希腊国王的英国人抗争。这种胡编乱造出来的状况在世界范围内引发的反响，对我们极其有害。我提议借这个机会揭示真实的战局，各国报纸也应如实描摹出“人民民族解放军”的本来面目。如此一来就向全世界清楚表明了大不列颠的身份，是友人，也是盟国，没有其他

选择。我们应如实揭露希腊民众承受的非人折磨，比如私人财产被炸毁，遭遇残酷的毁坏与勒索，没有任何罪过的人质被抓捕、处死，用纯粹的纳粹恐怖手段镇压平民百姓等等。这次，你大胆地完成你的任务后，顺便再准确、细致地阐明真相，便能使舆论站到你这边。伦敦、雅典的我方情报、新闻机构，此刻就应对外公开他们业已掌控的资料。

我们英军的感觉是对的。之前，我曾收到亚历山大将军寄来报告，里面记录了对他们家书的审查，读完后我深受感动，因此让人复印了这份报告，在战时内阁发放。此举彻底破除了在共产党集团内部散播的英军支持“人民民族解放军”的谣言。

* * *

12月，我们在雅典坚持作战，最终将首都的叛乱分子赶了出去。阿提卡也在1月中旬彻底落入英军的掌控。在广阔的乡间，共产党对英军一点办法都没有，所以在1月11日订立了停战协议。“人民民族解放军”应该从雅典、萨洛尼卡、帕特雷全军撤离。可向伯罗奔尼撒的一些人发放通行证，命其回家。英军会停战，不过会继续坚守阵地。应该放掉两军俘虏。从15日起，上述协议生效。

为抢夺雅典进行的为期六周的战争，就此宣告结束，希腊这场突如其来的兵变，在三百万大军在西线两侧开战，大批美军在太平洋跟日本交战之际，可能好像不值一提，可是这场兵变发生的地方，却是西方权力、法律、自由的核心！

# 附　　录

## (1)

### 字母缩写列表

| | |
|---|---|
| A.D.G.B. | 大不列颠防空 |
| A.F.H.Q. | 盟军总部（地中海战区） |
| A.K. | 波兰地下军 |
| A.R.P. | 空袭预备警报 |
| A.T.S. | 本土防卫女子辅助服务队 |
| C.A.S. | 空军参谋长 |
| C.I.G.S. | 帝国总参谋长 |
| C.-in-C. | 总司令 |
| C.O.S. | 参谋长委员会 |
| D.D.tanks | “两栖”坦克 |
| D.U.K.W. | 水陆两用车 |
| E.A.C. | 欧洲咨询委员会 |
| E.A.M. | 希腊“民族解放阵线” |
| E.D.E.S. | 希腊“民族民主军” |
| E.L.A.S. | 希腊“人民民族解放军” |
| G.H.Q. | 总司令部 |
| G.O.C.-in-C. | 将级总指挥官 |

| | |
|---|---|
| M.V.D. | 波兰“内政部” |
| N.K.V.D. | 俄国秘密警察 |
| N.S.Z. | 波兰右翼地下军 |
| O.K.W. | 德国武装军队最高统帅部 |
| P.M. | 首相 |
| S.C.A.E.F. | 盟国远征军最高统帅 |
| S.E.A.C. | 东南亚战区 |
| S.H.A.E.F. | 盟国远征军最高统帅部 |
| S.S. | 纳粹党党卫队 |
| U.N.R.R.A. | 联合国善后救济总署 |
| V1 | 飞弹（“战车”） |
| V2 | 喷气式火箭弹 |
| V.C.A.S. | 空军副参谋长 |
| V.C.I.G.S. | 帝国副总参谋长 |
| V.C.N.S. | 海军副参谋长 |
| V.E. | 欧洲胜利 |
| V.J. | 远东胜利 |

## (2)

### 代号列表

| | |
|---|---|
| Admiral Q（海军上将Q）： | 罗斯福总统 |
| Anvil（铁砧）： | 盟军 1944 年登陆法国南部地区。之后改名为“龙骑兵” |
| Argonaut（阿果诺特）： | 1945 年 2 月在雅尔塔召开的“三国会议” |
| Buffalo（水牛）： | 两栖运兵坦克的一种类型 |
| Capital（首都）： | 军队从缅甸北部地区朝中部地区进发 |
| Colonel Warden（沃登上校）： | 英国首相 |
| Crossbow（石弓）： | 为应对无人驾驶武器成立的委员会 |
| Crossword（纵横字谜）： | 德军计划让意大利做媒介，帮自己跟盟军交流 |
| Culverin（长炮）： | 对北苏门答腊采取的作战行动 |
| Dracula（吸血鬼）： | 占据仰光，同时让日军无法再跟本国在泰国的基地和交通线路取得联络 |
| Dragoon（龙骑兵）： | 同盟军登陆法国南部地区。原名“铁砧” |
| Manna（灵粮）： | 英国 1944 年向希腊派出远征军 |
| Mulberry（桑葚）： | 人造港口 |
| Octagon（八边形）： | 1944 年召开的第二次魁北克会议 |

| | |
|---|---|
| Omaha Beach（奥马哈海滩）： | 该海滩位于贝叶西北部，D 日美军就是在这里登陆的 |
| Overlord（霸王）： | 1944 年登陆诺曼底 |
| Phoenix（凤凰）： | 用来建造防波堤的钢筋混凝土沉箱 |
| Pluto（冥王星）： | 从英吉利海峡穿过，运送汽油的海底输油管 |
| Quadrant（四分仪）： | 1943 年召开的魁北克会议 |
| Terminal（终点）： | 1945 年召开的波茨坦会议 |
| Tube Alloys（合金管）： | 原子弹研究 |
| Whale（鲸）： | 修建码头用到的浮水车道 |
| Window（窗户）： | 用于迷惑德军雷达的锡箔带 |

## (3)

## 进攻法国南部地区[①]
## 欧洲战场的军事行动

### 首相兼国防大臣备忘录

1944 年 6 月 28 日

### 一

1.我认为，应该记录下我觉得非常重要的几件事。

2.我们在欧洲战争进行到这一阶段时，应具备这一全局战略观：跟敌军展开规模最大、力度最强、持续时间最长的战争。这样才能尽早击溃敌军。我们要面临的首当其冲的考验就是如此。

3.为了方便把还在美国的三十个乃至更多的师调到欧洲布置阵地，我们一定要获得数目充足的港口，而这样做是为实现上述目标。

4.在确定登陆点或进攻点时应留意两点，一是跟艾森豪威尔将军在法国西部地区的重要计划与战争间的战术关联，二是对德国武装军队最高统帅部，即德国权力核心造成的威胁。若能将两点交融，就再好不过了。

5.民众为反抗敌军发动的起义，卫星国投诚、归顺等，都是政治方面可行、关键的元素。

6.选在两个地方冒险发起进攻，胜过选在三个地方。若要在超过两个地方冒险发起进攻，目前我们手头的坦克登陆艇等肯定是不够用的。

① 详见第四章《进攻法国南部地区？》。——原注

7.要依照以上要求，审核可供选择的各类方法。

## 二

8.当然应将对“霸王”计划的援助放在首位，毕竟截止到8月末，被派去参与此项进攻的师也只有四十余个，要超过法国西部地区的敌军人数，必然是不够的（不应该将希望寄托于从心理上战胜敌军）。据说8月之后的每个月，美国都会向“霸王”计划直接援助五个师。这段时间，水路运输能力及法国西海岸各座港口的设施，是援助“霸王”增援师数量仅有的限定因素。怎样吸纳尽可能多的来自各个地区的师与必不可少的后勤军，是盟国远征军最高统帅部面临的根源性问题。

9.为此，我们只将注意力放在当前业已留意到的港口上是不够的。另外还有波尔-安-贝散、库尔塞尔、伍伊斯特朗等很多小型港口，每天总共能卸载四千吨货物。在对“霸王”计划向海滩发起进攻做出极为精密研究的过程中，我们就留意到了这些港口。若利用登陆艇，可使这些小型港口的卸载量大大提升。所以让大量登陆艇退出这场横跨海峡的关键一战，将它们调到跟此战毫无战术关联的其余任意地区都是错误的。怎样在最短的时间内，在不给其余地区造成本可避免的巨大损失的前提下，尽最大可能援助艾森豪威尔将军，是问题的关键所在。

10.应根据最近吸收的经验，重新检查在法国大西洋沿岸接纳军队、车辆的所有设施。而用不了多久，我们就能对法国沿海基地的机场或是加油站加以利用了，这对我们攻克“霸王”计划当前目标南北两侧的新港口，将发挥极大的促进作用。地中海沿岸的所有港口，都不及勒阿弗尔港口和圣纳泽尔港口跟此次交战的关联紧密，所以一定要将这两座港口攻克。简而言之，将目前正在美国候命的大批军队调过来；在不超过港口容量的前提下，若能让军队加速参战，也可将地中海的军队调过来，这些便是“霸王”计划的关键利益所在。若直接从美国或是经联合王国将美军分批运送到法国西岸，而放过所有能增加容量的可能性，是非常令人惋惜的。

11.在最大程度地增加容量的同时，还要提升其质量，以便跟之后数月的战况相连。附录的表格是依照给我的一份资料制作而成的。5月会有多少人抵达联合王国，6、7、8月预计会有多少人抵达，都写在里面了。从中能看出，最近四个月有五十五万三千三百五十六名美军战士将会抵达。可他们只会编成七个师。每个师大约有两万兵力，都是野战军，加上坦克旅、独立旅之类的行动附属军队，每个师差不多有两万五千兵力，七个师就有十七万五千兵力。剔除他们，还剩三十七万八千三百五十六人。现在的问题在于究竟能不能在当前水路运输许可的范围内，借助严密调配，最低限度将更高级别的运输优先权赋予其余四五个参战师，从而使后勤军的大量分遣队缩减，而那数目惊人的三十七万八千三百五十六人也包含在内。这些援军能不能快速抵达，也许会成为这段时期法国战争成败的决定要素。另有二十五万后勤军队剩余。很幸运，法国的死伤人数远少于为尽快完成调集预备的军队总数。只针对5月和6月的战果而言，彼时我们用另外整编的两个师取代五万替代战士参战，是正确的选择，这点务必要留意。

12.若能备好港口、水路运输以及后勤军队，可从北非调回三个法国师，此外还可能从意大利调回四个法国师，很明显，艾森豪威尔已预测到这会成为他的下一步选择。

13.所以此后三个月，抵达“霸王”计划实施区域的军队可能会大大增加。其余所有方法都必然无法如此大规模、迅速地给“霸王”计划以支援，所以我们若要抛下这些可能，采用其余较为模糊的方法取而代之，一定要先确定那些方法是对的。

## 三

14.眼下，我们一定要思考怎样将第三部分中列出的原则，跟上面一部分中对从西方支援“霸王”计划的阐述关联起来，应用到地中海。很明显，在目前的战争季节中，若能想方设法闯入利翁湾，抢占波尔多，开放波尔多和附近其余规模较小的港口，让美国主力军横渡大西洋时加以利用，是凌驾于完全针对地中海发起的一切可能的战争计划之上的。

所以在这种前提条件下，我们来审查一下曾在数月内让我们集中精力的“铁砧”计划的各种变化。我们做过两种规划，举个例子，其一是选在塞特或是马赛登陆，共计十个师，三个首先出发，余下的七个跟在后面。塞特距离波尔多仅两百二十五英里，没有大的山脉阻隔，这是相当突出的优势。我听说各方都觉得无法在8月1日登陆，最早也要延迟到8月15日，但这个时间也是不确定的。在8月15日到30日这段时间，我们若能向塞特发起进攻，那在9月末或是10月中，听说可能就会有多达十个师登陆。就算对敌军或许会进行的反抗不予考虑，也要将两百二十五英里的行军路程走完。在真正的反抗面前，有实力的军队每天进军超过五英里，已经非常让人吃惊了。如此一来，在12月伊始或是中旬之前，从背后抢占波尔多就变得毫无可能了。接下来还要修整那座港口，所以就算海军对登陆点选择的抗议无效，塞特的军事行动也最多只能拖住目前在里维埃拉的德军或是德国武装军队最高统帅部派出的德军，使其无法加入“霸王”战斗，但要左右1944年的战争局势是不可能的。依照该计划，无法将从美国海运过来的军队大批接纳。相较于从巴荣纳或是附近一些小型登陆地点直接向波尔多发起进攻，用这种方法朝波尔多缓慢进逼的效果差得很远。若采用突袭，也许能抢得一座港口和桥头堡，让从非洲、地中海过来的法军从那里进入法国，另外还能直接在大西洋沿海建立一座新的大型港口。不管怎么样，登陆塞特的计划已经因海军的抗议取消了。

15.所以现在要对土伦–马赛计划展开讨论。我越思考越觉得该计划没有希望。要再走一百三十英里才能进军到波尔多，加起来共计三百五十五英里。此次进军是从侧面向北边的所有德军发起进攻。一定要到8月30日才能开始登陆，并且一定要满足一个前提条件：7月10日前后，“霸王”计划不再需要坦克登陆艇之类。这些实情和上述抗议经过塞特朝波尔多进发的各种原因加起来，使得抗议从马赛登陆的依据变得更为强大。若是十个师从马赛朝波尔多进军，一定要到9月30日才能启程，并且一定要经过三个月左右才能结束，这是事实。鉴于这些原因，从利翁湾登陆，向波尔多发起进攻的计划，在我看来是不现实的。

16.然而，若能在8月30日攻占土伦、马赛，9月30日登陆十个师，就有可能确立目标，直接进军至罗讷河流域，而目标的第一步就是进军至北面一百六十英里处的里昂。若能成功，便可将所有能调动的法军，从意大利、非洲撤离的美国师，甚至破坏“霸王”计划，从美国调派美国师，参与到这项计划中来，这便是我们能获得的裨益。另外，我们还应该加强跟法国本土游击队的联络，他们在山区为对抗德军发起游击战，现已颇具规模。为了在有需求时或是根据需求将美军送到法国这些地区，需要一座上等港口。跟从意大利朝维也纳进发一样，朝罗讷河流域进发说起来也没什么难度。可这些计划很可能会遭遇巨大的危险、艰难、阻滞。我们确定登陆马赛后，当前在里维埃拉沿岸的所有七八个师的德军，都能调过来跟我们对抗。德国武装军队最高统帅部常常能借助阿尔卑斯山的隧道，或是到冬季利用山上宽阔的马路，将意大利的任意一支德军调到任意地区，阻挠我们向北方进军。应对该地区的难度很高。敌军用不着从“霸王”一战中调集任意一个师，但在进军罗讷河流域的过程中，我们却随时可能遇到更强大的敌军。敌军只要防备里维埃拉的科尔尼西公路及山中的关隘，就能从皮埃蒙特撤离，而在冬季要做到这一点，难度并不高。敌军时常能随心所欲地将隧道炸毁。我们若从空中炸毁隧道，敌军必然能从山顶或里维埃拉沿岸逃走，只有冬季是个例外。

17.我认为，要想证实塞特或是马赛的作战行动，跟当前到今年夏天、秋天这段时期我们的“霸王”计划务必要展开的战争，在战术方面存在何种关联，是十分困难的。马赛和瑟堡之间的直线距离是六百英里，马赛和巴黎是四百英里。显然，所有行动都无法对1944年目前的战争形势造成直接影响，就算行动取得了巨大成功也是一样。

18.并且不管采取“铁砧”计划两种形式中的哪一种，我们的本意都是期待它能对“霸王”计划发挥促进作用，所以最好能在开始前预测出两种形式分别要付出什么。

### 四

19.威尔逊、亚历山大、史末资元帅给我们发来的电报中谈及一个计划：横渡亚得里亚海，或是更进一步，沿着海岸向东面发起进攻。另外，威尔逊将军觉得，他跟亚历山大将军或许可以依照该计划，在9月末攻克的里雅斯特。跟“铁砧”计划的衍生品相同，该行动跟“霸王”计划也不存在战术方面的关联，这是自然的。

20.为实施多方面受限的“铁砧”计划，我们拆分了正在那座半岛上快速进军的盟国精锐部队，从那以后，我们是否应该消灭在意大利乃至其整条战线大获全胜的一切可能，让我们在这个战区坐以待毙，确实是个重大的问题，应该由英国政府、美国总统和他的联合参谋长委员会共同来做决断。我个人非常愿意在自己的能力范围内，高效、迅速地援助“霸王”计划，可为了朝罗讷河流域进发——该行动不包括在“霸王”计划最重要的行动中，亚历山大将军在意大利北部地区发动进攻的大多数兵力都被调走了，这让我相当惋惜。而就连联合参谋长委员会都表示，朝罗讷河流域进发是没有帮助的。

美国陆军在1944年5月到8月期间抵达联合王国的数目

（空军也包含在内）

| 序数 | 细　目 | 1944年5月到达人数 | 6,7,8三个月估计美军到达联合王国的人数 | | |
|---|---|---|---|---|---|
| 1 | 美军陆军（不包括空军） | 88 432 | 135 775 | 107 639 | 189 541 |
| 2 | 美军陆军的空军部队 | 16 257 | 7 196 | 3 301 | 5 215 |
| 3 | 美国陆（包括美国空军） | 104 689 | 142 971 | 110 940 | 194 756 |
| 4 | 步兵师数 | 1 | 1 | – | 2 |
| 5 | 装甲师数 | – | 1 | – | 1 |
| 6 | 空降师数 | – | – | – | 1 |

21.总结：

（1）准许我们直接支援“霸王”行动，尽最大努力从西边登陆。

（2）第二，准许我们对地中海诸位司令官遭逢的巨大良机加以百分百利用，在该阶段，我们要做的只是对进攻与威胁稍加阻挠，在利翁湾周边地区牵制住敌军。

（3）为提升艾森豪威尔将军的登陆能力，准许我们将登陆艇全部留给他使用，使用时间由他自行决定。

(4) 准许我们调查清楚，有没有将“霸王”计划作战区域内港口的吞吐量提升至最高。

(5) 别为了一场战争，毁掉另外一场战争。两场战争都能获胜。准许我们自主做出决断。

罗斯福总统致首相　　1944年6月29日

1.你的备忘录我已认真思考过，还让联合参谋长委员会更加深入地思考了问题的全部。

2.你说我们应以跟敌军展开规模最大、力度最强、持续时间最长的战争，作为我们的全局战略观，我很赞同。可我坚信要做到这一点，一定要以主力军队为基础，配以援军的紧密配合，直接插入德国腹地。

3.德黑兰的预测一一实现：“霸王”计划开始实施，我军在意大利顺利推进，提前进攻法国南部地区，加上苏联从旁协助，往西进军，这些必然会对我们达成迫使德国无条件投降的目标，发挥促进作用。我从这点又联想到，我们跟斯大林达成统一，向法国南部地区发起进攻。对于该行动，斯大林经常表示赞同，而地中海其余的作战行动，全都被他划为欧洲战争的次要目标。

4.你说政治方面的思考很重要，我很赞同。可相较于向德国腹地发起的最重要的作战行动，建立在那些思考基础上的作战行动必然是次要的。

5.一定要继续重视“霸王”计划的军队调集，这点我赞同，可我同时觉得这一任务显然应由艾森豪威尔执行。当前从美国调派到他那边的军队，都是应他的要求调派过去的。他若想先调派战斗师，之后是后勤军队，他们会准备好照做的，只需他一声令下即可。

6.直至美国军队全都调过去了，或是我们确实没办法在艾森豪威尔有需求时，把军队调过去给他。将地中海军队调去执行“霸王”计划是很不合理的，我不赞同。若借助水路运输与港口容量，将军队从这个战区（地中海）转移到那个战区（“霸王”计划），必然会使美国对“霸王”行动的援军的直接调集减弱。最终只能导致一个结果，就是减少各个战区的兵力，而这正是我们不想看到的。

7.将该行动的所有主力都限制在意大利，并不符合我的兴趣与期待，打败艾森豪威尔对面的德军，深入德国腹地，才是我的兴趣与期待所在。在调走“铁砧”行动需要的军队后，我有信心我们在意大利的剩余军队依旧足以在比萨-里米尼线北面对凯塞林穷寇猛追，同时一直给其军队以重压，最低限度也能拖住当前他所有的军队。威尔逊将军推测德军会再牺牲十个师，以将我们阻挡在意大利北部地区以外，但我认为他们不会。

8.为了支援“铁砧”行动，我们可以马上从意大利抽调五个师（其中三个是美国师，还有两个是法国师），这件事也在威尔逊那里获得了证实。亚历山大利用剩余的二十一个师和众多独立旅，必然能在陆地上牢牢占据优势地位。很明显，地中海的空军足以援助意大利与“铁砧”两处的军事行动。此外，不管哪个行动遭遇危险，都能获得数目远超过对方的空军支援，这些全都源自我们的空军占据的优势地位。不仅如此，地中海的实际制海权也掌控在我们手中。

9.把地中海的军队用在波尔多或是塞特的战事中，在我看来也是不恰当的。而说到伊斯特利亚半岛，我认为，基于一些自然且合情合理的缘由，亚历山大与史末资趋向于忽略两个极为重要的问题：一是为尽早打完这场仗，我们深信要有了不起的战略，二是军队从卢布尔雅那峡谷进发到斯洛文尼亚、匈牙利的战争，有很大概率会持续很长一段时间。此处行军的难度好像远超过你预测的在罗讷河流域行军的难度，据说，就算不计法国有组织反抗的影响力和靠近“霸王”军队的元素，单纯从后勤角度来说，也无法确定能不能在关键时刻将超过六个师送到卢布尔雅那峡谷另一侧参战。先不说不可或缺的附属后勤军队，我们在同一时间还要尽量将美国大陆上现存的三十个美国师，以及数量与之持平的军与集团军直属作战军队调到法国。利用美军向伊斯特利亚发起进攻，同时攻进巴尔干诸国[①]，我是不赞同的，而且我认为法国人也不会赞同这样利用法国军队。

10.土伦有相当合适的海滩、出口、交通路线、掩护。罗讷河走廊虽然受限，却要优越过卢布尔雅那，相较于我们长久以来在意大利开战的那片地区的地势，自然更是优越得多。

11.我对艾森豪威尔的报告记忆深刻。他表示，“铁砧”行动关键至极，在不过度妨碍“霸王”行动的前提下，他有能力并且必然会满足威尔逊单独提出的

① 着重号是我加的。——原注

帮助需求。威尔逊在报告中表示，他可在命令发出的第一时间采取行动。

12．“铁砧”计划的所有准备工作，威尔逊都已做好安排，所以不必耽误时间，随时都能开始行动。

13.既然已经在德黑兰协商好要实施“铁砧”计划，我便不能在没跟斯大林商议的情况下，赞同舍弃该计划，随意实施别的计划。若截止到7月1日，你我依旧无法达成一致，下令威尔逊将军尽早执行“铁砧”计划，那我们一定要马上告知斯大林。另外我认为我们若放弃“铁砧”，务必要马上针对如何利用法国军队一事，跟法国方面展开会晤，该决策有可能导致法国军队无法参与本国战争，转而参与意大利或是巴尔干那些不具决定性的战争，损耗兵力。

14.我再次催促马上给威尔逊将军发去美国参谋长联席会议提议的命令。显然，若继续这种拖沓的辩论，会让“铁砧”无法及时向“霸王”计划提供庞大的支援。

15.我们在德黑兰就一个确切的进攻计划达成了统一。该计划截止到现在，都开展得顺畅无阻，要扭转的事一件也没出现。此刻，我们正竭尽所能，为大决战做准备，若因不断迟疑、辩论导致珍贵的机会和生命流失，我们将成为历史永久的罪人。亲爱的朋友，请将我们原先的计划付诸实践吧。

16.除此之外，若大量军队被调去巴尔干战场的消息传出去[①]，若“霸王”行动遭遇半点挫败，这个责任都是我无法承担的，之所以会这样，是基于此处一些纯粹的政治原因。

① 着重号是我加的。——原注

**图书在版编目（CIP）数据**

第二次世界大战回忆录.11，胜利的浪潮 /（英）温斯顿·丘吉尔著；王敏译．—北京：北京时代华文书局，2017.7（2020.2重印）
ISBN 978-7-5699-1649-2

Ⅰ．①第… Ⅱ．①温… ②王… Ⅲ．①丘吉尔（Churchill，WinstonLeonard Spencer 1874–1965）–回忆录②第二次世界大战–史料 Ⅳ．① K835.167=5② K152

中国版本图书馆 CIP 数据核字（2017）第 137204 号

**第二次世界大战回忆录 11：胜利的浪潮**

DIERCI SHIJIE DAZHAN HUIYILU 11：SHENGLI DE LANGCHAO

著　　者｜〔英国〕温斯顿·丘吉尔
译　　者｜王　敏

出 版 人｜王训海
选题策划｜梁明德　邵鹏军
责任编辑｜周连杰
装帧设计｜格林文化
责任印制｜刘　银　訾　敬

出版发行｜北京时代华文书局 http://www.bjsdsj.com.cn
北京市东城区安定门外大街 136 号皇城国际大厦 A 座 8 楼
邮编：100011　电话：010-64267955　64267677
印　　刷｜三河市华润印刷有限公司　0316-3656029
（如发现印装质量问题，请与印刷厂联系调换）
开　　本｜710mm×1000mm　1/16　印　　张｜22.25　字　　数｜302 千字
版　　次｜2017 年 8 月第 1 版　印　　次｜2020 年 2 月第 3 次印刷
书　　号｜ISBN 978-7-5699-1649-2
定　　价｜52.00 元